財政学講義

[第3版]

林 健久 [著]

東京大学出版会

Lectures on Public Finance, 3rd ed.
Takehisa HAYASHI
University of Tokyo Press, 2002
ISBN 4-13-042114-X

第3版 はしがき

　本書の初版を世に出したのは1987年であり，第2版の出版は1995年であった．本書は，大学ではじめて財政学を学ぶ人々をおもな読者として想定しているので，あまり短期的に目先の変化を追いかけて改訂を繰り返す必要はないであろう．だが抽象的な純粋理論とは違って，具体的な事実に即して議論を立てる必要のある財政学のテキストとしては，数年に一度は統計資料を刷新し，その間に生起した財政の本質に関わるような理念や構造の変化などには，直接触れないとしても，たえず目をくばって，間接的であるにせよ，それを反映させるのが望ましいと考えられる．それはたとえば第2版の場合には冷戦体制の崩壊や日本での消費税(付加価値税)の導入や，福祉国家型財政への批判の潮流の激化などであった．今回は世界的には冷戦体制崩壊ほどの変化はないが，国内では省庁再編成によって財政担当の大蔵省が財務省に変わり，地方財政担当の自治省が総務省に変わるという大きな制度変更があり，第2の予算などといわれた財政投融資制度もその機能が大幅に削減されることとなった．世紀をまたいでうち続く長期不況がもたらす税収の低下と公債の急激な累増も，初歩の教科書が扱うには手に余るとはいえ，その解明を睨んで，筆者・読者ともども最新のデータにふれつつ，基礎的素養の蓄積研磨に励まなければなるまい．

　なお，本文の注をみればわかるように，旧版と同じく本書でも統計資料などはごく基礎的なもののみを載せ，大部分はそのために作成したいわば本書の別冊にあたる，林健久・今井勝人・金澤史男編『日本財政要覧』[第5版](本書では『要覧』と略記，東京大学出版会，2001年)の参照を求めている．限られた書物のスペースや講義時間の制約などを考えて，先生方や学生諸君がよりよい成果をあげられんことを期しての工夫のつもりであり，両者を組合せて活用してくださるよう，お願いしたい．

改訂にあたっては，何から何まで東京大学出版会の黒田拓也・池田知弘両氏のお世話になった．記して心から感謝したい．

2002 年 10 月 30 日

林　　健　久

はしがき

　どのような学問領域でもそうかもしれないが，財政学も，学びはじめからすべての人にとって魅力にあふれている対象だというわけにはいきそうもない．しかし，これまたおそらく他の学問と同じく，ある程度財政学の対象や方法や問題を知り，それに慣れ，全体の見通しがつき，隣接の諸科学との整合的な関係にも眼がとどくようになってくれば，はじめには想像もしなかったような風景が眼前に展けて視界が広がり，つまりはおもしろくなってくるにちがいない．何といってもその対象は国家なのであるから，多少とも知的興味をもつ人々，とりわけ社会科学的なそれをもつ者にとって，本来財政ないし財政学に魅力がないはずがないのである．

　ただ，そこに至るまでには，それを学ぶ意志をもちつづけ，時として面倒な，ないしはたいくつな細道も我慢して通りぬけなければならないことはいうまでもない．その点，刺激のつよいものの多すぎるかにみえる環境の中で，せっかくの志が途中でくじける人々や学生諸君が少なくないようにみうけられるのは，ある程度やむをえないかもしれないが，残念なことである．といっても講義をする側としては，その少なからぬ責任が講義のしかたにあるのかもしれないという反省を欠かすわけにはいかない．長い歴史をもつ財政学といえども，必ずしも確立された方法や，まして講義のしかたがあるわけではないので，講義をするものは，毎年少しずつ工夫をしてせっかくの向学の志をもった人に財政学への関心を持続してもらい，現実の財政を見る眼を養ってもらうべく努力しなければならないということになる．

　本書はそのような試みのひとつであり，この数年来，筆者が東京大学経済学部と法学部で行ってきた講義ノートを中心にしてとりまとめたものである．といっても，学問に近道なしであって，格別新奇な手法があるというわけではな

い．ただ，抽象的な思考や歴史的な探索よりは，時事的な現象や時務的な政策提言などにつよい関心を示すかにみえる大方の学生諸君を念頭において，かつは財政学には避け難い制度論的な説明上の便宜も考えて，以下の順序で議論をはこぶこととしている．

　まずはじめに，現在の日本を中心にして，財政を構成する租税や公債などに関するイデオロギーや理論，それらの制度と運用，年々の予算の構造と機能などを解説することによって，学生諸君に財政についての知識をたくわえ，この領域になじんでもらう．それをふまえて第二に歴史的な，段階的な資本主義諸国の発展に対応した財政の変化を検討する．これはいわば段階論としての財政学といっていいであろう．そして，最後に以上二つの解説，分析を総合し，現代財政の歴史的な意義づけを試みることとしたい．これが財政学の究極の目的であって，社会科学ないし経済学の一分肢として，財政分析の側面から現代ないし現代国家の本質にせまろうというのである．ただし，分量からいえば，はじめの解説的な部分が大部分をしめ，第二，第三の部分は終章でごく簡単にふれることしかできなかった．これはひとえにきめられた講義の枠の制約のしからしめるところであって，方法的にいえば，第一の解説的な部分をふまえて，第二の段階論を主要な国に即してより具体的かつ詳細に展開したのち，第三の部分すなわち現状分析に重心をおくことが望ましい．本書では，現代の財政を福祉国家型財政としてとらえ，一般論ふうに述べているが，いうまでもなく個別の国ごとの差は小さくない．それ故，本来の現状分析はむしろ本書が終ったところから始まるといわなければならないのである．

　ともあれ本書は，およそこうした構成からなっているが，それに関連してなおひとつ注記しておく．おそらく財政学は他の多くの講義以上に制度・組織の説明や計数の利用を必要とする．しかし，それらをいちいち本書に盛り込むことは，スペースの点から不可能であるし，さりとて講義のたびに時間をさいてデータを示すことも非効率的なので，本書にはごく基礎的な少数のデータのみを記載し，他はその目的で編集した別冊，すなわち武田隆夫・林健久・今井勝人編『日本財政要覧』〔第3版〕（本書では『要覧』と略記，東京大学出版会，

1987年)にゆずることにしたい．同書はいわば本書のための資料集というわけであって，両者あわせて活用されんことを希望しておく．

　本書の出版にあたって東京大学出版会の大瀬令子さんには終始ひとかたならぬお世話になった．同会の大江治一郎氏から受けた御協力ともども，ここで心からお礼申し上げる次第である．

　　1987年1月

　　　　　　　　　　　　　　　　　　　　　　　　　　林　　健　久

目　　次

はしがき

第1章　財政と財政学
第1節　財政とは何か ……………………………………………… 1
1．財政の意義(1)／2．「財政」という用語(3)
第2節　財　政　学 ……………………………………………… 4
1．経済学の成立と財政学の成立(4)／2．科学としての財政学(6)

第2章　財政の理念と法的規定
第1節　財政民主主義の原則 ……………………………………… 9
第2節　財政民主主義の制度 ……………………………………… 10
1．日本国憲法の財政規定(10)／2．財政の法的規定(12)
第3節　財政関係機構 ……………………………………………… 14

第3章　予算の制度と機能
第1節　予算の形式 ………………………………………………… 19
1．予算の形式(19)／2．地方の予算と地方財政計画(21)／3．財政投融資計画(21)
第2節　予算の編成・審議・執行・決算 ………………………… 22
1．編成(22)／2．審議(23)／3．執行(25)／4．決算(25)／5．補正予算(25)／6．予算機能の変化(26)

第4章　経費の構成と分析
第1節　経費の分類 ………………………………………………… 27

　　　　1．経費と支出(27)／2．経費の分類(28)

　　第2節　現代日本の経費分析 ………………………………………… 31

　　　　1．経費構成(1)―目的別―(31)／2．経費構成(2)―使途別―(33)／3．経費構成(3)―所管別―(37)／4．経費構成(4)―経済性質別―(37)／5．地方経費の構造(38)／6．中央・地方の総合経費構造と支出分担(40)／7．経費構成の国際比較(43)

第5章　公 的 収 入

　　第1節　公 的 収 入 ………………………………………………… 45

　　第2節　中央一般会計歳入 ………………………………………… 46

　　第3節　地方普通会計歳入 ………………………………………… 48

第6章　租税の意義とイデオロギー

　　第1節　租税の意義 ………………………………………………… 51

　　第2節　租税根拠論 ………………………………………………… 52

　　　　1．租税とイデオロギー(52)／2．租税利益説(54)／3．租税義務説(55)／4．利益説と義務説との相互補完(56)

　　第3節　租 税 原 則 ………………………………………………… 57

　　　　1．アダム・スミスの租税4原則(57)／2．アドルフ・ワグナーの租税9原則(59)／3．現代の租税原則(61)

第7章　租 税 体 系

　　第1節　税源・課税・徴税・転嫁・帰着 ………………………… 65

　　　　1．税源(65)／2．課税・徴税・税率(66)／3．租税の転嫁と帰着(67)

　　第2節　租税の類型 ………………………………………………… 68

　　　　1．国税と地方税(68)／2．直接税と間接税(72)／3．所得課税と支出課税(74)／4．人税と物税(75)／5．比例税・累進税・逆進税・定額税(76)／6．内国税と関税(76)／7．普通税と目的税(77)

第8章　現代の租税構造

第1節　租税の構成 …………………………………………………… 79
1. 国税の構成(79)／2. 地方税の構成(82)

第2節　租 税 負 担 ……………………………………………………… 85
1. 租税負担率(85)／2. 所得税負担関係指標(88)／3. 法人税負担関係指標(89)／4. 間接税負担関係指標(90)

第3節　現代日本税制論 ………………………………………………… 91
1. 所得税の構造と問題点(91)／2. 法人税の構造と問題点(94)／3. 間接税体系とその問題点(96)／4. 地方税体系とその問題点(97)

第9章　公債の本質と機能

第1節　公債の本質 ……………………………………………………… 101
1. 租税の先取り(101)／2. 租税と公債の対比(103)

第2節　公債の制度 ……………………………………………………… 105
1. 公債の発行・償還・借換(105)／2. 公債の種類(106)

第3節　公債負担論 ……………………………………………………… 112
1. 公債負担の転嫁論と非転嫁論(113)／2. 古典学派(113)／3. ドイツ正統派(114)／4. ケインズ派(114)／5. ケインズ派批判の潮流(115)／6. 公債負担論のまとめ(117)

第4節　現代日本の公債 ………………………………………………… 120
1. 時期区分(120)／2. 高度成長期の公債(120)／3. 低成長期の公債(121)／4. 大量公債発行の問題点(125)／5. 国債整理基金特別会計(126)／6. 国債の保有(128)

第10章　財政投融資の構造と機能

第1節　財政投融資制度 ………………………………………………… 129
1. 定義と範囲(129)／2. 財投計画にかかわる意志決定(130)

第2節　財政投融資の原資 ……………………………………………… 132

   1．資金運用部資金(132)／2．簡保資金(134)／3．産業投資特別会計(134)／
   4．政府保証債・政府保証借入金(134)
 第3節　運　　　用 …………………………………………………………… 135
   1．運用の原則と問題点(135)／2．運用の実態(137)
 第4節　財政投融資改革 ……………………………………………………… 146

第11章　地方財政
 第1節　地方財政の独立性 …………………………………………………… 151
 第2節　政府間財政関係 ……………………………………………………… 155
   1．補助金(156)／2．財政調整制度(157)
 第3節　現代日本の地方財政の構造 ………………………………………… 158
   1．会計の種類(158)／2．予算編成の特徴(160)
 第4節　日本の中央・地方財政関係 ………………………………………… 161
 第5節　地方財政と景気政策 ………………………………………………… 165

終　章　現代財政の歴史的位相——福祉国家型財政の形成と展開——
 第1節　近代財政の展開 ……………………………………………………… 168
   1．重商主義国家の財政(168)／2．自由主義国家の財政(169)／3．後発資本
   主義諸国の財政(172)／4．帝国主義国家の財政(174)／5．第1次大戦の財政
   史的意義(177)
 第2節　福祉国家の財政 ……………………………………………………… 178
   1．第1次・第2次大戦後の財政の新動向(178)／2．福祉国家の財政構造(184)
 第3節　福祉国家型財政批判の潮流 ………………………………………… 193
 第4節　む　す　び …………………………………………………………… 199

参　考　文　献 ………………………………………………………………… 203
索　　　引 ……………………………………………………………………… 207

第1章　財政と財政学

第1節　財政とは何か

1.　財政の意義

　財政学が対象とする「財政」とは何か，を一応とらえておこうというのがここでの課題である．おそらくすべての学問がそうであるように，財政学の場合も，出発点ではごく無内容ないしは形式的な説明を与えうるにとどまり，学問全体として，最後にその対象なり方法なりが示されうるものであろう．その出発点における「財政」の一応の定義は，「国家・地方公共団体すなわち公権力体[1]の経済活動」であるとしておこう．財政学はふつう経済学の一分野とされているが，経済学の大部分の対象領域が私的経済活動であるのとは対照的である．いうまでもなく，私的経済活動が，利潤を行動の基準として資本によって担われているのに対して，権力体の担う活動は利潤原則に立ってはいない．軍事・司法・外交・社会保障などを考えればそれは明白であろう．

　そうした権力体の活動は，私的経済活動を内実とする当該社会全体の体制の安定・維持のためのものであるが，そのためには財貨や労働力を必要とする．ところが，私的経済が社会の再生産を担っている資本主義社会の上に成立している近・現代国家は，原則として自ら財貨を生産することはないし，労働力をかかえているわけでもない．それらはすべて私的経済領域に属している．したがって，権力体は，それを市場から購入せねばならないが，そのためにはその前提として貨幣をもっていなければならない．

---

[1]　国民経済計算における公共部門(公権力体)の範囲については，『要覧』12頁参照．

こうして権力体は，貨幣を入手し，支出し，財貨と労働力を調達し，それらを費消して行政活動を行う．これが権力体の経済活動に他ならない．といっても，私的部門とちがって公的部門は財貨（商品）の生産を行っていないので，商品→貨幣→商品すなわちW－G－W′型の商品流通形式をもつことはありえず，はじめに民間から貨幣（G）を調達し，それを支出する他ないのだから，G－G－Wという形をとることになる．GとWが登場する点は私的部門と同じであるが，流通の形はまったく異なっており，それ自身で再生産を分担することはないわけである．しかも財政のg－wは私的部門のW－G－W′という商品・貨幣流通の一部を分与されているのであるから，比喩的な意味で資本の循環形式を利用すれば，

$$\text{私的部門} \quad G-W\!\!<^{A}_{P_m}\cdots P\cdots W'-G'\cdot G-W\!\!<^{A}_{P_m}\cdots P\cdots W''-G''\cdot G-W\!\!<^{A}_{P_m}\cdots$$

$$\downarrow\ \downarrow\qquad\qquad\qquad\downarrow\ \downarrow$$

$$\text{公的部門}\qquad\qquad w\!\!>_{a}g \qquad\qquad\qquad w\!\!>_{a}g$$

となる．個別資本はGを投じて生産を行い，G′を入手する．このG′を資本家の消費，再生産のための投資（G）および租税にふり向ける．上式のgは租税を示す．国家はそのgによって，公務員（a）を雇用し，市場から社会の生産物の一部（w）を購入し消費する．私的部門は上式のとおり，いわば無限に再生産をくり返して循環しているのであるが，政府部門はそこから1回ずつ租税を徴収しては消費するのみであって，それ自体で再生産を継続しつつ循環しているわけではない．

　すなわち，社会全体としてはたえず拡大再生産が連続してくり返されているのに対して，政府部門は自らは生産・再生産を担うことなく，社会からGの一部のgを受け取り，Wの一部のwとA（労働力）の一部のaを購入する．すなわち1回ごとに完結する$g\!<^{a}_{w}$をくり返すのみである．しかしその公的部門が$g\!<^{a}_{w}$のaとwを費消して提供するサービス，すなわち政治・行政・司法などが，社会の再生産W－G－W′－G′－W″…の外枠を保障しているのである．

言葉をかえれば，政治・行政・司法の貨幣的・物的基礎の確保が財政であり，国家・地方公共団体の経済なのである．

こうして財政は私的経済から貨幣を吸い上げ，公共サービスという「財貨」を提供してはいるが，それは利潤を生んで回収できるわけではないから，くり返し，貨幣の吸い上げと公共サービスの提供をつづけるほかはない．それは社会にとって有益ではあっても，一方的な負担であるといわねばならない．したがって，財政については，その有益面と負担面とをめぐって，対立と動揺がさけ難く生ずることとなる．さらに，財政規模[2]が大きくなれば，私的経済部門に与える影響もいきおい大きくなるため，それをむしろ利用して政策的に操作し，逆に経済過程を政治的な意志，政策的な意図にしたがって方向づけようとするようにもなる．そうなると，もともとの有益＝負担論に加えて，そうした政策的操作のもつ有益面とその負担という新たな問題が付加された，複雑な利害対立や意志の錯綜が現われることとなる．

2. 「財政」という用語

日本語の「財政」という用語は，おそらく明治以降の造語であって，それ以前には用いられていなかったと思われる．造語といっても，外国の文物輸入のさい，英語の public finance, ドイツ語の Finanzen, Öffentliche Finanzwirtschaft, フランス語の finances publiques 等の翻訳として造られたものであろう．finance や Finanz は「貨幣に関すること」という意味であって，これに「公的」public を冠したものである．「財に関する政治」たる「財政」も同工異曲の造語というべきであろう．ただ，日本では「貨」ではなく「財」をなぜ用いたのか，翻訳の問題としてあるいは若干の疑問も残りそうである．ちなみに，明治初期には economy の翻訳はだいたい「理財」であって，やはり「貨」でなく「財」が用いられていた．「貨政」という用語がなかったわけではないが，それは『明治貨政考要』などと，「貨幣制度に関する政策」という意味に限定して用いられているようである．

---

[2] 国民経済と財政規模との関係については，『要覧』131, 138, 140 頁を参照．

finance はもともとはラテン語の finis に由来しており,「決定」「終り」を意味するが,経済的には債務の支払期限の終りとか,裁判上の債務の決定などの意味で用いられ,しだいに貨幣に関することとか,貨幣の調達,金融などという内容に限定されてきたといわれる.どちらかといえば貨幣の調達に比重があって,貨幣の貸付という意味は薄いようである.とくに public finance は公権力体の資金調達というニュアンスで伝統的に用いられており,支出という意味は薄かった.日本語の場合も,とくに戦前には,「財政」は主として公的な貨幣調達面をさして用いられており,「財政学」も,その内容はほとんど収入論からなっていた.経費面は含まれないか,あってもごく小部分であった.ともあれ,「貨幣に関すること」という語が財政と結びついたのは,ヨーロッパでは 17〜18 世紀以降,すなわち公権力体の活動が一般に貨幣の収支という形をとるようになってからのことであって,古代や中世のような,基本的に自然経済からなる社会・国家にかかわっては用いられていなかったようである.

第2節　財　政　学

1. 経済学の成立と財政学の成立

　古代や中世はともかく,近代社会・近代国家成立の当初は財政学も経済学も未だ分化しておらず,いずれも国家ないし君主,あるいは社会の致富の術という性格をもっていた.ところが,資本主義の確立に相応じて経済学がしだいに純粋の学問として形を整えていくとともに,その内容から権力活動のような非経済的要因が排除されていく.それは,現実の資本主義の経済過程がしだいに権力から分離して自立していくことの反映であり,またそれだからこそ経済学を科学として確立しえたのである.
　こうして,いわば純粋の私的経済部門を対象とする経済学が成立すると,それから排除された,いわば財政に相当する部分を対象とする研究は,それに対応して,消滅するのでなければ分離・自立することとなる.
　重商主義派から古典学派をへてマルクスに至る経済学確立の道は,一方から

いえば，そうした財政論排出のプロセスでもあったのである．アダム・スミスの時代には，未だ経済理論と財政論ないし財政政策主張とがつよく結びついていたとはいえ，それは重商主義的な関税の廃止など財政的な政策を排すべしとの主張であって，何か積極的な，具体的な政策の主張だったわけではない．リカードの場合も，主として租税論や公債論からなるその財政論は，ほとんど経済理論の応用，適用のための材料あるいは公債排除論であって，積極的・具体的な政策主張とはいえない．そしてマルクスにいたって，経済学の理論からは財政論はほぼ完全に排除されてしまったのであった．

　一方，新古典派系統とみなされる経済学の流れについても，純粋な経済理論に関するかぎり，財政論が積極的に含まれているということはなかった．それが不可欠の構成要素として入りこむのは，厚生経済学やケインズ経済学が登場するようになってからといってよい．なぜそうなるかについては，のちに立ち入って論ずる機会がある．

　古典派にせよ，マルクスにせよ，新古典派にせよ，それらの対象は等しく私的経済部門であった．労働価値説をとるにせよとらないにせよ，対象が私的経済部門だということは，利潤を求めて動く部門を対象としているということであり，したがって，理論が対象を正しく反映するとすれば，その理論は当然利潤原理を基準にして組立てられることになろう．広い意味での資本論といっていい．理論は，最大の利潤を求めて運動する資本の論理と整合的に組立てられなければならず，また逆にいえば，そういうものとして体系的な理論を組立てうるのである．価値法則やパレート最適は，そうした理論体系の重心をなすものである．

　それは裏返せば，そうした経済理論から排出された財政学は，少なくとも経済面から規定される法則性を欠いていることを意味する．そして，もし下部構造である経済が上部構造である国家や，その裏付けたる財政を規定するという命題が正しいとすれば，下部構造を対象とする経済学の法則性と，国家を対象とする財政学の非法則性とは，それを反映したものであるにちがいない．規定するものに法則性があり，規定されるものにないのは当然だからである．

のちにみるように，財政学は重商主義派・古典学派をへてドイツ正統派の時代へと移り，第1次大戦後，社会学的財政学，主観的財政論をへてケインズ的財政論へと流れてきた．この間，経済学が純粋理論として確立していく過程で，財政学は上述のような形でしだいに経済理論から排除されていった．一方，第1次大戦後になると，国家の経済への介入を反映して，財政学をとり込んだ形で経済学を構成するものが出てくる．それらは財政を単なる経済的な量として取り扱うことによって，一応そのシステムを整えているようである．しかしそれらは，財政のもつ本質たる政治的・権力的側面を無視する傾向をもっているが故に，現状分析としても，また当該学問が目指しているらしいところの現実の政策提言としても，現実ばなれのした論議に陥りやすいように見受けられる．また，そうではなくて財政学を財政学として独立させ，拡張させていった学派とくにドイツ正統派のごときは，学派としては大きく広がったとはいえ，内容的にはその時々の当該国家の要求を「理論」化したり，財政技術的なトリビアリズムに入りこんだりするという形をとってきた．理論に重心がないだけに，その時々の技術的，政策的，実務的な主張と直結しやすいのである．

だが，もしそうだとしたら，いかにそれらが学問的中正や中立をかかげ，公平や公正を基準とした政策主張を自称しようとも，それが実現するためには，時の大勢に受容され，権力によって採用されなければならない以上，それは時の国家権力あるいは体制の便利な従僕たるにすぎず，学問としての自立性は失われたものといわなければならない．とすれば，一方では，一般に学問の目標とされる法則の定立からは離され，他方では実践的な政策提言も禁じられるのであるから，財政学はいったいいかなる道をたどればいいのか，科学としての財政学はどのような方法をとればいいのか，が当然問題となろう．

2. 科学としての財政学

社会科学・経済学・財政学はそもそもいかなる関係にあるのかを考えることが，同時に科学としての財政学のありかたを考えることになると思われる．といっても，現在のそれらが，ここでの想定通りになっているわけではないが，

考えられうるシステムとしては，以下のようになる．

　まずすべての社会科学諸領域の基礎に，経済学の原理論がおかれる．これは，純粋な資本主義社会のもつ論理を法則定立的に展開する．しかしそれは現実には存在しない純粋理論の世界であって——といっても観念の産物ではなく，19世紀イギリスが実現しつつあった資本主義社会のあり方から抽象され，純粋理論化されたものである——，社会科学の土台となる理論である．それは純粋抽象の商品経済からなる資本主義の世界であって，国も国境も政治も軍事も登場しない．国がないのだから財政もなく，したがって財政学の出番はありえない．だが，社会科学の目的は現実の国家・社会の分析なのだから，この純粋な世界のもつ理論を現実の分析に利用せねばならない．だからといって特定の時期の個別の国の現実とこの原理論とをいきなりつき合わせてみても，いたずらに両者の懸隔の大きさが目立つのみで有効な分析はえられないであろう．

　そこでまず，特殊個別の国に立ち入るまえに，原理論を基準として資本主義の発展を主導した中心的な強力な国について，そこでの資本主義の世界的な地位を中心にして，国家や財政のあり方などを分析する必要がある．

　ここでは，課題に照らして当然であるが，財政学はもちろん，経済学の各分野の分析に加えて政治学・法律学など，社会科学各分野の協力が必要となる．財政学についていえば，資本主義の発展を主導した国において，そうした世界史的な当該国の地位を支えた財政がいかなる姿をもち，いかなる機能を果たしたかをまず明らかにする．それは，政治や歴史や文化の特殊性によってつよく規定されるから，経済過程について仮に典型的だとみなせる国についても，簡単にはそれと同じ確かさで典型的だと主張できるわけではないかもしれない．しかし，やはり資本主義の中心国たるが故に具備する一種の代表としての意義を帯びていることも否定しえないであろう．可能ならばそれをある程度の一般性あるものとしてとり出し，日本を含めた他国の分析の基準とするのである．いわば段階論の一環としての財政学の機能である．しかし，これは最終目標たる財政の現状分析のためのステップにすぎない．

　すべての社会科学領域の目的は，現状分析であり，しかも相互に協力して単

一の社会科学体系として，現状を統一的，整合的に説明することである．もっとも現実にはそのような協力関係が成立しているとは，とうていいえないのであるが，ここではそうした展望をもちながら，財政学としての一応の現状分析のための方向づけをしておきたい．

およその枠組みは本書の最終部分で展開するが，結論を先取りしていえばこうなる．第1次大戦後，資本主義陣営と社会主義陣営対峙の時代を経て社会主義崩壊後の現在におよぶ時代，すなわち現代が開始された．財政は——おそらく他のすべての社会科学領域の対象についても——そこを転機として新しい時代に入った．それを一言でいえば，福祉国家型の財政の発足と展開の時代ということである．この財政は第2次大戦をへて現在に至るまで，先進資本主義諸国に支配的，一般的な財政であると認められ，これが財政学の現状分析の対象となるべきだと考えられる．

はたしてそう呼びうるような財政の型が検出されるのかどうか，されるとすれば，なぜ第1次大戦後の時期からそうなるのか，その時に成立したとして，その後いかなる変遷をたどって現在に至ったのか，型として一応は共通だとして，国ごとにいかなる差異があるのか，そのよって来るゆえんは何か，などが当面の現状分析の課題となろう．そして，こうした課題を解こうとすれば，財政学の範囲では不十分であり，経済学の各領域はおろか，法律学や政治学や歴史学などをも糾合し，ひいては人々の社会意識までも対象としないわけにはいかないであろう．なお，現状分析がそうである以上，そうした手続をふまずになされる各種の政策提言は，現状分析をふまえた科学的なものだとは主張できないことが理解されよう．もっとも，いかに現状分析を完璧に行ったうえでも，何事かを提言しようとすれば必ず特定の立場に立たざるをえず，それはそうでない立場の人々の利益を損わずにはすまない．立場にとらわれない「科学的」な政策提言などというものはありえないのである．

第2章　財政の理念と法的規定

　前章で，財政と財政学のおよその定義や性格が示されたとして，以下の各章では，現代日本を中心とした具体的な財政の制度や運営や数量についてとりあげることとする．前章でのべたような財政学の目標にせまるためには，とりあえずわれわれが日々その影響をうけている現実の財政に関する知識をなるべく多く，かつ系統的に理解しておき，それを前提として歴史的，理論的な考察に進むのが望ましいと考えられるからである．

第1節　財政民主主義の原則

　財政が権力体の経済活動であり，権力行使の貨幣的裏付けである以上，そしてそれなしにはいかなる権力体も成立・存続しえない以上，財政を取り扱う機構はつねに全権力機構の中核・土台として存在していなければならない．おそらくすべての国家はその成立のはじめから，たとえ他の多くの機関は欠いていたとしても，軍事とならんで財政の機構を必ずそなえていたにちがいない．またその後制度の改廃があったとしても，実質上の財政機構を欠くということはありえなかったであろう．

　権力体といっても，近・現代国家の中には単一国家もあれば連邦国家もあり，またその国家の中では多くの場合，二層ないし三層の複合的な権力体が重なっているのがふつうである．日本でいえば，中央政府（日本語ではしばしば「国」とよばれる）と都道府県と市町村（両者あわせて「国」に対する「地方」といわれる）からなっているし，アメリカでは連邦・州・地方からなっている．いずれにせよ，それらのすべてがそれに対応する財政機構をもっており，その基本

的な制度や手続は，憲法ないしそれに代る国家最高法規で定められるのがふつうである．以下では現在の日本を例にとって，その態様をさぐることにする．

近・現代国家を支える理念は民主主義である．資本主義ないし商品経済は，自由で平等な個人による商品交換に立脚するという形をとっており，資本家と労働者との階級関係も単なる商品所有者による売買関係として示されている．それを政治的に表現すれば民主主義となるのである．とすれば，政治を貨幣的に支える財政が，その一環として民主主義的に構成され運用されることを求められるのは，当然のことであろう．

だが財政は，単にそれだけの故に民主主義的であることが求められているわけではない．国家は個人の私有財産や所得に対して，租税に代表される形で強制的に参加するのであって，その限りではそれは資本主義や商品経済の法的基盤をなす私有財産権の侵害に当る．しかし，それは他ならぬ私有財産権や資本主義体制の安全を保障するための避け難いコストなのであるから，そのコストは商品所有者すべて，すなわち国民すべてが，何らかの原則にしたがって分担せねばならず，そのためには国民全体による合意がなされなければならない．そして，ことは財産や所得の侵害にかかわるのであるから，その合意形成には最大限の民主的手続が求められざるをえない．こうして，憲法等にその基本原則が表明されることとなる．それは一般に，財政にかかわる政府権力体の行動には議会による合意・統制が不可欠であるという形で保障される．それが具体的にどのように行われているかを，日本の場合についてみてみよう．

第2節　財政民主主義の制度

1. 日本国憲法の財政規定

財政民主主義を制度化する場合は，およそつぎの4原則を実現することが必要となる．すなわち，

① 歳入・租税法定原則(租税法律主義)——租税その他の財政上の負担はすべて議会が法律という形で定める．

②　予算(事前承認)原則——歳入歳出はあらかじめ予算として議会に提出し，その審議議決を経て承認されなければならない．
③　決算原則——歳入歳出の結果は決算として議会の審議と承認を要する．
④　下院優越原則——二院制議会では下院が予算先議権や議決優越権をもつ．

　日本国憲法では第7章が財政に充てられているほか，第3，4，5章などにも関連の条文があり，それらによって上の原則はほぼ十全に具体化されている[1]．すなわち，まず第83条で第1〜4原則を貫く「財政処理の基本原則」が定められている．なお，第91条の内閣の財政状況報告に関する規定も，財政を国民・国会につねに公開しておくべきことを定めたもので，この第83条と呼応する規定といっていい．つづく第84条と第85条後段が第1原則に当る定めである．一方，国民の納税義務が第30条で定められている．これはすべての国民が免税特権なしに納税の義務を負うという形で，財政民主主義を国民の側について定めたものである．第2の予算原則は第85条前段と第86条にもりこまれている．決算に関わる第3原則は第90条第1項に定められている．同条には会計検査院の検査も規定されており，決算制度の完璧を期している．第60条が第4原則を規定している．ただ日本の場合は衆議院も参議院もともに国民の直接投票によって選ばれていて，イギリスなどの上院・下院のように階級別ないし階層別ではない．したがってはたしてこの原則の本来の意味，すなわち旧社会での支配階級たとえば貴族からなる上院に対して，市民身分を代表する下院が優越するというこの規定の本来の意義が，どの程度日本にあてはまるかについては問題があるように思われる．

　日本国憲法の場合は，第2次大戦の敗戦および占領によって旧体制がほぼ完全に崩壊し，占領軍権力によって徹底的な民主化を強要されたという事情もあって，憲法上の財政民主主義は徹底しているといっていい．だが，多くの外国や戦前の日本では，さまざまな点につき，さまざまな程度にそれが不徹底だったり，欠けていたりする．時期を遡るほどそうなることは当然予想されるであろう．とくに洋の東西を問わず，第1次大戦前には，財政も含めて政治全体の

---

[1]　『要覧』27〜29頁．

民主主義化は不徹底であった[2]．だが，だからといって，それが近代的でないとか，資本主義的でないなどとはいえない．民主主義一般と同じく財政民主主義の幅もかなり広いのであり，最低限の条件は第1，2原則が何程かみたされる，というあたりだと考えておいていいのではなかろうか．

2. 財政の法的規定

憲法は最高法規であって，財政の理念や原則を主として掲げてあるのに対し，それをうけて具体的な制度や手続を定めているのが財政法である（表1．なお全文は『要覧』30〜35頁をみよ）．それは第1章財政総則，第2章会計区分，第3章予算，第4章決算，第5章雑則の5章47ヵ条からなっていて，財政制度の骨格はおおむねこれによって定められている．さらに細かい手続が会計法や予算決算及び会計令などに含まれ，また各種の租税は所得税法など個別の税法によって定められている．表2はそれらの主な財政関係法令を列挙したものである．

これまで財政民主主義の規定を主として中央財政に即してみてきたのであるが，統一国家はもちろん，連邦国家においても，中央財政が民主主義的に運用されるようになれば，州や地方もだいたいそれにならうのが普通であろう．そして，中央についてそうであるように地方の財政についても，時としては中央ないし連邦の憲法で，時としては州ごとの憲法で基本的なありかたが規定されることが多い．だが州や地方の場合は，中央とちがって，中央対州・地方とか中央・州対地方といった政府間財政関係にむずかしい問題をはらんでいる場合がある．とくに財政に関する州・地方の自治権と中央政府介入との関係は，多くの国で係争の的となりやすい．ここでも両者の関係がいかなる形であれば民主主義的といえるかについては，必ずしも一律の解答があるわけではなく，やはり広い幅がありうるであろう．

日本では，憲法の第8章が地方自治について規定しており，「地方自治の本旨」がうたわれている．これをうけて地方自治法，地方財政法などが，地方財

---

[2] 戦前の日本の例については，『要覧』29〜30頁参照．

表1　財政法（昭22・法34）

第1章　財政総則
　第1条　目的
　第2条　収入・支出・歳入・歳出の意義
　第3条　課徴金・専売価格・事業料金の決定
　第4条　歳出財源の制限
　第5条　公債発行・借入金の制限
　第6条　剰余金の公債等償還財源への充当
　第7条　財務省証券の発行，一時借入金
　第8条　債権の免除・効力変更
　第9条　国の財産の処分，管理
　第10条　国費分賦法律主義

第2章　会計区分
　第11条　会計年度
　第12条　会計年度の独立
　第13条　一般会計，特別会計

第3章　予算
第1節　総則
　第14条　歳入歳出予算
　第14条の2　継続費
　第14条の3　繰越明許費
　第15条　国庫債務負担行為
第2節　予算の作成
　第16条　予算の内容
　第17条　歳入歳出等見積書の送付
　第18条　歳入歳出等の概算
　第19条　独立機関の歳出見積の減額
　第20条　歳入予算見積書・予定経費要求書等の作製
　第21条　予算の作成
　第22条　予算総則
　第23条　予算の部款項の区分
　第24条　予備費
　第25条　継続費の区分
　第26条　国庫債務負担行為
　第27条　予算の国会提出
　第28条　予算添附書類
　第29条　補正予算
　第30条　暫定予算
第3節　予算の執行
　第31条　予算の配賦
　第32条　予算の目的外使用の禁止
　第33条　予算の移用，流用
　第34条　支払計画の承認
　第34条の2　公共事業等の支出負担行為の実施計画
　第35条　予備費の管理及び使用
　第36条　予備費支弁の調書

第4章　決算
　第37条　歳出決算報告書，歳入決算明細書，継続費決算報告書
　第38条　歳入歳出の決算
　第39条　決算の会計検査院への送付
　第40条　決算の国会提出
　第41条　決算上の剰余の翌年度繰入

第5章　雑則
　第42条　経費の繰越使用の制限
　第43条　経費の繰越使用の承認
　第43条の2　継続費年割額の繰越使用
　第43条の3　繰越明許費の翌年度にわたる債務負担
　第44条　特別資金の保有
　第45条　特別会計における特例
　第46条　財政状況の報告
　第47条　施行命令

附　則
　第1条　施行期日
　第1条の2　予算配賦の特別措置
　第2条及び第3条（省略）
　第4条　予算外国庫負担となるべき契約の転換
　第5条　廃止法令
　第6条　（省略）
　第7条　剰余金のうち公債等の償還財源に充てる額の特則
　第8条　財政制度審議会

表2　主要財政関係法令

財政法第3条の特例に関する法律(昭23・法27)	関税定率法(明43・法54)
決算調整資金に関する法律(昭53・法4)	租税特別措置法(昭32・法26)
会計法(昭22・法35)	国債ニ関スル法律(明39・法34)
予算決算及び会計令(昭22・勅165)	平成13年度における公債の発行の特例に関する法律(いわゆる赤字公債＝特例公債が発行される年度にはこの種の法律が公布される)
物品管理法(昭31・法113)	
補助金等に係る予算の執行の適正化に関する法律(昭30・法179)	
会計検査院法(昭22・法73)	資金運用部資金法等の一部を改正する法律(平12・法99)→資金運用部特別会計を廃し，財政融資資金特別会計を置く
国有財産法(昭23・法73)	
造幣局特別会計法(大4・法9)等各種特別会計法	地方自治法(昭22・法67)
	地方財政法(昭23・法109)
日本政策投資銀行法(平11・法73)等各種特殊法人法	地方交付税法(昭25・法22)
	地方公営企業法(昭27・法292)
国税通則法(昭37・法66)	地方税法(昭25・法226)
国税徴収法(昭34・法147)	地方財政再建促進特別措置法(昭30・法195)
国税犯則取締法(明33・法67)	
所得税法(昭40・法33)，法人税法(昭40・法34)等各種税法	地方分権の推進を図るための関係法律の整備等に関する法律(平11)
関税法(昭29・法61)	

政の制度や運営などを具体的に定めている．なお，地方の租税については一括して地方税法で定められており，中央＝地方財政関係の焦点をなしている交付税については，地方交付税法がこれを定めている．

第3節　財政関係機構

　財政が権力活動の基盤をなす以上，すべての権力はその存立のために，財政を安定的に運用するための機構を必要とする．この機構は単に資金を全国から徴収するだけでなく，政府のいかなる政策に，ないしはどの部局にどの程度の資金を配分するかを企画立案する立場にあるため，しばしば政府内部で最大，最強の部局となり，制度的ないし実質的に財政担当大臣が首相に次ぐ地位を占めることが少なくない．日本の場合，いうまでもなく財務省(2000年までは大蔵省)がそれに当る．外国ではこの種の部局は，Department of Treasury,

Ministry of Finance, Ministerium der Finanzen などと呼ばれている.

　現在の日本の財務省についてその組織を示したのが図1である．内部部局としては官房のほか5局があり，このうちせまい意味の財政を直接に担当するのは官房と主計局，主税局，関税局，理財局および外局である国税庁である．官房は予算の方向づけないし性格づけにかかわり，主計局は各省庁から提出される予算要求をつみ上げてこれを査定し，財務省および政府の原案を編成する．主税局と関税局は税制を企画立案し，国税庁と税関は税の徴収に当り，理財局は国有財産，国債発行，財政投融資などを担当している．

　ところで以前大蔵省はこのようなせまい意味の財政担当部局のほか，内局だけでも銀行，証券，国際金融の3局をもっており，これらはそれぞれ当該業界に対して強力な指導力・統制力を発揮していた．しかしバブル経済崩壊後の銀行の混乱などを契機としてその体制の改革が図られ，金融関係の局は切り離され，2001年から財務省に変ったのである．

　なお中央政府の財政担当部局として無視しえないのが，総務省の自治財政局・自治税務局である(図2)．これらは，中央政府として，都道府県・市町村の財政・税制について企画・立案・指導・統制を行う一方で，中央政府内部にあっては，それら地方団体の利害を表明・主張するという役割を演じている．この種の機構をもつ国はそう多くないかもしれないが，日本のように中央財政と地方財政が複雑にかつ深く結び合っている場合には，これら機関の果たす役割は無視しえない重要性をもつ．

　中央レベルでの財政関係機構としては，政府＝財務省・総務省の他に国会と会計検査院がある．国会は，いうまでもなく予算・決算を審議・議決・承認することによって，財政民主主義を実効あらしめるための国民の代表機関である．会計検査院は内閣から独立した地位を保障されて財政の執行過程や決算を検査し，国会による決算審議や予算編成の改善に資することとされる．その地位の内閣からの独立を保障するため，会計検査院の予算は，裁判所とともに政府の予算編成から一定程度独立すべきことが定められている(財政法第19条)．

図1 財務省の機構図
（2001年現在）

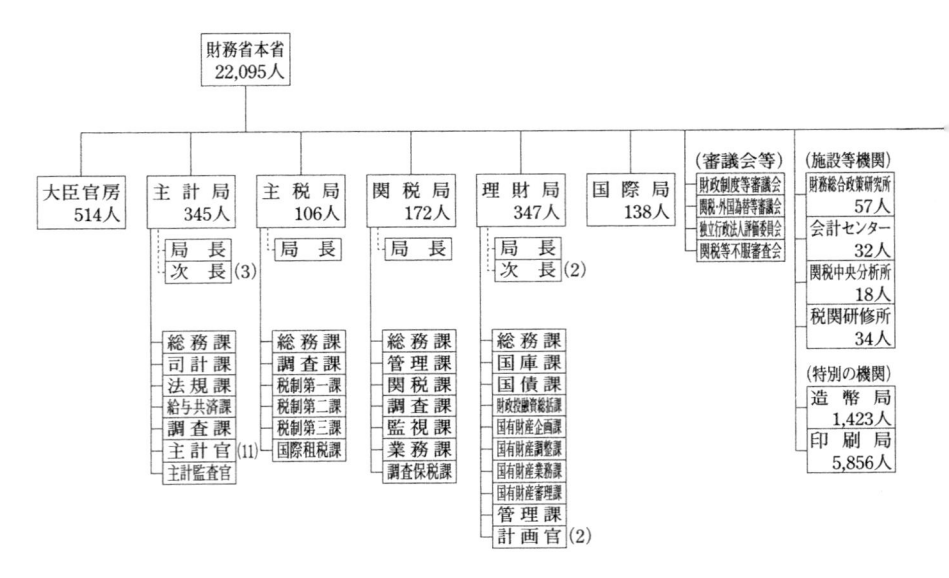

```
財務省本省
22,095人
├─ 大臣官房 514人
├─ 主計局 345人
│   局長
│   次長(3)
│   ├ 総務課
│   ├ 司計課
│   ├ 法規課
│   ├ 給与共済課
│   ├ 調査課
│   ├ 主計官(11)
│   └ 主計監査官
├─ 主税局 106人
│   局長
│   ├ 総務課
│   ├ 調査課
│   ├ 税制第一課
│   ├ 税制第二課
│   ├ 税制第三課
│   └ 国際租税課
├─ 関税局 172人
│   局長
│   ├ 総務課
│   ├ 管理課
│   ├ 関税課
│   ├ 調査課
│   ├ 監視課
│   ├ 業務課
│   └ 調査保税課
├─ 理財局 347人
│   局長
│   次長(2)
│   ├ 総務課
│   ├ 国庫課
│   ├ 国債課
│   ├ 財政投融資総括課
│   ├ 国有財産企画課
│   ├ 国有財産調整課
│   ├ 国有財産業務課
│   ├ 国有財産審理課
│   ├ 管理課
│   └ 計画官(2)
├─ 国際局 138人
├─（審議会等）
│   ├ 財政制度等審議会
│   ├ 関税・外国為替等審議会
│   ├ 独立行政法人評価委員会
│   └ 関税等不服審査会
└─（施設等機関）
    ├ 財務総合政策研究所 57人
    ├ 会計センター 32人
    ├ 関税中央分析所 18人
    ├ 税関研修所 34人
    （特別の機関）
    ├ 造幣局 1,423人
    └ 印刷局 5,856人
```

図2 総務省の機構図
（2001年現在）

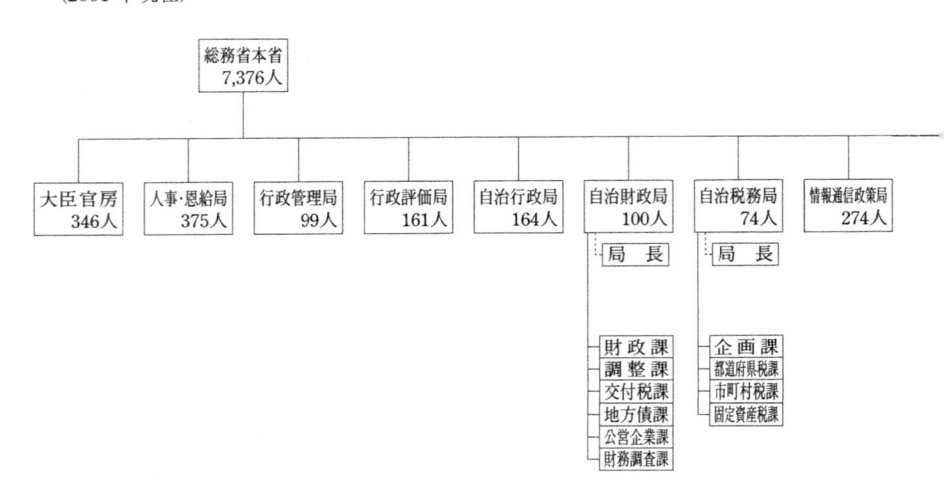

```
総務省本省
7,376人
├─ 大臣官房 346人
├─ 人事・恩給局 375人
├─ 行政管理局 99人
├─ 行政評価局 161人
├─ 自治行政局 164人
├─ 自治財政局 100人
│   局長
│   ├ 財政課
│   ├ 調整課
│   ├ 交付税課
│   ├ 地方債課
│   ├ 公営企業課
│   └ 財務調査課
├─ 自治税務局 74人
│   局長
│   ├ 企画課
│   ├ 都道府県税課
│   ├ 市町村税課
│   └ 固定資産税課
└─ 情報通信政策局 274人
```

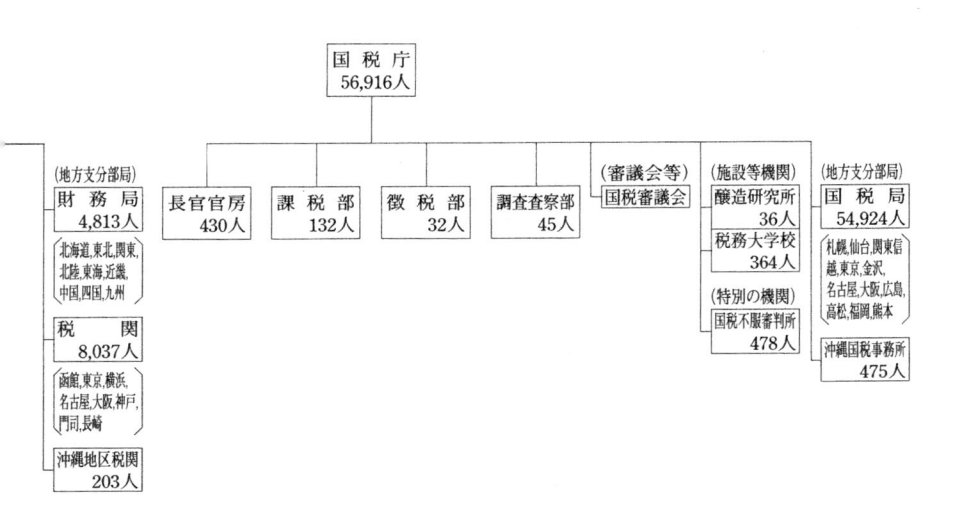

```
                          ┌─────────────┐
                          │  国 税 庁   │
                          │  56,916人   │
                          └──────┬──────┘
   ┌──────────┬──────────┬───────┼──────────┬──────────┬──────────┬──────────┐
(地方支分部局) 長官官房    課税部    徴税部    調査査察部  (審議会等)  (施設等機関) (地方支分部局)
┌─────────┐ ┌─────────┐┌─────────┐┌─────────┐┌─────────┐┌─────────┐┌─────────┐┌─────────┐
│ 財務局  │ │長官官房 ││ 課税部  ││ 徴税部  ││調査査察部││国税審議会││醸造研究所││ 国税局  │
│ 4,813人 │ │ 430人   ││ 132人   ││  32人   ││  45人   ││         ││  36人   ││54,924人 │
└─────────┘ └─────────┘└─────────┘└─────────┘└─────────┘└─────────┘└─────────┘└─────────┘
北海道,東北,関東,                                                  ┌─────────┐ 札幌,仙台,関東信
北陸,東海,近畿,                                                    │税務大学校│ 越,東京,金沢,
中国,四国,九州                                                     │  364人  │ 名古屋,大阪,広島,
┌─────────┐                                                        └─────────┘ 高松,福岡,熊本
│ 税 関   │                                                        (特別の機関)
│ 8,037人 │                                                        ┌─────────┐┌─────────┐
└─────────┘                                                        │国税不服審││沖縄国税事
函館,東京,横浜,                                                    │判所     ││務所     │
名古屋,大阪,神戸,                                                  │  478人  ││  475人  │
門司,長崎                                                          └─────────┘└─────────┘
┌─────────┐
│沖縄地区税関│
│  203人   │
└─────────┘
```

カッコ内の数字は人数を示す．

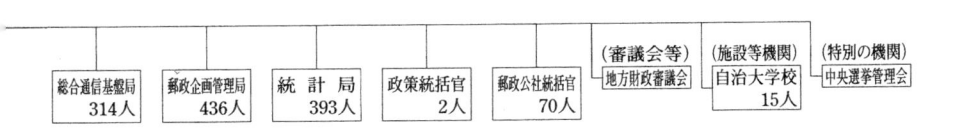

```
   ┌──────────┬──────────┬──────────┬──────────┬──────────┬──────────┐
                                                (審議会等)  (施設等機関) (特別の機関)
┌─────────┐┌─────────┐┌─────────┐┌─────────┐┌─────────┐┌─────────┐┌─────────┐┌─────────┐
│総合通信 ││郵政企画 ││ 統計局  ││政策統括官││郵政公社 ││地方財政 ││自治大学校││中央選挙 │
│基盤局   ││管理局   ││  393人  ││  2人    ││統括官   ││審議会   ││  15人   ││管理会   │
│  314人  ││  436人  ││         ││         ││  70人   ││         ││         ││         │
└─────────┘└─────────┘└─────────┘└─────────┘└─────────┘└─────────┘└─────────┘└─────────┘
```

財団法人行政管理研究センター『2001年新府省行政機構図』15～17, 27～29頁．

第3章　予算の制度と機能

近・現代国家の財政を支える理念は財政民主主義である．それは具体的には，毎年内閣が予算を編成して国会がこれを審議議決することによって実現がはかられている．したがって，財政の検討を一歩すすめるためには，予算とは何かというテーマにとりくまなければならない．

第1節　予算の形式

1. 予算の形式

「あらかじめ計算する」という字義通りの「予算」は家計にも企業にも用いられるが，国や地方団体の財政の具体化としての予算は単なる見積りではない．それは来るべき1年間の政府の歳入歳出の見込表であり，国の場合，一定の形式にしたがって内閣によって編成され，国会に提出され審議議決されるべきことが法律によって定められている文書である．政府側からみれば，これは1年間の政府の行政活動をまかなうために国会に提出する収入支出の承諾要求書であり，成立すればそれに制約・拘束される．一方国会側からいえば，予算の審議・議決を通じて，国民の意志にしたがって政府を統制し制約することが可能となる．したがって予算は，この目的にかなうようにかつ曖昧さを残さないように，一定の厳格な形式をもつことが求められる．日本の場合，それは以下のように財政法に定められている[1]．

まず，第2条で歳入・歳出の意義が示され，第14条ではすべての歳入歳出を予算に編入すべきことが定められている．いわば純計主義を排した総計主義

---

1) 『要覧』30〜35頁．外国の制度については，『要覧』136〜137頁参照．

がとられているわけであり，それは財政のすべてを国民に公開する意味をもつ．

予算は原則として4月1日から翌年3月31日までの1年単位で編成され，それは会計年度とよばれる(第11条)．1年単位(単年度主義)にするのは，行政の効率化をはかり，国会による統制機能を働きやすくさせるためである．もっとも現代では年度をこえた事業も少なくないし，景気調整など経済政策的な運用には不適当な面もあって，問題がないとはいえない．

この年度区分につづいて，第13条で会計を一般会計と特別会計に分けることが定められている．会計の種別区分である．財政法に定められているこの二種類のほかに住宅金融公庫や日本政策投資銀行などの公庫，銀行を含む政府関係機関予算もあって[2]，予算は三本立てになっている(ただし「政府関係機関会計」という用語はない)．予算は単一であったほうが統制しやすいという面はあるものの，政府の行う業務が多様化し，複雑化してくると，単一の予算に性格の異なる資金の出入が混合されてむしろ行政能率を低下させ，正確な判断や統制を困難にする面もある．このため，原則として租税でまかなわれる一般の行政にかかわるものは一般会計で処理し，各種の事業や資金運用などは，特別会計や政府関係機関予算で処理しているのである．そのため，これら三種の予算の間には繰入や繰出があって重複分も多く，全体が複雑化してわかりにくいという問題が生じてくる．第28条の3号で予算添付書類として予算の総計表と純計表とを提出すべきことが定められているのは，それへの一つの対応策とみなしうる．なお重複についていえば，中央財政と地方財政の間の重複も著しい規模に達している[3]．

ところで予算書[4]は，予算総則・歳出歳入予算・継続費・繰越明許費・国庫債務負担行為からなっており(第16条)，そのそれぞれについては第14・15・22〜26条などに規定されている．

---

[2] 「公庫の予算及び決算に関する法律」や「日本政策投資銀行法」「国際協力銀行法」などで定められている．

[3] 『要覧』64, 71頁.

[4] 『要覧』42〜48頁では「平成12年度一般会計予算」(抄)と「平成10年度一般会計歳入歳出決算」(抄)を掲げて，予算・決算書の形式を示してある．

2. 地方の予算と地方財政計画

地方公共団体の予算の基本的な形式や運営は地方自治法や地方財政法に規定されており[5]，その理念や方式はほぼ国の場合に準じている．ただし，地方の特徴として，予算も決算も議決の後，都道府県は総務大臣に，市町村は知事に報告すべきものとされている．また地方税の課徴についても，税目や税率等重要な事項は法律で定められていて，地方独自の税でも総務大臣の同意を要するなど，さまざまな統制に服すべきものとされている．

地方財政が一般会計と特別会計に分けられる点は，中央財政の場合と同じである．ただし，地方の場合には団体ごとに特別会計の範囲が異なっているため，全国的な比較や計数整理に混乱が生ずるおそれがある．そこで，一般会計に，公営事業会計を除いた特別会計を加えたものを普通会計とよび，それ以外の公営事業会計（公営企業，収益事業，国民健康保険など）と区分して地方財政をとらえることが多い．

地方公共団体の予算は当該団体の首長が編成し，議会が審議議決することによって成立する．なお地方の場合には，それとは別に，予算ではないが，地方公共団体全体の普通会計を総合した地方財政計画[6]が，総務省の手によって作成される．これは47都道府県と3,000を越える市町村全部を含めた地方財政全体がどのようなものになるかの見通しである．これは国の予算とほぼ同時に作成され，直接には地方交付税算定のために同税法に規定されているものであるが，政府としては，地方交付税や国庫支出金を含んでいる国の予算と整合的な全国的規模の地方財政の計画ないし見通しを示すことによって，個別地方団体の予算編成に指針を与えるという意味をもつ．

3. 財政投融資計画

財政投融資計画は，予算ではないが予算と並行して理財局の手で作成され，国会に提出される．これは，第10章第4節で述べる改革までについていえば，

---

[5] 『要覧』35～38頁．
[6] 『要覧』49～52頁に平成12年度の例が掲げられている．

郵便貯金や厚生年金などを原資として，政府関係の機関を通じて投融資される政府の金融活動の予定表である．一般会計や特別会計を補完する意味もあり，第二の予算などとよばれている．予算とはちがって政府のフリーハンドが保たれているので，機動的な景気調整手段としての有効性も高い．その仕組や機能についてはのちに立ち入った分析をすることとする(第10章参照)．

　日本とはかなり制度が異なるが，アメリカのFederal Credit Programやイギリスの National Loan Programなど，主要諸国でもせまい意味の予算のほか，この種の投融資の制度がある．ただし，日本のように体系的に制度化され，しかも国会に提出されるというような手続をとる国は少ないようである．

第2節　予算の編成・審議・執行・決算

　毎年の予算は前年度中に編成・審議され，年度開始とともに執行され，翌年度に入って決算されて終結する．したがって，ある特定の時期，たとえば9月をとってみると，当年度の予算は執行中，前年度予算は決算中，次年度予算は編成中と，3ヵ年にわたる予算がそれぞれ異なった位相で三重に存在していることになる．こうした予算の流れをフローチャートで示したのが図3であり，最近の予算編成と審議の経過を表示したのが表3である．

1.　編　　成

　予算を編成するのは内閣の責任と権限であり，これを内閣の予算発案権・予算編成権という．政府が行う1年間の活動を裏付ける収支計画であるから，政府が発案権をもつのは合理的だといっていい．もっとも歴史的な経緯もあって，かつての西欧やアメリカのように，議会が予算を編成することもある．

　現在の日本では経済財政諮問会議が基本的な方針を示し，内閣のなかで実際に予算編成の任に当るのは，財務大臣であり，財務省内では主計局を中心として編成業務が行われる．編成から成立までの日程を，最近10年程についてみると，ふつうは各省庁からの概算要求が8月末に締切られ，それから12月に

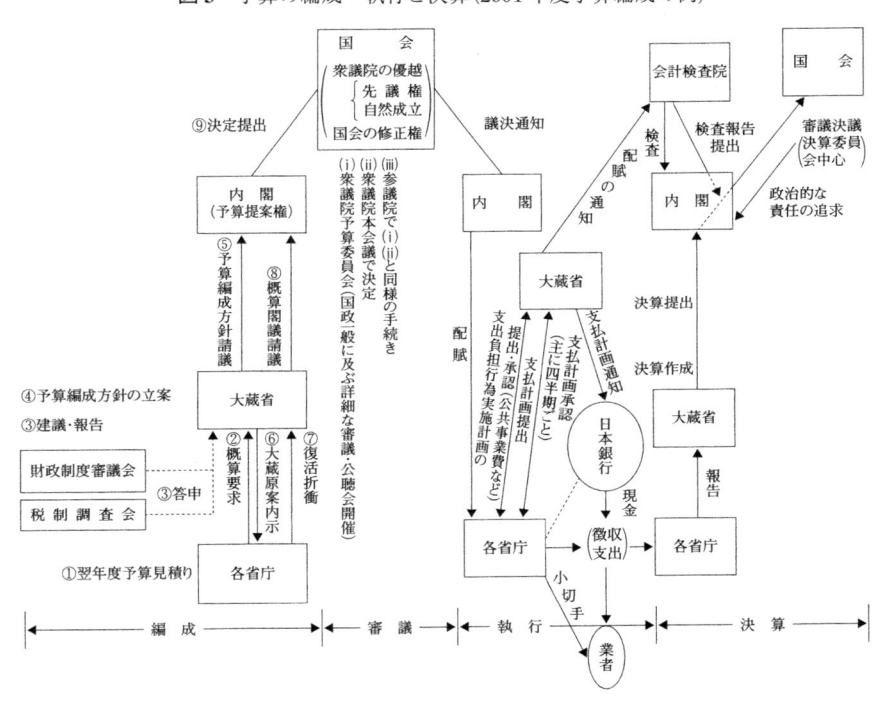

図3 予算の編成・執行と決算(2001年度予算編成の例)

『図説日本の財政』平成13年度版，71頁より作成．
「大蔵省」，「大蔵原案」などは2002年以降「財務省」「財務原案」となる．

かけて財務省主計局の査定と各省との折衝が行われ，12月末には財務原案が閣議に提出され，各省に内示される．各省はこれに対して復活折衝を行い，概算閣議をへて政府案が決定されて編成過程は完了し，国会に提出される．

2. 審　議

国会では，財務大臣の衆議院での財政演説を皮切りに，予算委員会を中心として審議がなされ，本会議で可決されると参議院に送られ，その審議をへて本

表3 予算編成の流れ(2001年度の例)

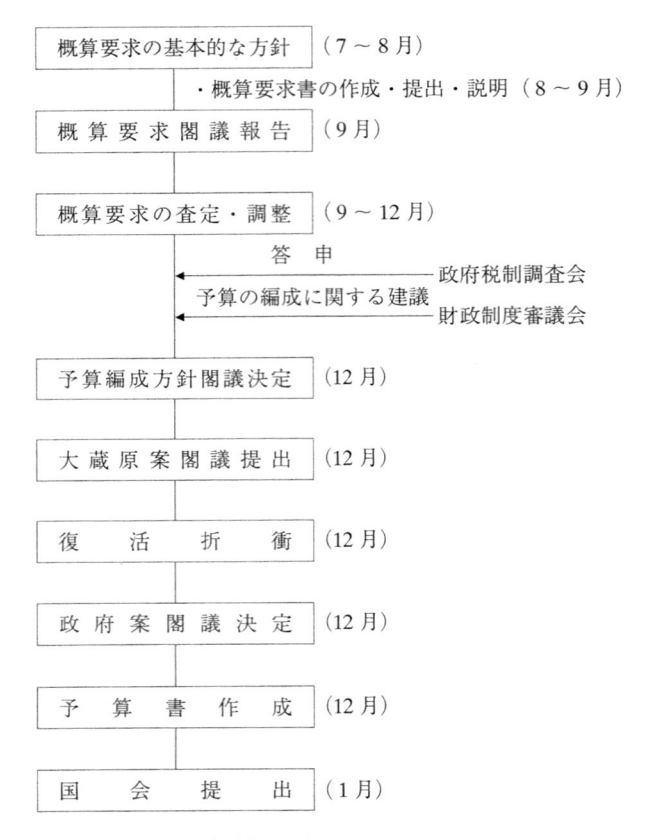

```
┌─────────────────────┐
│ 概算要求の基本的な方針 │ (7〜8月)
└─────────────────────┘
        ・概算要求書の作成・提出・説明 (8〜9月)
┌─────────────────────┐
│ 概 算 要 求 閣 議 報 告 │ (9月)
└─────────────────────┘
┌─────────────────────┐
│ 概算要求の査定・調整  │ (9〜12月)
└─────────────────────┘
           答  申         ── 政府税制調査会
      予算の編成に関する建議 ── 財政制度審議会
┌─────────────────────┐
│ 予算編成方針閣議決定   │ (12月)
└─────────────────────┘
┌─────────────────────┐
│ 大 蔵 原 案 閣 議 提 出 │ (12月)
└─────────────────────┘
┌─────────────────────┐
│ 復  活  折  衝       │ (12月)
└─────────────────────┘
┌─────────────────────┐
│ 政 府 案 閣 議 決 定  │ (12月)
└─────────────────────┘
┌─────────────────────┐
│ 予 算 書 作 成       │ (12月)
└─────────────────────┘
┌─────────────────────┐
│ 国  会  提  出       │ (1月)
└─────────────────────┘
```

『財政データブック』13年度版66頁.

会議での可決により成立する．この審議過程は原則として前年度中に完了する必要があるが，数日遅れることは少なくない．大幅に遅れるようであれば，空白が生じないように暫定予算(財政法第30条)を組む必要がある．

　審議過程は国民による政府活動の監視・統御の最も重要な手続である．理論

的には国会は必要に応じて増額・減額いずれの修正もなしうるとはいえ，予算の骨格を動かすような大幅なものは，内閣の編成権を侵すことになるとして認められていない．もし予算が否決されれば，それは内閣が不信任されたことになるのであって，予算が立憲的にいかに重大なものかがわかるであろう．

3. 執　　　行

国会で可決されて成立した予算は，各省庁に配賦されて執行過程がはじまる．といっても，歳入歳出の現金を各省庁が直接取り扱うわけではない．歳入はすべて日本銀行に入り，各省の歳出は小切手で支払われ，日銀の政府勘定から引き落される．日銀はこの面からみれば国庫なのである．各省の長は，支払計画を財務大臣に提出し，その承認をうけてはじめて支払が可能となる．これは国庫金収入の都合を見はからうとともに，日銀を国庫として利用するために，政府の対民間収支が民間金融に無用な混乱を生じさせないようにするためである．

4. 決　　　算

予算の執行が終ると，会計年度を単位として各省の長は決算報告書を作成し，翌年度の7月末日までに財務大臣に送付する．財務大臣はそれにもとづいて政府全体の決算を作成し，閣議決定をまって11月末日までに会計検査院に送付する．同院は12月末頃までに検査報告書を付して内閣に返却，内閣は決算にこれを添付して国会に提出し，決算委員会・本会議の審議をうける（財政法第40条）．

5. 補　正　予　算

1～4は正常な予算の経過を示しているが，予算執行中に，天災地変や経済状況の急変あるいは政策変更などのために，予算執行が不可能ないし不適当になることがありうる．それが小規模ならば予備費などで手当することが可能であるが，大規模になったり，必要やむをえない場合には，当初予算に変更を加えた予算を組むことがある．むろん国会の議決を経て成立するのであるが，こ

れを補正予算(財政法第 29 条)とよぶ．

6. 予算機能の変化

　予算の基本的な機能は，国民・国会が政府なり権力なりを監視・統御するところにある．これまでみてきた予算の形式と手続とは，その目的を達成するのにふさわしいものとして形づくられているのである．ところが現代では，予算の枠組に入りきらない領域が出現したり，予算の制度と機能との間に矛盾や摩擦が生じたりしている．その結果，議会の統制力が弱まり，相対的に行政府の力がつよまっているように思われる．その本格的な分析は，ここの課題ではないが，とりあえずそうなる原因を予算制度との関係で指摘しておく．

　①予算に対して景気調整や経済政策的機能が求められる場合，議会審議によるタイミングの遅れや単年度主義がその障害となりうること．②予算が大規模化すること自体，議会による審議を困難にし，したがって逆に行政府による執行過程のウェイトを高め，議会の統制力が弱まること．③予算に含まれない政府機能が増加していること．④あるいは逆に新領域をつぎつぎと予算制度内部にとり込んでいくため，予算自体が複雑化し重複して一覧性・明瞭性を欠くようになって国民・議会の統制を困難ならしめること．⑤外国との政策協調が求められ，予算も当該国のみの意志では必ずしも決定しえないこと．

　これらはいずれも伝統的・基本的な予算制度の理念たる財政民主主義をおびやかすものであるが，国家活動の拡大は現代資本主義社会が国家に介入を求めるところにその根拠があり，容易に解決のつく問題ではない．

第4章　経費の構成と分析

　経費論あるいは支出論の目的は，国家がどのような用途に経費を支出しているかを検討することによって，国家の機能を明らかにすることである．経費のあり方は時代により国によって異なっている．したがって，その違い自体が当該国家の機能の違いを反映しており，それを明らかにすることが財政学ないし経費論の主要な課題となる．だがそうした歴史的な国家＝財政の変遷の分析はのちの課題として，ここでは日本を例にとって支出・経費がどのようなものかをみておくことにしよう．

第1節　経費の分類

1. 経費と支出

　支出（政府支出・公共支出）と経費という用語は，おそらくいずれも Expenditure, Ausgabe の訳語であろうが，財政に関する日本語としてはそれぞれ多少異なった意味で用いられる場合が多い．「経費」は政府の各機関の現金支出を示す会計用語で，一般会計および特別会計の1年間の支出すなわち歳出を意味するのが普通である．また，一般会計が財政の中心であり，代表としてとりあげられることが多いため，一般会計歳出のみを指して用いられることも少なくない．

　「支出」もそれと同じ意味で用いられることが少なくないし，「経費を支出する」ともいうが，概していえば「経費」よりはカヴァリッジが広く，かつ国民経済計算上の政府部門全体の支出，すなわち政府最終消費と政府資本形成の合計を指すことが多い．またこの政府支出に社会保障給付のような移転的支出を

含めたものを政府支出とよぶこともある．いずれにせよ，支出は国民経済全体と公共部門とのかかわりを論ずるための用語として利用されることが多い．なお予算書の中では一般会計と特別会計について「歳出」，政府関係機関については「支出」が用いられている．こうした用語法はともかくとして，ここではとりあえず前述の意味の経費，とくに一般会計のそれを中心としてその態様を調べることにしよう．

2. 経費の分類

行政上の必要からも，または分析上の必要からも，経費はいくつかの異なった基準で分類，整理される．

(1) 主要経費別分類

これは毎年の政府の政策選択の重点がどこにあるかを示すもので，毎年「予算の説明」に表示して国会に提出されている．その性格はつぎにみる目的別とほぼ同じ政府機能にしたがった分類である[1]．ただ年々の主要経費は年とともに変っていくため，長期間をとった場合の比較は困難である．

(2) 目的別分類

主要経費別分類と同じく，政府の機能・目的にしたがった分類である．双方の数字が得られるかぎりでは，どちらを利用してもほぼ同じ結果になるが，目的別分類は明治の初めまで遡って短期的な特殊性を打ち消した同一基準の数字が作成されているので，長期にわたる時系列分析が可能になるし[2]，国際的な比較にも便利である[3]．

(3) 使途別分類

政府が何を購入したか，あるいは購入しないで直接に現金で他会計に繰入れたり補助・委託したりしたかなどという経費の最終的支出対象を示す[4]．各省

---

1) 『要覧』74～75頁．
2) 『要覧』72～73頁．
3) 『要覧』140頁．
4) 『要覧』78頁．

庁に配賦された予算を最終的にどの使途にむけるかを示す実務上・行政統制上の必要からなされる分類であって，予算書でいえば，議決対象と定められている項のさらに下位の目がこれに当り，経費の人的・物的な使途が示されている．

これは直接には行政府の予算執行に不可欠な技術的な分類であるが，分析の見地からも有用である．すなわち第1に，これが経費の経済的な性質にもとづく分類のしかたになっているため，予算の国民経済的な機能を検討する手がかりになる．第2に，計上している省庁自身が一般会計として業務を遂行するのか，それとも他会計や地方公共団体や個人などに資金を交付し，最終的にそこでの支出によって予算の目的が達せられるのか(たとえば他会計繰入や補助費など)といった，予算計上省庁の業態を検討する手がかりとなる．

(4) 所管別・組織別分類

経費を支出し，その行政責任をもつ省庁を単位とする分類で，年々編成される歳出予算は必ずこの分類にしたがって編成されていなければならない[5]．

なお予算書では大分類が所管別であるが，それはさらに組織別に区分される．たとえば省庁再編以前のデータではあるが注5)の資料でみると，文部省の場合は，文部省という所管の下に本省，本省所轄機関(本省所轄研究所など)，文化庁(国立博物館などを含む)などに区分される．この分類の主たる機能が行政上のそれであることはいうまでもなく，これなくして予算書はなりたたない．この点，目的別，主要経費別分類とは異なった実務上の重要性をもつ．ただし，国ごとに省庁の編成が異なるのみならず，同一国家でも時期によって異なるので，そうした比較には不便である．また目的別の防衛関係費は所管別では総理府に含まれているし，大蔵省が所管別で大きな計数を示しているのは，大蔵省自体の業務のための支出が大きかったからではなく国債費が大きかったからである．このように省庁名から必ずしも当該省庁の業務の内容がわかるわけではなく，そこに現われている計数が内容を反映していない場合もある．

(5) 経済性質別分類

財政支出を経済的性質にもとづいて分類するもので，経常支出・資本支出

---

5) 『要覧』43，74〜75頁．

(資本形成)・移転的支出・その他(補助金・他会計繰入など)に分けるのが一般的である．これは国民経済計算上の政府支出算定の基礎となるもので，財政のマクロ経済的機能をみるうえでの基本的なデータとなる．日本では毎年度の『予算の説明』の中で，「経常部門及び投資部門区分表」が示されているほか，関連して「投資部門歳出内訳」が掲げられている．これをさらに一歩進めれば，資本予算(勘定)と経常予算(勘定)からなる複式予算の採用も考えうる．

(6) 裁量可能性基準分類

比較的最近行われている分類であり，とくに日本では，1980年代以降の予算抑制の必要とからんで多用されている．それは一般会計歳出を「国債費」「地方交付税交付金」「一般歳出」に分け，前二者はほとんど政府が裁量を加える余地のないものとして計上するほかないのに対して，一般歳出については裁量を加えうるが故に，その伸びを抑えようというものである．いわば歳出の弾力性の強弱，逆にいえば硬直化の度合が示されるといってもよいであろう．たとえば，2001年度予算では歳出83兆円のうち，国債費17兆円，地方交付税交付金17兆円，一般歳出49兆円などとなっている．義務的経費と政策的経費というのも類似の用法である．

これと同じではないが，アメリカでも歳出をControllability基準で二つに分け，政府が相対的に操作可能なものは，1995年度予算の場合，歳出全体1.5兆ドルのうち35.7％の5,420億ドルにすぎないとされている[6]．

(7) 地方経費分類

地方経費も中央経費と同様に分類されるのがふつうである．ただし，同じ目的別分類でも，行政の重心が中央政府とは異なるため，それにふさわしい固有の分類——たとえば防衛費を欠き，代りに警察及び消防費をもつというような——が用いられることが多い[7]．経済性質別分類[8]も，中央政府の場合にはなかった「普通建設事業費」や「積立金」というような費目が掲げられている．

---

6) Executive Office of the President, Office of Management and Budget, *Budget of the United States Government*, 1995, P. 13.
7) 『要覧』80〜81頁．
8) 『要覧』79頁．

これらは中央政府と異なって，地方にとってとくに重要性が高かったり，地方行政を特徴づける経費である．

なお一国の権力活動を総合的に検討するためには，少なくとも中央一般会計と地方普通会計を合わせて，中央・地方を通じた政府部門全体の経費構成をみることが必要である．日本の場合は総務省が毎年『地方財政白書』に目的別決算をベースにして，中央・地方の重複勘定と純計支出の分担，それぞれの経費の構成比など，詳細なデータを提供している[9]．

第2節　現代日本の経費分析

前節で解説した経費分類の方法にしたがって，現代日本の経費を分析し，いかなる態様を示しているかを確認するのが本節の課題である．なおそこに示されている日本財政の経費構造が，世界的，歴史的にみてどのような特質をもち，いかなる地位にあるかは終章で検討しよう．

1. 経費構成(1)——目的別——

前述のとおり，目的別分類と主要経費別分類とではそれほど大きな差がないので，ここでは長期的な計数のえられる目的別によって議論をすることにしよう(表4)．

まず，比較的新しい時点の経費構成をとりあげよう．1995年と97年についてみると，ほぼ76～80兆円の歳出のなかで，大きな順にとり出すと，社会保障関係費22％，国債費17～20％，地方財政費16～20％などと並び，国土保全及び開発費12～14％，教育文化費8～8.7％がつづく．ちなみに，15年ほど前の1980年度をとってみると，順位が入れ代って，社会保障関係費21％，地方財政費18％，国土保全開発費14％，国債費13％と並んでいた．財政再建のために裁量可能性の高い費目が抑制される一方で，裁量困難な費目が伸びつづけた結果，こうした順序の入れ代りが起ったのである．

---

9) 『要覧』23，71頁．

表4　中央一般会計歳出目的別構成比(決算)　　(%)

年度	国家機関費	地方財政費	防衛関係費	対外処理費	国土保全及び開発費	産業経済費	教育文化費	社会保障関係費	恩給費	国債費	その他	合計
1890	26.6	0.0	31.5	—	4.3	9.1	1.4	0.5	0.9	23.6	2.0	100.0
1900	10.5	0.1	45.7	—	2.4	21.1	2.1	0.7	1.5	11.8	4.2	100.0
10	10.4	0.1	34.5	—	3.0	10.6	1.6	0.5	5.0	30.2	4.2	100.0
20	10.3	0.1	52.2	—	5.7	12.2	3.1	0.7	4.1	7.0	4.7	100.0
30	10.6	0.1	28.6	—	5.9	15.7	9.0	1.1	9.6	17.7	1.7	100.0
34～36	7.4	0.3	46.2	—	7.2	4.5	6.7	1.2	7.9	16.5	2.0	100.0
40	5.6	5.2	50.3	0.0	3.1	9.0	3.5	1.6	5.0	15.5	1.1	100.0
50	10.8	17.1	17.6	0.2	14.8	16.5	3.3	8.6	0.8	9.2	1.2	100.0
60	9.7	19.1	9.4	1.8	16.9	9.4	12.1	13.3	6.7	1.5	0.2	100.0
70	6.7	21.7	7.3	0.3	16.6	12.4	11.5	15.9	3.6	3.5	0.6	100.0
80	5.0	18.1	5.2	0.0	13.8	9.2	10.7	21.3	3.8	12.7	0.2	100.0
90	6.8	23.0	6.2	—	8.5	5.9	7.8	18.4	2.6	20.7	0.1	100.0
95	5.5	16.2	6.2	—	14.4	6.7	8.7	22.3	2.2	16.9	0.9	100.0
97	5.2	20.1	6.3	—	11.7	4.1	8.0	22.4	2.0	20.3	0.1	100.0

『要覧』72～73頁より作成.

　こうした多少の波乱があり，またもっと長期でみると，時とともに社会保障関係費の比率が徐々に高まってきて，途中で地方財政費や国土保全及び開発費をぬいて第1位にのぼり，さらに財政再建期に国債費が急上昇して第2位に居つづけているという変化はある．しかし，大まかにいえば，上位を現在と同じ三つが占め，前掲のその他の費目がそれにつづく，という全体の構成は相当長期にわたって継続している．現時点からふり返ってどこまでそれを遡りうるかは，表4から明らかなとおり，1950年までである．ということは，同表で1950年の直前は1940年であって，その間には第2次大戦がはさまれているのであるから，この経費構造が戦後に成立したものであることは明らかである．

　大戦を境にして経費構成は断絶しており，戦後を多費目併立型とすれば，戦前・戦時は防衛関係費(軍事費)集中型であったというべきである．もっとも，時としては国債費がこれに匹敵する大きさに達したこともあるが，一般的に第1位と第2位との間の差は大きい．しかも国債費はだいたい戦時国債の後始末の意味をもっているから準軍事費とみなすことができ，これを含めれば，軍事費集中型は極度に強まって，経費総額の60％を恒常的に占めていたことにな

る.

　一方,これにつづく第2位の産業経済費でも10～20％,第3位の国家機関費10％といったところで,それさえ準戦時体制から戦時体制にかけて軍事費におされて急落していく.こまかくみれば,戦前の経費構造にはなお少なからぬ曲折も認められるのであるが,大まかにはこれまで確認したとおり,戦前戦時は軍事費集中型であったと表現しうる.そうだとすれば,その時の日本という国家,少なくとも中央政府に表現される国家の主たる機能が軍事であったことが第一義的に推定されなければなるまい.のみならず,戦争にかかわる直接の戦争経費は,「臨時軍事費特別会計」を設けて経理されていて,表4には現われていないのである.

　第2次大戦後の経費構成ではこの軍事費集中型が完全に崩れ,併立型ないし分散型に変った.のみならず,同表に関する限り,年とともに防衛関係費の比率は低下しつづけているし,国債費も戦前とは隔絶した低水準で推移してきた.1980年頃からの上昇は,おそらく日本でははじめての非軍事的な意味での国債費の上昇であろう.防衛関係費や国債費低下の反面で,前述のとおり社会保障関係費や地方財政費,国土保全及び開発費などがトップグループをなしてきた.これを一言で表現すれば,終章で立ち入ってのべるように,戦前の軍事国家型財政に対して,戦後は福祉国家型財政ということになろう.

　85年度以降は順位が入れかわって国債費が第1位になる年も現われる.これは前述のとおり戦前・戦時の国債費が実質上準軍事費だったのとは違って,石油ショックやバブル経済崩壊後の景気支持のための財政赤字の後始末であり,のちにふれるように,これも広い意味で福祉国家型財政の現われとみなしてさしつかえない.こうした第2次大戦後の日本の経費構成の世界史的意義づけについては終章でふれる.

2. 経費構成(2)——使途別——

　表5は中央政府の一般・特別・政府関係機関の各会計ごとに使途別分類を表わしたものである.ここには,目的別分類の場合とは著しく異なった政府の側

表5　中央歳出使途別構成(当初予算，1999年度)　(億円，％)

	一般会計	特別会計	政府関係機関
人件費	43,765　(5.3)	48,225　(1.7)	1,267　(1.6)
旅費	1,237　(0.2)	634　(0.0)	58　(0.0)
物件費	25,584　(3.1)	45,454　(1.6)	997　(1.3)
施設費	11,618　(1.4)	67,608　(2.4)	—　(—)
補助費・委託費	205,197　(25.1)	292,372　(10.2)	990　(1.3)
他会計への繰入	491,463　(60.0)	696,133　(24.4)	—　(—)
その他	39,464　(4.8)	1,706,247　(59.7)	74,609　(95.7)
合計	818,601(100.0)	2,856,434(100.0)	77,923(100.0)

『要覧』78頁より作成．

面が示されている．すなわち，目的別分類のみに依拠すれば，あたかも一般会計がそこに示された社会保障活動や教育文化活動を行っているようにみえる．しかし，使途別に検討すると，とうていそうはいえそうにないことがわかる．また現実の業務をどの程度自ら行っているかによって，一般会計と特別会計と政府関係機関では，経費の使途が大きく異なっていることもわかってくる．

まず表5によって，1999年度をとりあげてみよう．合計欄からわかるように，一般会計81.9兆円に対して特別会計285.6兆円，政府関係機関7.8兆円というそれぞれの規模にまず注意する必要がある．これらは性質が異なり，直接比較可能な数字ではないとはいえ，政府全体の予算の中での，一般会計の地位は，この程度の金額にすぎないという認識をもつためである．だがここでの課題はむしろその先にある．その相対的に小さい一般会計が実はその大部分については，省庁自ら一般会計として消費して行政実務を行うのではなく，他会計への繰入や補助費等として支出しているのである．たとえば1999年度の場合，一般会計歳出合計81.9兆円のうち，60.0％の49.1兆円が他会計繰入として，25.1％の20.5兆円が補助費・委託費として，合計69.6兆円，85.1％がいわば現金のまま一般会計から他の会計なり事業主体なりに移転されている．逆にいえば，人件費・物件費等として一般会計自体，すなわち予算配賦を受けた省庁が自ら一般会計として行政執行のために支出するのは，わずかに15％にすぎないのである．

この点，特別会計や政府関係機関では異なった様相を呈している．こちらは現業的あるいは金融的色彩の濃いものが多いからである．

　なによりも一般会計とちがうのは「その他」の比重の大きさである．特別会計で59.7％，政府関係機関にいたっては実に95.7％と，歳出のほとんどすべてが「その他」なのである．したがってこの表からは読者は十分な情報をえられないのであって，憲法第91条の内閣の財政状況報告規定の精神に照らして多少問題が残る疑いがある．それはともあれ，この「その他」に当るものを調べてみると，特別会計で歳出の上位を占めている国債整理基金特別会計の国債償還(45.4兆円)，国債利子等支払(10.7兆円)，交付税及び譲与税配付金特別会計の地方交付税交付金(20.9兆円)，厚生年金特別会計年金勘定の保険給付金(19.1兆円)などが飛び抜けて大きな数値をもっていることがわかる．また政府関係機関では，全体の支出7.8兆円のうち住宅金融公庫が3.5兆円とほとんど半分を占めて桁外れに大きいが，その住宅金融公庫支出のうち3.4兆円が，分類上「その他」に含まれる利息である．現在ではすべて金融機関からなっている政府関係機関の支出では，どこでも支払利息が大部分を占めているのであるから，「その他」がこの部門の支出のほとんどすべてとなるのは当然のことである．

　結局，一般・特別・政府関係機関合計375兆円のうち，「その他」は182兆円で51％を占めることになるが，これは上述のとおり，金融的ないし移転的支出の性質をもっているのである．むろん特別会計のなかには，一般会計になじまない事業色の濃いものが多数あるが，歳出規模からみると，同表に示したように人件費や物件費に表わされるそのカラーは，一般会計に比べてたいして大きくはなく，過半は「その他」によって占められているのである．特別会計は政府関係機関とはちがって，金融業務を目的としてはいないが，国債元利償還や交付税のような移転的支出のパイプが最大のシェアを占めているうえに，一般会計ほどではないが「他会計への繰入」や「補助費・委託費」もかなりの割合をもち，一般会計よりは一歩現場に近いところで，中央政府のもつ企画・立案・統制・調査などの機能を果たしていると位置づけられよう．逆にいえば，

日本の政府構造全体のなかでは，地方政府が，交付税はもちろん補助費・委託費の主たる受け手なのであるから，中央政府のコントロールのもと，地方政府がその分肢として機能している姿を，ここから容易に読み取ることができるであろう．こうした中央＝地方政府のつよい連繋が作り出した統治構造のさらに外側を，政府関係機関が政府金融というかたちで取り巻くことによって，政治世界は経済世界と柔らかな接触を保っているのである．このような立体的な構造を全体として把握することが，日本における権力活動の実体の把握なのであり，以上によって使途別分類の利用がそれに有効なことがわかるであろう．

　ここに示された各会計の相違は，大まかには第2次大戦後を通じて一貫してみられるところであるとはいえ，各会計に即してみれば，時とともにそれなりに変化を経験していることも見逃せない[10]．たとえば一般会計では，他会計への繰入がたえず比率を高めて24％から60％へと上昇してきたのに対して，物件費，人件費とも大幅に低下してきている．また特別会計では「その他」が1960年度あたりを底にして，以前も高く，以後も波はあるが高位を保っている一方，物件費の比率は概して低下気味であり，とくに1970年代以降の低下がはげしい．急速に非実務化が進行しているのであろう．政府関係機関では，三公社が含まれていた時期には他会計繰入や物件費や人件費が，一般会計や特別会計の場合より高比率であった．しかし，三公社の民営化とともにその要因は失われた．前述のとおり，その後，現在にかけて政府関係機関予算としては現業部門はなくなり，政府金融機関の活動を経理する予算がすべてになったのである．

　この種の数字で戦前と比較できるのは一般会計だけである[11]．戦前は施設費・物件費・人件費などの比率が戦後より高く，逆に他会計繰入や補助費・依託費が低かった．このような相違が生じた理由としては，一般会計での軍事的色彩が濃かったこと，その後，特別会計や政府関係機関の業務となった現業的なものを含んでいたこと，特別会計や政府関係機関などの数が少なく，関係も

---

10)　『要覧』78頁．
11)　『要覧』78頁．

単純だったこと，地方財政との関係が未だ希薄だったことなどが考えられる．

3. 経費構成(3)——所管別——

前述のとおり，所管別予算の計数は分析上あまり有効ではない．しかしながら，歴史を遡って得られる計数がこれだけしかないため，これを利用するほかない場合が多い，ということは各国とも共通である．というのは，その他の分類方法の多くは，第1次及び第2次大戦後，財政規模が膨張し，財政を通ずる政策的な操作がなされるようになってから開発されたものばかりだからである．したがって，この分類を利用するのは，予算配賦や執行上の実務を別にすると，各省庁ごとの予算をいわば目的別予算の代りとして用いる場合ぐらいであろう．日本では，前述のとおり明治に遡って目的別の計数が作成されているので，あまりその必要性はない．

戦前の場合，目的別分類についてみると，前述のとおり軍事費が過半であったが，所管別分類でいえば陸軍省・海軍省合計がほぼそれに当ることはいうまでもない．しかし，他の経費でこれほど両分類の対応がはっきりしているものはない．1997年度についてみると，所管別で大きいのは大蔵省17.6兆円，自治省15.6兆円，厚生省15.5兆円，総理府8.6兆円などである[12]．しかし，これらは使途別分類でみたように，国債費や交付税や補助金を含んでいて，当該省自体の仕事というより，現代財政を支える複雑な資金の流れを表わしているという面がつよかったり，総理府のように多種の業務をもっていたりするためである．

4. 経費構成(4)——経済性質別——

国民経済計算の一環としての政府部門の計数は，毎年内閣府『国民経済計算年報』で公表される．表6は，政府支出のうち，政府最終消費支出と公的資本形成との構成比の長期趨勢をとり出したものである[13]．一見して第2次大戦が

---

[12] 『要覧』74~75頁に，戦前と戦後の計数を示している．
[13] より詳しくは，『要覧』63頁参照．

表6 政府支出総括表 (%)

年度	政府最終消費支出	公的総資本形成
1934〜36平均	82.9	17.1
43	89.7	10.3
46	64.8	35.2
50	69.8	30.2
60	53.1	46.9
70	48.1	51.9
75	51.8	48.2
80	51.1	48.9
85	58.7	41.3
90	57.9	42.1
95	52.3	47.7
97	55.8	44.2

『要覧』63頁より作成.

画期をなしていることがわかる．それまで80〜90％を占めていた最終消費支出が一転して50％前後に下がり，資本形成がその逆の動きを示す．

おそらくその最大の理由は軍事費（定義によりすべて消費支出に含まれる）が減少したことであろうが，戦後の財政が，高度成長の基盤整備のために積極的に資本形成を目指したことも大きく作用した．OECDの統計などによると，現在の先進資本主義諸国の財政のなかでは，日本の資本形成比率が最も高いようである．ただし，こまかくみれば，高度成長期から低成長期に移るにしたがって，当然予想されるようにその比率は低下している．それに反比例して消費支出が増加してくる．ただし同表からはずされている移転的支出をとってみれば，このほうがより速やかに上昇している．この意味づけについては，終章で立ち返ってふれることにしよう．

5. 地方経費の構造

地方経費を目的別に分類してみると（表7），中央政府の場合と著しく異なった動きが目をひく．明治以来現在にいたる間に，中央政府の場合のような決定的な画期が見当らないのである．教育費と土木費が1位2位を競いつつ，両者でつねに40％前後を占めるという形は明治以来変っていない．義務教育を中

表7　地方普通会計歳出目的別構成比(決算)(単純合計)　　　(%)

年度	総計	議会費	庁費または総務費	警察及び消防費	土木費	教育費	社会及び労働施設費	保健衛生費	産業経済費	公債費	その他
1880	100.0	2.6	17.8	7.2	25.6	20.0	0.3	3.7	1.5	—	21.3
1900	100.0	0.8	13.4	6.7	24.0	26.0	0.1	6.4	2.1	6.9	13.6
20	100.0	0.6	9.4	5.5	17.8	27.3	1.1	7.1	4.2	4.8	22.1
40	100.0	0.3	7.9	5.6	14.1	21.0	2.8	3.8	10.3	17.1	17.0
50	100.0	1.0	14.1	6.2	18.0	26.0	10.5	3.3	11.5	2.1	7.2
60	100.0	1.0	12.9	5.7	17.2	27.1	9.6	2.4	11.5	5.0	7.5
							民生費　労働費		農林水産業費　商工費		
70	100.0	0.8	9.7	5.4	24.7	23.9	7.7　　1.6	5.7	9.4　　4.0	3.7	3.4
80	100.0	0.7	9.1	5.2	20.0	24.1	11.1　　0.9	6.0	9.6　　3.6	6.9	2.8
90	100.0	0.6	13.4	4.9	21.4	20.1	10.6　　0.6	5.7	6.8　　4.2	8.0	3.8
97	100.0	0.6	9.0	5.2	21.0	18.3	13.4　　0.5	6.7	7.4　　5.3	10.1	2.5

『要覧』80～81頁より作成.

心とする初等・中等教育や地方的な道路・治水などは(州)地方政府の所掌であって，しかもそれは近代国家成立以来それほど大きく変ることなく，かつ政策の優先順位がつねに高く，この2費目が満たされてのち，他の費目に財源が向けられるといった選択がされてきているのであろう．こうした傾向は，おそらく主要先進諸国に共通だと思われる．

これに示されるように，地方経費は地方住民すなわち国民の日常生活に密着した行政に充てられているため，たとえ戦争や大恐慌のような大きな社会的変動があっても，中央政府の場合のように，それを正面から受けとめて財政構造を急変させるというような動きはとりえないのである．

とはいえ，やはり第2次大戦を境にしてそれなりの変化は認められる．その点は，社会及び労働施設費や産業経済費のような，福祉国家的支出や高度成長政策の末端の商工業や農業を保護育成するための経費が，その水準を飛躍させているところに見られる．また中央政府に従って公債発行を抑制してきたため，公債費負担の比率が大きく下がったことが目立っている．もっともこれも中央の場合同様，最近では公債発行が増加して負担も高まってきていることは否定できない．

6. 中央・地方の総合経費構造と支出分担

中央政府経費の目的別分類を基準にして中央・地方経費を総合したのが表 8 である．使途別分類の項で強調したように，中央政府一般会計経費の大部分は外部への資金の移転からなっており，その最大の対象が地方財政なのである．それは地方交付税や各種補助金・負担金という形をとっているが，同表はそうした重複を各費目について示し，純計を算出している．同表は中央・地方の特別会計のうちの企業的なものや，財政投融資・特殊会社といった周辺的なものを含んでいないとはいえ，中央・地方財政の一般会計はもちろん特別会計の中枢部分を総合して，その総計と純計を示すことによって，中央・地方を通ずる現代日本の立体的な経費の姿を浮び上がらせている．

1998 年度の場合，中央・地方歳出純計額 156 兆円のうち，63.0％にあたる 98 兆円は，地方の手によって支出されている．のちにみるように，地方の手によって徴収される税は，99 年度の場合，国税・地方税合計の 42％，国税は 58％であって，その割合は支出とは逆になっており，公債資金を無視すればその差が，中央から地方へむけての交付税や補助金であることはいうまでもなく，いかに双方が深く重なりあっているかがわかるであろう．といっても，経費ごとに中央と地方の分担の仕方はむろん異なる．もっともわかりやすい防衛費はすべて中央の分担で，地方は分担しない．また中央から地方への支出である地方財政費も，100％中央負担である．これに対して一般行政費や社会教育費，衛生費などは，90％以上を地方が分担している．もっとも，それらの金額は必ずしも大きくない．これにくらべて金額が大きくて地方の割合の高いものには，国土開発費 (74.7％)，学校教育費 (85.1％) 等がある．福祉国家的経費の中核をなし，今後も引き続き膨張すると見込まれる社会保障関係費全体では，63.4％を地方が担当している．もっとも，このように地方の分担割合が大きいといっても，それらの財源の少なからぬ部分が，中央から地方へ給付されることによって支えられているのであり，財源の中央集中と支出の地方分散というパターンが定着している．それは現代の行政が，中央の企画や統制のもと，地方が執行に当るという中央集権型の構造をなしていることを反映している．それがな

表8 中央・地方の歳出決算（目的別）(1998年度) （億円，%）

区　分	中央歳出純計	地方歳出純計	中央から地方に対する支出	地方から中央に対する支出	中央・地方歳出純計	中央・地方歳出純計に占める地方の割合	中央の純計に占める地方に対する支出の割合
機　関　費	42,808	149,236	2,992	—	189,052	78.9	7.0
一 般 行 政 費	12,446	84,167	2,020	—	94,593	89.0	16.2
司法警察消防費	13,992	53,402	972	—	66,422	80.4	6.9
外　交　費	8,617	—	—	—	8,617	—	—
徴　税　費	7,753	11,667	0	—	19,420	60.1	0.0
地 方 財 政 費	189,746	—	186,540	—	3,206	—	98.3
防　衛　費	49,824	—	292	—	49,532	—	0.6
国土保全及び開発費	141,231	248,968	58,764	17,384	314,051	73.7	41.6
国 土 保 全 費	24,854	37,873	11,194	4,790	46,743	70.8	45.0
国 土 開 発 費	109,901	205,733	44,459	12,139	259,036	74.7	40.5
災 害 復 旧 費	5,020	5,362	3,111	445	6,816	72.0	62.0
そ の 他	1,456				1,456		
産 業 経 済 費	49,729	82,106	8,361	—	123,474	66.5	16.8
農 林 水 産 業 費	20,720	19,809	4,978	—	35,551	55.7	24.0
商　工　費	29,009	62,297	3,383	—	87,923	70.9	11.7
教　育　費	70,636	185,442	36,297	—	219,781	84.4	51.4
学 校 教 育 費	59,234	145,611	33,776	—	171,069	85.1	57.0
社 会 教 育 費	1,662	17,393	407	—	18,648	93.3	24.5
そ の 他	9,740	22,438	2,114	—	30,064	74.6	21.7
社会保障関係費	181,089	226,020	50,645	—	356,464	63.4	28.0
民　生　費	152,135	138,612	39,336	—	251,411	55.1	25.9
衛　生　費	10,325	66,543	5,034	—	71,834	92.6	48.8
住　宅　費	16,381	20,447	6,094	—	30,734	66.5	37.2
そ の 他	2,248	418	181	—	2,485	16.8	8.1
恩　給　費	15,475	1,078	—	—	16,553	6.5	—
公　債　費	176,985	109,073	—	—	286,058	38.1	—
前年度繰上充用金	—	52			52	100.0	—
そ の 他	5,608	—			5,608	—	—
計	923,131	1,001,975	343,891	17,384	1,563,831	63.0	37.3

『要覧』71頁より作成．

ぜそうなり，今後どう展開するかについては，終章で改めてとりあげることにする．

表9　主要国中央政府支出の構成　　　（カッコ内は構成比％）

	年度	国債利子	防衛関係費	社会保障関係費	教育文化費	地方財政費
日　本 (10億円)	1975	7,518 (3.6)	13,969 (6.7)	46,151 (22.1)	26,309 (12.6)	33,980 (16.3)
	80	43,823 (10.1)	22,720 (5.2)	92,369 (21.3)	46,430 (10.7)	78,754 (18.1)
	85	96,983 (18.3)	32,023 (6.0)	111,182 (21.0)	49,134 (9.3)	97,314 (18.4)
	90	107,973 (15.5)	42,541 (6.1)	115,446 (16.6)	53,594 (7.7)	159,308 (22.9)
	95	107,081 (14.1)	47,455 (6.2)	169,241 (22.3)	65,889 (8.7)	123,267 (16.2)
	98	112,191 (14.4)	49,397 (6.4)	148,431 (19.1)	63,457 (8.2)	158,702 (20.4)
		国債利子	国　防　費	保健福祉費	教育・職業訓練費	復員軍人処理費
アメリカ (100万ドル)	1975	32,595 (8.9)	91,806 (25.1)	182,675 (49.9)	17,442 (4.8)	18,541 (5.1)
	80	68,567 (11.4)	141,589 (23.6)	263,079 (43.8)	31,907 (5.3)	21,489 (3.6)
	85	129,504 (13.7)	252,748 (26.7)	416,187 (44.0)	29,342 (3.1)	26,292 (2.8)
	90	184,221 (14.7)	299,331 (23.9)	551,718 (44.1)	38,497 (3.1)	29,112 (2.3)
	95	232,169 (15.3)	272,066 (17.9)	831,612 (54.9)	54,263 (3.6)	37,890 (2.5)
	98	243,359 (14.7)	268,456 (16.2)	936,689 (56.7)	54,919 (3.3)	41,781 (2.5)
		国債利子	国　防　費	社会保障	教　育　費	産　業　費
イギリス (100万ポンド)	1975	964 (2.7)	5,270 (14.6)	9,172 (25.4)	1,285 (3.6)	4,942 (13.7)
	80	5,044 (6.6)	11,300 (14.7)	16,134 (21.0)	2,463 (3.2)	6,450 (8.4)
	85	7,568 (6.8)	18,222 (16.5)	57,905 (52.4)	14,461 (13.1)	8,818 (8.0)
	90	10,024 (6.4)	22,100 (14.0)	74,300 (47.1)	…	…
	95	18,424 (7.6)	21,500 (8.9)	105,600 (43.8)	…	…
	98	21,321 (8.6)	22,200 (9.0)	120,800 (48.8)	…	…
		国債利子	国　防　費	社会保障関係費	教育・文化費	交通・通信費
ド イ ツ (100万マルク)	1975	5,211 (3.3)	32,101 (20.5)	57,053 (36.4)	8,474 (5.4)	11,468 (7.3)
	80	13,969 (6.5)	40,949 (19.0)	75,202 (34.9)	11,806 (5.5)	13,863 (6.4)
	85	29,160 (11.3)	50,839 (19.8)	83,169 (32.3)	13,147 (5.1)	12,681 (4.9)
	90	34,235 (9.0)	55,189 (14.5)	103,563 (27.2)	14,546 (3.8)	14,659 (3.9)
	95	49,742 (10.7)	47,713 (10.3)	177,598 (38.2)	19,321 (4.2)	21,568 (4.6)
	98	56,171 (12.3)	46,971 (10.3)	180,735 (39.6)	18,697 (4.1)	18,967 (4.2)
		国債利子	国　防　費	保健・雇用費	文化・教育費	産業・運輸通信費
フランス (100万フラン)	1975	11,080 (4.1)	48,292 (17.9)	49,761 (18.5)	68,299 (25.4)	29,570 (11.0)
	80	26,526 (4.2)	95,319 (17.4)	109,110 (19.9)	133,725 (24.4)	54,209 (9.9)
	85	88,237 (7.7)	182,022 (15.8)	83,159 (7.2)	187,112 (16.3)	149,608 (13.0)
	90	133,498 (8.8)	230,766 (15.3)	115,005 (7.6)	229,877 (15.2)	140,257 (9.3)
	95	232,828 (12.7)	239,256 (13.0)	159,473 (8.7)	263,156 (14.3)	128,870 (7.0)
	98	…	238,267 (12.0)	185,779 (9.4)	285,934 (14.4)	125,082 (6.3)

1. 日本銀行調査統計局『日本経済を中心とする国際比較統計』1982, 1987, 1992, 1996, 1999年より作成.
2. 右端の項目は各国共通項目以外で最も金額の大きいもの.
『要覧』140頁.

7. 経費構成の国際比較

最後に，上述のような現代日本の経費が，国際的にみてどのような特徴をもっているかを，中央政府支出についてのみではあるが，調べておこう（表9）．日本以外のどの先進資本主義諸国でも，概して社会保障関係費がほぼ最大の割合を持っていることや，国防費がそれに次いでいることなどを指摘しうる．これに対して日本は，防衛関係費の比率が諸外国に比べて低いことと，他のどの国にも登場していない地方財政費が，支出のトップクラスを占めるという特異な姿をみせている．これらはいずれも，日本の福祉国家としての特殊な立場と性格とを表わしているのであるが，その立ち入った検討は，終章で行う．

第5章　公的収入

　前章で検討した経費をまかなうために，政府は収入を必要とする．政府といえども事業によって何がしかの収入をあげることもあり，あるいは借入れによって一時をしのぐこともある．しかし，無産国家である資本主義国家は，基本的には国民から強制的に徴収する租税に依存せねばならず，租税なしに国家は維持しえない．したがって，公的収入論の中心は当然租税論ということになるが，それに先立って本章では現代日本を対象として，第1節で公的収入全体を概観したのち，第2節で中央一般会計，第3節で地方普通会計歳入のそれぞれと，その中での租税収入の位置づけを行うことにする．

第1節　公的収入

　「政府」は，国民経済計算上は一般政府(中央政府・地方政府・社会保障基金)と公的企業とに分けられている．このうち後者についてはのちにふれるとして，ここでは1998年度を例にとって前者の収入をとり出しておこう(表10)．
　一見して明らかなように，直接税・間接税といった租税がそれぞれ44.0兆円(28.0%)と44.4兆円(28.2%)で収入の大半を占めており，これに実質上の租税といえる社会保障負担54.2兆円(34.5%)を合わせれば，収入(受取)の9割を租税が占めていることになる．現代国家は租税国家といえるのである．しかし最近のこの三者の伸びをみると，1965年基準で直接税17.7倍，間接税18.0倍，社会保障負担40.3倍となって[1]，現在では社会保障負担が最大の負担項目となっている．これは一般会計の社会保障関係費と並ぶ社会保険給付の

---

1)　『要覧』61頁より算出．

表10　一般政府部門受取勘定（1998年度）
（10億円, %）

項　目	
財産所得	12,881.4（ 8.2）
損害保険金	14.1（ 0.0）
間　接　税	44,430.7（28.2）
(1)　輸入関税	920.5（ 0.6）
(2)　その他	43,510.2（27.7）
直　接　税	44,046.0（28.0）
(1)　所得税	41,651.9（26.5）
(2)　その他	2,394.1（ 1.5）
罰金および強制的手数料	556.4（ 0.4）
社会保障負担	54,242.4（34.5）
無基金雇用者福祉帰属負担	11.3（ 0.0）
その他の経常移転	1,121.1（ 0.7）
合　計	157,304.4（100.0）

『要覧』61頁より作成.

伸びを支える主柱となっているのである．直接税と間接税の動きの相違については，のちに立ち入って検討する（第8章）．

　この三者以外の収入はそれぞれごく小規模なものにすぎない．財産所得は政府資産の貸借収入で，国有財産利用収入や官業収入が含まれ，強制的手数料には自動車免許交付料や旅券手数料などが含まれる．その他の経常移転には，以上の分類のどれにも含まれない官業益金，政府資産整理収入，その他雑収入（納付金，負担金，受入金など）がある．

第2節　中央一般会計歳入

　表11に，明治以来現在にいたる中央一般会計歳入の割合が示されているので，これによって長期趨勢を検討しよう．ごく一時期の例外を除いて，終始租税が歳入の過半を占めていることはいうまでもないが，その割合は時期によってかなり差がある．第2次大戦の時期は，経費の場合ほどはっきりした画期になっていないとはいえ，それまで明治初期を除いて40～50％程度だった租税の割合が，戦後は飛躍して60～80％を記録している．これは租税自体の増加

表11　中央一般会計歳入決算構成比(主要科目別)　　　(％)

年度	租　税	印紙収入	官業及び官有財産収入		その他の歳入	公債及び借入金	前年度剰余金受入	合　計
			総　額	うち専売納付金				
1880	87.3	—	3.2	(0.3)	9.5	—	—	100.0
1900	45.1	4.1	13.6	2.4	22.0	14.6	0.0	100.0
20	34.8	4.2	16.4	6.2	9.1	3.8	31.8	100.0
40	56.7	2.1	7.7	5.5	6.2	19.9	7.4	100.0
50	62.4	1.3	19.1	16.0	9.0	—	8.3	100.0
60	79.9	2.6	9.6	7.5	2.7	—	5.2	100.0
70	83.7	2.6	3.6	3.2	2.5	4.1	2.3	100.0
80	59.1	1.9	2.0	1.8	2.6	32.2	2.2	100.0
90	81.2	2.6	0.3	0.0	3.8	10.2	1.9	100.0
97	65.2	2.1	0.4	0.0	3.6	23.0	3.7	100.0

1. 1960年度までは,『明治以降本邦主要経済統計』130-135頁, それ以降は『財政統計』各年度版より作成.
2. 「専売納付金」欄の( )内はたばこ税収入.
『要覧』82頁.

に加えて，公債収入が一挙にゼロになったことの影響が大きい．この点は，戦後日本財政の際立った特徴をなしており，これについての立ち入った検討は第9章にゆだねる．もっとも，公債は1965年度以降再び発行されはじめ，75年度以降急増し，90年代はじめに縮小し，その後90年代の不況期を通じて大幅に増加するという波を描いている．租税はその逆の動きをみせる．すなわち70年代に80％をこえていたのに80年には60％を割り込み，バブル期の90年に再上昇し，97年に再度低下しているのは表11にみられるとおりである．

　最近の予算書では，歳入の内訳は租税及び印紙収入，専売納付金(ただし84年度まで)，官業益金及び官業収入，政府資産整理収入，雑収入，公債金からなっている．租税や公債については次章以下でそれぞれとりあげるので，ここではそれ以外の項目について解説しておく．

　まず印紙収入は，登記などにおける印紙添付のもつ法的効果という側面を別にすれば，収入としては租税と同じであって，現在の予算書では前述のとおり租税及び印紙収入として一括されており，とり立てて論ずべきことはない．専売納付金はごく少額のアルコール専売事業特別会計納付金を別とすると，大部

表12 　地方普通会計歳入構成比(決算単純合計)　　　　　(％)

年度	合計	地方税	地方譲与税	地方交付税	使用料・手数料	国庫支出金	前年度繰越金	財産収入	地方債	その他
1880	100.0	89.7	—	—	—	—	2.4	—	—	3.5
1900	100.0	59.3	—	—	0.7	5.3	9.3	2.0	7.3	14.0
20	100.0	49.0	—	—	8.3	6.2	13.7	1.8	10.6	10.0
40	100.0	20.6	—	9.2	11.8	12.0	17.6	—	10.7	17.9
50	100.0	34.6	—	19.9	2.8	20.9	4.7	1.2	6.0	10.0
60	100.0	35.6	1.7	14.9	3.2	22.7	3.6	2.3	4.6	11.5
70	100.0	35.4	1.0	17.0	2.0	19.7	2.6	1.8	6.5	14.1
80	100.0	32.2	0.9	16.5	2.1	21.3	2.0	1.4	9.8	13.8
90	100.0	39.3	2.0	16.8	2.3	12.5	2.0	2.2	7.5	15.3
97	100.0	34.2	1.0	16.2	2.3	13.5	2.1	0.8	13.4	16.5

1. 1960年度までは『明治以降本邦主要経済統計』152～153頁，1970年度以降は『地方財政統計年報』各年版より作成．
2. 市町村歳入となる都道府県支出金は「その他」に含まれる．
3. 「地方交付税」欄の1940年度以前は地方分与税または地方配付税，1950年度は地方財政平衡交付金である．
『要覧』83頁．

分は日本専売公社納付金からなっていた．ただし，専売公社が民営化されたことに伴ってこの部分は消滅し，法人税などの租税にふり代った．官業益金及び官業収入の内容をみると，官業益金は印刷局特別会計受入金，官業収入は病院収入からなっている．政府資産整理収入は，国有財産処分収入，回収金等収入からなっている．前者の内容は国有財産売払収入，後者は特別会計整理収入や貸付金等回収金収入などであり，金額からいえば，財産売払収入が大部分を占める．雑収入は，文字どおり雑多な収入を括ったものである．これは①国有財産利用収入，②納付金，③諸収入に分かれ，それぞれがさらに細かい項目に分かれる．①には国有財産貸付収入や配当金・利子などが，②には日本銀行納付金や日本中央競馬会納付金などが，③には特別会計受入金・補助貨幣回収準備資金受入や懲罰及び没収金・公共事業費負担金などが含まれる．

第3節　地方普通会計歳入

権力体として基本的に租税収入に依拠しなければならないのは，地方公共団

体の場合も同じである．しかし，先進資本主義諸国に共通の傾向として，現代では，地方公共団体は独自の税収だけでは必要な行政をまかなえず，中央（連邦）なり州なりといった上級政府からの補助金や交付金への依存をつよめている．なぜそうなるのか，その意義は何かについては第 11 章でふれることとして，ここではそうした姿をつよく示す日本の例について検討する（表 12）．

まず基本になる地方税についてみると，明治初期には全収入の 90％を占めていたのに，その比重は次第に低下して第 2 次大戦期にはわずか 20％まで下がった．大戦後は 35％前後で安定しているものの，中央政府の場合にくらべて歳入中に占める税収の比率が著しく低いことが目立つ．それを埋め合わせているのが中央政府からの収入である国庫支出金（12～22％）と地方交付税（15～20％）とである．この両者とも中央政府の場合にはありえない収入であることはいうまでもない．

詳細についてはのちにふれるが，国庫支出金は中央政府から条件を付されたいわばひもつきの資金であり，地方交付税は原則として無条件で，所得税・法人税・酒税・消費税・たばこ税の一定部分を地方団体の財政力に反比例して配分することによって，地方の財源を保障し，財政力を平衡化させるためのものである．国庫支出金と地方交付税を合わせたものは，戦後から 1982 年度までは一貫して地方税収入を上回っていた．それ故，もし地方税が地方団体の独立，地方自治の貨幣的基礎だとすれば，法的にはともかく，財政的にはその基盤が大きく損なわれていたとみなすべきかもしれない．83 年以降は国庫補助金の抑制・削減でその傾向が一応逆転したとはいえ，地方税の割合はせいぜい 40％といったところであり[2]，バブル崩壊後は 30％強まで下り，その低下分は地方債によって埋め合わされている．

ところで表 12 が示すように，国庫支出金と地方交付税の二つは，第 2 次大戦前には未だ重要性が乏しかったり，存在していなかったものである．これは，戦前と戦後とで地方財政収入の構造に質的な変化があったことを示しているというべきであろう．したがって，現代の地方財政収入の場合には，権力体とし

---

[2] 毎年次の計数については『要覧』83 頁をみよ．

て租税収入が基幹であることに変りはないとはいえ，それは地方自身の租税に加えて，もともとは国税であるところの，補助金や交付金をも含んでそういいうるのである．それが何を意味するかは，現代地方財政論ないしは中央＝地方政府間関係論のもっとも重要なテーマのひとつであり，のちに立ち返って論ずることとする．

　地方債の場合は，中央政府の国債と異なって大戦後長期にわたって発行されなかったわけではない．それでも戦前にくらべれば大幅に歳入中での比率を低下させ，やはりここにも断絶があったことがわかる．もっとも中央政府の場合と同じく，1970年代後半からはふたたび地方債への依存度が高まり，80年代にはオイルショック前と同じ7〜8％まで下ったが，バブル崩壊後の90年代には14〜15％へと上昇している．

第6章　租税の意義とイデオロギー

　先進資本主義諸国の中央政府の歳入をみると，オイルショック後の日本に代表されるように，公債依存度がかなり高まったとはいえ，租税・印紙収入の割合は日本の 60～70％ を最低として，おおむね 80～90％ を示している．日本でも高度成長期には 90％ に近づいたこともあったのである．しかも，公債収入は，当面は租税収入に代る機能を果たすとはいえ，いずれは租税によって償還されねばならないのであるから，それは将来の税収の現時点における先取りという性質をもつものとみなすこともできよう．それを考慮すれば租税の意義はいっそう高まることになる．いずれにせよ，近・現代国家が租税国家であることは疑うべくもないことである．したがって，歳入についての議論の中心は租税の検討におかれなければならない．

第1節　租税の意義

　租税は国家・地方公共団体(中央政府・地方政府)が，その権力活動にともなう支出をまかなうための財源調達を目的として，民間部門から強制的・一方的に徴収する貨幣を意味する．もっとも，時には収入確保という目的に加えて，経済政策目的や社会政策・社会保障政策目的などに利用されることもあるが，それらは第二義的なものであり，収入目的にとって代ることはない．なぜ国家がそうした強制力を振いうるかについては，すでに財政民主主義とのかかわりでのべたとおりである．ここではそれに加えて，租税は一方的な徴収であって，民間の取引のように個別的な給付と反対給付という関係ではないことを強調しておく．その点，手数料や料金などとは性質が異なるのである．ただし現代で

は，たとえば社会保険にかかわる保険料のように，支払と受取が一応は対応しているものが，時としては保険税として徴収されることもあり，曖昧な領域が広がる傾向もあるので，基本のところを明確にしておく必要がある．

　貨幣形態による徴収であることも，租税の定義の重要な要素である．われわれの分析は自然経済に立脚した古代・中世の国家ではなく，全面的に商品貨幣経済が展開している資本主義国家を対象としている．自然経済と商品貨幣経済の違いは，単に現物か貨幣かの相違ではなく，前者には身分的・経済外的強制が伴ない，後者は原則として自由・平等な個人関係にもとづく社会と対応しているという違いである．したがって，両者を通じて国家が強制的に現物や貨幣を徴収するといっても，自然経済に対応する強制は身分的強制であり，貨幣経済に対応するのは自由・平等な社会にもとづく財政民主主義に立脚する強制なのである．租税が貨幣であることの意味には，そうした社会体制が含意されているのである．ちなみに，「租」も「税」も本来は貨幣経済ではなく，古代的貢納に起源をもつ現物納を指す語であって，用語としては必ずしも最適ではないかもしれないが，すでにこの用語法が定着している．

　経費分析が「何を，誰のために，どの程度」支出しているかの分析であるのに対し，その負担を「誰が，どのような形で，どの程度」負っているかをみるのが租税分析の目的である．両者相まって，国家が，誰の負担で何をしているかがわかるのである．しかし，誰がどの程度負担す「べき」かということは，経費の支出をどうす「べき」かということと同じく，市民的・政治的争点であって，学問的に一義的な解があるわけではない．

第2節　租税根拠論

1.　租税とイデオロギー

　経費の根拠論とか原則というものはないが，租税には根拠論と原則がある．租税は何といっても市民の財産や所得を強制的に徴収するのであるから，いかに財政民主主義の手続をふむといっても，納税する市民一人ひとりが強制に服

するためには，一人ひとりがそれを理解し納得していなくては，制度として安定し，永続することは不可能である．また一方，国家の側からいえば，市民が納得したうえで，国家が必要とする経費をまかないうる水準の租税額が収納されなければ，市民から期待される行政を執行しえないこととなろう．市民が納得し，国家には十分の収入をもたらすことを保障するための租税を支えるイデオロギーが，租税の根拠論である．それは，私有財産制度にもとづく資本主義体制を土台とする近・現代国家に不可欠の意識操作の原理なのである．

　租税の根拠について市民が納得したとすると，ついでその根拠にもとづいて，租税が徴収されうることとなるが，そこには租税原則とよばれる第2の関門がある．根拠に対応し，時の経済体制と整合し，しかも十分国家活動を可能ならしめるような，租税負担配分のありかたを示す原則がそれである．それは租税イデオロギーを個別特定の租税に具体化するためのてこであり，一般原則の機能を果たす．

　もっとも，これらの根拠論や原則が先にあって，それが整備されてのちはじめて現実の租税が徴収されるとか，あるいはされうるというわけではない．ブルジョア革命の際などには，根拠論や原則が先導して旧貢納や旧税を廃止したり新税を導入したりすることもあったであろうが，そのような例が一般的であるとはいえまい．現実には特殊歴史的な条件のもとで，さまざまな形の租税が，先行する社会から引き継がれたり試行錯誤的に採用されたりして徴収されている．だがそれを大局的・長期的にみると，ある時代の人々に受容されて永続し，体制を支えた，ないし支えている租税は，こうした根拠論や原則論に適合しており，それによって説明されうる，と考えておくのが妥当であろう．したがって，これらは本来的に特殊歴史性を帯びていて，ある時代に支配的であっても，次の時代には陳腐化して新しい根拠論や原則にとって代られることとなる．同時に他方では，たとえ支配的でなくなったとしても，資本主義体制や近代国家のもっている性格のある側面を表現している限り，古い根拠論や原則もまったくなくなってしまうということはありえない．支配的な新しいものと並んで古いものも併存したり，両者が混合したりするというのが実際のところであろう．

この点の解明はのちの章の課題として，まず代表的な根拠論をとりあげよう．

2. 租税利益説

租税根拠論には大きく分けて二様の考え方がある．租税利益説と租税義務説とである．そこでまずはじめに利益説をとりあげよう．

これは資本主義がいちはやく典型的に成立したイギリスで称えられ，以後現代にいたるまでさまざまなヴァリエーションを生みながら，英米などアングロサクソン系の財政論で比較的広く主張されている．トーマス・ホッブスやジョン・ロック以来の社会契約説的国家観や原子論的国家観を背後にもちつつ，フランスでもルソーやモンテスキューらによって主張され，フランス革命の人権宣言にもその影響がつよくみられる．これは資本主義の勃興期から確立期，近代国家の成立期から確立期にかけての支配的な租税イデオロギーであった．

その説くところは多岐にわたるが，要約すればこうである．国家は市民個人個人の契約によって成り立ち，その経費は市民が出し合う租税でまかなう．その際，市民が支払う租税は，国家が市民に与える便益＝利益に見合う対価である……．すなわち，租税の根拠を利益と対価の関係によって説明するわけである．この考えは，アダム・スミスからJ. S. ミルをへてマーシャル，リンダール，エッジワース，ピグーらの新古典派や厚生経済学に引き継がれ，相互には差をもちながらも，基本的には共通の理解となっているといっていい．

しかし，現実に権力による強制徴収がなされている租税を，商品売買に擬制して利益＝対価の関係で説明しようとするこの説明は，商品の場合のように利益を明示的に確定しえない点で根本的に無理があるし，利益というのが，個々人の個別的な利益なのか，国民全体のいわゆる一般利益なのかによって説明も異ならざるをえない．さすがに個別的利益の対価としての租税という説明は，初期にはともかく現代では少ないようであるが，そうなればなったで，一般的利益なのに個々人で税額が異なるのはなぜかという疑問がすぐ生じるし，首尾一貫した説明はむずかしい．

とはいえ，国家権力の強制をも利益＝対価関係で説明しようとするこの説は，

あらゆるものを商品化し，貨幣で評価する資本主義社会の勃興期にふさわしい説明原理だったといっていい．のみならず，国家の活動が計測可能か否か，個別化が可能か否かを問わず，納税者に「便益」・「利益」を与えていることはたしかなのであるから，商品売買に擬制して権力活動を説明しようとするこのアイディアは，時代の進展とともに弱まっても資本主義社会がつづく限り全く消え去ることはないであろう．とくに，利益が数量化しえないだけに，たとえば現代においても政府規模を過大だと考え，その活動の抑制を求めるような場合，思想的にはこの利益説的立場に依拠することが多いように思われる．

3. 租税義務説

　第2の，しかしおそらく現代では支配的な租税根拠論は租税義務説である．利益説が先進資本主義国イギリスに源を発しているのに対し，これは後発資本主義国たるドイツを土壌とする，いわゆるドイツ財政学を支える租税論として形成された．

　ここでは，租税根拠論の前提をなす国家観として，いわゆる国家有機体説がとられる．その主張はこうである．国家は人間生活にとって不可欠の前提であり必然的存在である．それは全体の利益を追求する家父長的保護機関である．これに対して個人は，有機体たる国家の一構成分子たるにとどまる．租税はその国家の存立に必要な経費をまかなうための賦課である以上，構成分子たる国民がこれを払うのは当然の義務であり倫理である．それは国家・社会の全般的な諸施設・施策に対する一般的報償（Generelle Entgeltlichkeit）として，国が一方的に定める方法によって個人から徴収するものである……．

　一般に先進国に追いつくために，後発国は国家の強力な指導や補助を必要とする．そのような国にあっては，その裏付けとして大規模な財政の支えを必要とし，いきおい重い租税の徴収も必要となる．近代史上，先進資本主義国イギリスと，それにおくれて出発した後発資本主義国ドイツとの対抗は，そうした関係のもっとも顕著な事例であるが，そのドイツでこうした租税根拠論が成立したのは，歴史的必然であったといえる．だがこの根拠論が，その後現代にい

たるまで，ドイツ以外でも租税根拠論の主流をなしている理由が，ドイツの後発性にあるはずがない．19世紀から現代にかけての二度の世界大戦，大恐慌，福祉国家の展開など，ドイツ帝国の世界史への登場以来の歴史は，どの国をとってもひたすらより重い租税への歴史だったのであって，そこでの租税根拠論として，利益説より義務説が事実に合致しており，説明しやすく納得的だったことこそ，この説が広まった理由であろう．だが，そうした歴史の動きと根拠論の対応関係の検討はのちの課題である．

論理の筋立てについていえば，義務説は利益説ほどにも厳密でない．利益説は，ともかくも自由・平等な個人という市民社会存立の単位から説き起こして，その契約による国家の成立という——フィクションであるにせよ——ロジックを組み立て，そこから国家と個人との取引を擬制して利益説的租税論を結論する，という推論の段取りをふんでいる．ところが義務説では，国家は有機体であり家父長的保護者である，という命題がはじめから所与のものであり，そうなれば個人はその一部となるのは当然で，国家の命に応じて義務として租税を納めざるをえないこととなる．これは利益説にくらべてよりリアリスティックであるが，その代りロジカルではなく，市民社会の根源から国家・租税を説明する筋道はついていない．ただ単に目の前に事実として存在している租税の強制徴収を「義務だから当然だ」と言いかえているにすぎないとさえいえる．しかし，そうだからこそ，つぎつぎと水準を上げつづける租税の根拠の説明として有用なのだといえるのかもしれない．しかし，はたしてそうであろうか．

4. 利益説と義務説との相互補完

近・現代国家における多様な租税根拠論は，以上みてきたような二つの流れに大別しうるといっていい．それはのちにもみるように，それぞれ支配的になる時期を異にし，互いに相対立ないし相反する説とされているようである．

しかしそれらは，租税の根拠の説明として当然にもたねばならぬ両面のうち一面だけを，後述するような歴史的な条件に規定されて，それぞれ一方的に強調してのべたものにすぎないのではなかろうか．租税を個別的利益に対する対

価とみなす意味での利益説が成立する余地はありえないと思われるが，一般的利益に対する一般的な負担ならば，義務説の主張と大差ない．また利益説といえども，現に義務として徴収されていることを否定しうるわけではあるまい．おそらく，近・現代国家を通ずる有効な根拠論としては，一般的利益に対する一般的な対価ないし負担という点で利益説の説明原理が有効であろう．しかし第2章の財政民主主義で説明したとおり，その負担は民主主義の手続にしたがって多数決で決定されて義務づけられ，利益がないと個人が主張したからといって支払を拒否しうるものではない．累進税率もそのコロラリーとして説明されよう．その意味では義務説が正しい．しかし，それが義務であるのは，有機体としての国家が個人を超越しているという理由ではなく，自由・平等な個人がその意志にしたがって，私有財産制にもとづく社会体制を守るという利益のために，議会を通じて自らに支払う義務を課したからである．これが市民社会に立脚した国家を支える租税の根拠なのではなかろうか．

第3節　租税原則

前述のとおり，根拠論を前提として具体的な租税なり租税体系なりをデザインするに当って，その時代の社会・経済・国家のあり方に整合するような租税原則を満たすことが求められる．あるいは，その原則を満たさない租税は排除されることとなる．その原則がどのようなものであれ，その中核は，租税負担の配分は公平たるべし，という負担配分論＝公平論である．自由・平等な個人からなるというブルジョワ社会の原理を前提すれば，これは当然の原則であろう．だが，租税根拠論が異なれば，それに応じて負担配分論＝公平論も異なり，租税原則はそれを軸にして組み立てられる．

1. アダム・スミスの租税4原則

利益説的租税根拠論から帰結する租税原則の古典的な例が，アダム・スミスの『国富論』第5編で示された租税4原則である．スミスはそこで，租税が満

たすべき原則として「公平」「明確」「便宜」「節約(徴税費最小)」の四つを掲げている．勃興期の資本主義に対応して，市民が権力を統制し，可能な限り国家＝租税の経済過程への介入を排し，もって自由放任の実をあげようとする思想・政策の，不可欠の一環をなす原則といっていい．

このうち，とりわけ根拠論との対応で重要なのが「公平」である．というのは，根拠論で利益の対価としての租税を主張している以上，租税負担もその利益に応じた大きさたるべしとする負担配分論が当然予想され，それが公平な租税と定義されるはずだからである．スミスはいう．「あらゆる国の国民は，各人の能力にできるだけ比例して，すなわちかれらがそれぞれ国家の保護のもとに享受する収入に比例して政府を支持するために納税すべきである」と．「国家の保護のもとに享受する収入に比例して」負担すべしという文言は，前記の予想を裏付けているといっていい．ここでは，利益に比例して支払うという比例税の主張がなされているのであって，根拠論としての「利益説」に対応する負担論として，応益説(応益原則，応益主義)が主張されているのである．

ただし，スミスは一方では「能力に比例して」支払うべしとしており，これからみると「能力説」(後述)を主張しているようにもみえる．おそらくスミスにあっては，国家から享ける保護すなわち利益が大きければ収入も大きく，その収入の差が能力の差を表わしているとみなされているのであろう．いずれにせよ，利益を基準とした比例税が主張されていることは明らかである．

また「収入に比例して」納税すべしといっているので，個人の「収入」は「国家の保護」という「利益」が数量として表われたもので，その対価として，収入に応じて租税を支払うべしという個別的利益説をのべているようにみえる．しかし『国富論』の経費論の中に，国防や主権者の威厳維持が一般的利益であり，それゆえ全社会の一般的納税でまかなうべきだと論じている個所がある．これらを総合的に理解すれば，スミスの立場は，個別利益説的色彩をもちつつも全体としては一般的な利益説で統一しようとするものであり，国家の与える国防などの一般的な保護という利益を享けて得た収入に対する対価が租税であるということなのであろう．

2. アドルフ・ワグナーの租税9原則

租税義務説に対応する原則を体系的にのべたのは19世紀末ドイツのアドルフ・ワグナーである(『財政学』).それは以下のとおり4大原則9小原則からなっている.

Ⅰ. 財政政策上の原則
  (1) 課税の十分性(租税は経費をまかなうに十分であること)
  (2) 課税の可動性(収入不足が生じた場合,増税または自然増収で埋められるような税制であるべきこと)
Ⅱ. 国民経済上の原則
  (3) 正しい税源の選択(税は所得にのみ課し,財産・資本を損なわないこと)
  (4) 正しい税種の選択(国民経済上・公正上,租税は負担するはずの者に確実に帰着するような種類を選ぶべきこと)
Ⅲ. 公正の原則あるいは公正な租税配分の原則
  (5) 課税の普遍性(すべての人と物とに課税すること,ただし社会政策上の低額所得者への減免税は認められる)
  (6) 負担の平等性(担税能力に応じた累進課税たるべきこと,所得が大きくなるにしたがって税率も高まる方式こそ平等な負担であり,各人は当然の義務としてこの犠牲を払うべきである)
Ⅳ. 税務行政上の原則
  (7) 課税の明確性
  (8) 課税の便宜性
  (9) 徴税費最小化

利益説と異なって,義務説をとる根拠論は論理的に組み立てられていなかった代りに,現実を常識に合致するように説明していた.原則論もその性格をうけて,論理的というよりは常識的に必要と思われる事項を万遍なく列挙しており,その意味で実践的・実務的・実用的だといっていい.それになによりもス

ミス的原則が，市民の側から租税をおさえ，経済をなるべく自由放任の状態に近づけようとする方向での租税論であるのに対し，ワグナー的原則は，国家が必要とする税収を確保すべきことを第1に掲げていることからもわかるように，なによりも国庫第一主義であり，それをスムーズに実現するために国民経済全体との調和を考えるなど，国家の租税デザインや徴税に当って考慮すべき条件を示すという性格をもっている．したがって，これはたえざる租税増徴の歴史であるところの現代に適合的な原則の地位を得ているのである．

　それだけではない．公平の基準がスミス的原則とは大きく異なっていることも，この原則が現代適応的であるゆえんである．ここで公正といわれている内容は，社会政策的な配慮を正面に打ち出し，一方では低所得階層の減免税を，他方では高額所得階層への累進課税を主張するものとなっており，利益をキイ・ワードとするスミス的世界とは著しく異なった「担税能力原則」であることは明らかであろう．利益説の場合には，とくに個別的利益説——スミスの場合のように「利益」を収入で表現する——であればなおさら，減免税なしの比例税とならざるをえない．ところが義務説にはそのような一義的な決定原理はないのであるから，必要とあらば利益説ではとり入れられない上記のような配慮を加えることができる．それが大衆デモクラシーを前提とした現代福祉国家の公平理念(終章を参照)に適合していることは容易に理解されるところであろう．

　このように担税能力にしたがって減免税や累進税を採用しようとする負担配分論＝公平論を「能力説」(能力主義，能力原則，応能原則)という．義務説は必然的に能力説を導くわけではないが，それをとり入れることに抵抗はない．ところが利益説はほぼ当然に応益説に結びつくのであって，能力説をとりにくいことはいうまでもない．

　ただし，その後現在にいたる原則論の展開をみると，利益説をとるアングロサクソン系の租税論でも，スミスの場合に曖昧に含まれていた一般的利益に対する一般的租税負担というような考え方が支配的になっているようである．そうなれば，スミスの場合に比較的つよく表に出ていた個別的利益説とちがって，

個別利益と租税との直接の対応はなくなって義務説に接近し,ひいては能力説的要素をとり入れているものが多いようである.

3. 現代の租税原則

アメリカのマスグレイブらを中心とした現代の財政学で主張されている現代の租税原則は,スミス流の利益説を根本にもちながら,ワグナー流の原則のもつ国民経済的配慮と能力説的な公平論をミックスした形をもっている.ここでは,戦時経済から戦後の福祉国家建設過程で租税が国民経済に深く介入し,それを通じて国家が経済を統制してきたことを,先進資本主義諸国経済の多くが停滞をつづけてきたことと関連づけて批判的に反省し,資源配分に対する租税の中立性という形での国民経済的配慮が主張される.スミスの場合は,原則の中で個別的・明示的に国民経済的配慮を掲げてはいないが,原則全体を通じて租税が国民経済を攪乱しないこと,すなわち中立的たるべきことを主張していたのであった.ワグナーの場合には,国民経済上の原則として資本を損なわないことを求めている.現代的な租税原則もこれを引き継いでいることはたしかである.

しかし公平の点では,いかにアングロサクソン系といえども,スミスにまで立ち戻ることは不可能である.同じ経済的条件の者は同じ負担を,異なった条件の者には異なった負担を,といういわゆる水平的公平と垂直的公平の確保という形で,ワグナー流の能力原則をより明晰でエレガントな主張に整序している.これもおそらく,第2次大戦後の租税が経済政策・成長政策などの道具として利用されることによって,水平・垂直いずれの公平も損なわれてきていることへの批判的反省をふまえ,現代的な公平感にマッチした安定的な租税体系を追求しようとする主張であろう.もっとも,どのような課税をすれば両方向の公平を確保したことになるのかは,ワグナー以来の能力説にとっての難問であり,それはここにも当てはまる.その点は一般には支払能力を所得に求め,限界効用理論と厚生経済学の前提にもとづいて,租税を負の効用すなわち犠牲とみなす租税犠牲説に立ち,その犠牲を均等ならしめるような税が公平だとし

ているといっていい．しかし，効用の量も質も計測・計数化が不可能なのが現実である以上，これを厳密にあてはめて租税体系をデザインすることは不可能である．結局応能原則による負担の公平は，水平的公平という客観化の容易な条件を最低限みたし，垂直的公平については，その時代の社会的な価値判断にもとづく政治的決定にゆだねているのが実情である．

　中立性と公平性に加えて，簡素であることもまた現代の租税原則の一つであろう．これも，戦後の成長政策と福祉国家化の中で税制が複雑化し，国民にわかりにくくなる一方で，ループ・ホールが多数生じ，行政コストや申告コストが高くつき，納税モラルが低下してきたという現実に対応すべく登場しているもので，やはり現象的にはスミスへの回帰の面がみえる．しかし根本的には中立・公平と同じく福祉国家を前提としたうえでの効率化志向の表われとみるべきであろう．

　現在，スミス回帰的な原則がこと新しく主張され，税制簡素化が主要国で主張され，実現もされつつあるのは，上記のようにそれに先行した租税政策への批判，反省から発しているのである．先行する租税政策は，おおむね成長・輸出・資本蓄積・貯蓄・住宅建設などを促進させるという経済政策目標や社会政策目標などのために，伝統的な租税原則や租税体系の整合性をあえて破って導入されたものである．こうした，いわば反租税原則的な租税利用は，第2次大戦後，程度の差こそあれ主要資本主義諸国で採用されているものであり，政策のプライオリティが，租税原則保持よりはその他の目的におかれてきたことを物語る．その意味では，大戦後の各国の租税政策は，旧原則の否定とか新原則の提示という形はとっていないが，事実において，原則保持以外の価値判断によって租税が操作されるという現代国家の特徴が示されているといっていい．と同時に，それは何といっても「公平」を中心として組み立てられている原則への侵害なのであるから，人々の公平意識が旧来のものと大きく変ってしまわないかぎり，そうした政策がある程度の成果をあげた段階では，原則を回復すべしとする力がつよく働くことをも物語っている．

　以上は，どちらかといえば，長期的・中期的なスタンスの議論であるが，こ

れはしばしば経済の不況局面や，国際競争力低下などに直面して減税を求める，比較的短期的な要求と重なり合う．各種政策のために複雑化し，重課となっている租税に対置するのに中立だの公平だの簡素だのといった「原則」をもち出し，その名において当面の減税を実現しようとするのである．

第7章 租税体系

　近・現代国家にあっては，租税の根拠が納税者によって納得され，そのうえで時代の要請に合致した原則にのっとって租税がデザインされる．その場合，抽象的には，ただ一種類の租税だけでそうした条件をみたすことも考えうる．それが可能ならば，手続も単純で徴税コストも少なくてすむであろう．また特定の理論的ないし政治的な立場から，現実にそうした主張がなされたこともある．重農学派の地租単一税論やドイツ社会民主党の累進所得税単税論などがそれに当る．アメリカのヘンリー・ジョージの土地単税論も有名である．

　しかし，近・現代国家で現実に単一租税制度を採用した事例はない．所得も消費も財産も多様化・複雑化していて，どのような租税にせよ，単一で収入をまかない，しかも租税原則が求める公平その他の条件をみたすことは不可能だからである．したがって租税制度といえば複税制度に他ならず，さまざまな租税が組み合わされた体系をなしている．

　本章では，租税がどのような方法で決定され，課税され，徴税されるのかという手続や，それにかかわる用語などを解説したのち，租税がどのような組合せからなっているか，それはどのような性格をもっているかについて，現代日本を例にとって検討することとする．

第1節　税源・課税・徴税・転嫁・帰着

1. 税　源
　国家が租税を徴収するのは，その社会の安全を守り体制を維持する活動にあてるためである．国家はそのために必要な財貨を，租税で得た資金と引替えに

当該社会の生産物から入手してまかなわなければならない．とすれば，おのずから国家が徴収しうる租税及び財貨の上限は限られる．すなわち社会は原則としてつねに拡大再生産をしつづけなければならないのであるから，その妨げにならない範囲，すなわち抽象的にいえば価値生産物とくに剰余価値（剰余労働・剰余生産物）のうち拡大再生産にむけた残りの部分から，さらに正常な利潤・利子・地代などとして配分された残りの部分に限定されねばならない．税源は剰余価値の一部から成るというわけである．しかし，資本主義社会ではそうした剰余価値の配分形態は，労賃ともども所得あるいは収益という形で表われているから，税源は所得だということになり，抽象的には租税を負担しえないはずの労賃も，所得のひとつとして時には負担することにもなる．

2. 課税・徴税・税率

税源が所得だとして，それを課税当局が具体的に租税という形でとらえる，すなわち課税するためには，以下にみるようないくつかの手続を経なければならない．

まず課税当局が，税源たる所得を直接とらえうる場合には，それに課税すればよい．そうでない場合は，税源の存在を推定させるような物や事実や行為などをとらえて課税する．たとえば，飲酒者の所得を推定させる酒の消費ないしさらに遡って醸造という事実，あるいは地主の地代という所得を推定させる土地などがそれである．こうした課税の対象を課税物件・租税客体とよぶ．

課税の客体がとらえられると，つぎには，所得を直接対象とする場合は必要ないが，対象が物や事実の場合，一定金額の租税賦課のためにはそれらを数量化・金額化しなければならない．酒の造石高や価額，土地の面積や地価などがそれであって，こうした数量・金額を課税標準とよぶ．一方，すでにのべたように，租税法定主義にもとづいて，すべての税はあらかじめ議会において法律によって，課税物件はもちろん税率すなわち課税標準の一単位について一定の金額が定められている．個々の課税物件の示す課税標準に対してこの税率を乗ずることによって，具体的な租税額が算出される．ちなみに，課税標準と税率

というタームを用いていえば，スミス流の比例税は課税標準の大小にかかわらず税率が均一のものをさすことになり，課税標準が大きくなるにしたがって税率の高まるものが，能力説の推す累進税ということになる．

税法にはこうした税の要件とともに，この税を納入すべき義務のある者を定めている．それが納税義務者・租税主体であり，課税当局は，法定されている手続にしたがって納税義務者に租税を賦課してそれを告知し，徴税機構を通じてその税を徴収する．

3. 租税の転嫁と帰着

租税は行政的には，賦課されて徴収されれば一応完結する．しかし経済的にはその後になお問題が尾をひき，したがって経済学的ないし財政学的には，徴税後に大きな問題が残される．それが租税の転嫁と帰着である．

商品貨幣経済を前提すれば，納税義務者は自ら支払った租税を価格関係を通じて他人に負担させる可能性をもつ．のみならず条件次第では現実にもそれは起っていると考えられ，時には課税当局もはじめからそれを予定して租税を賦課することにもなる．いずれにせよ，そのような租税においては，法的に定められた納税義務者と，経済的な意味での真の負担者とは別個の経済主体だということになる．この関係を租税の転嫁とよぶ．税は納税義務者から真の負担者すなわち担税者へと転嫁されるのであり，転嫁によって実質上の担税者に租税負担が帰することを，税の帰着とよぶ．

転嫁の代表的な例は，たとえば酒税の場合にみられる．この税の納税義務者は醸造業者であるが，かれは納入した税を酒の価格に上乗せして卸売商に売却する．卸売商はこれを小売商に卸売するが，その価格はメーカーから仕入れた価格に自分の経費と利潤分を加えたものであるから，租税分は当然含まれたままである．小売商は同様にしてこれを消費者に小売する．消費者は租税の含まれた小売価格で購入し消費する．したがって酒税の担税者は消費者なのである．酒税の場合には課税当局もはじめからこのような転嫁を予定しているが，時にはそれを予定していても，経済環境如何では転嫁させえないで，メーカーから

小売段階にいたる業者のどれか，またはすべてに帰着することもある．

第2節　租税の類型

　明治初期の日本のように，地租などの少数の特定のものしか徴収できる税がなく，他の税の収入は望みえないということは，歴史上決して少なくない．しかし，ある程度経済が発展し，社会が複雑化し，財政民主主義が機能するようになれば，税源である所得の表われかたは多様になり，一方，人々の公平感はしだいに政治に反映されてくる．そうなれば租税は複数のものを適当に組み合わせて，全体としてその時代の要求に適い，しかも国庫収入をみたすものであることが必要となる．そこで，課税当局としてもまた議会としても，いかなる性質の税をいかように組合わせるかが重要な政策課題となる．と同時に，租税を分析するうえでも，租税にはどのような類型があり，その組合わせがいかなる意味をもつかの研究は最も重要な課題のひとつとなる．それは資本主義の発展段階や，先発国か後発国か，さらには統一国家か連邦国家かなどによってさまざまに異なるが，歴史的な展開は後章でみるとして，ここでは現代の日本を例にとって検討しよう．

1.　国税と地方税

　近・現代国家はまず例外なく，中央レベルと地方レベルに重層化して統治機能を果たしている．日本でいえば，中央（国）と都道府県・市町村であり，アメリカでは連邦・州・地方である．ただし，アメリカの州は日本の都道府県とは異なって一種の主権国家のような地位にあり，日本の中央政府の機能をもかなりもっていて，簡単に相互比較はできない．当然日本の方がアメリカより中央集権的な色彩が濃く，それは租税の中央・州・地方配分にも現われる．日本でもアメリカその他の諸国でも，中央は国税（連邦税），州は州税，地方は地方税と，政府レベルごとに税をもっている．それは政治行政上の必要からくる事実であると同時に，それがそのまま徴収主体別の租税分類ともなっている．

表13　主要国税収入構成比（一般会計・決算）　　　　　　　　　　　（％）

年度	地租	所得税	法人税	相続税	酒税	消費税	揮発油税	物品税	関税	その他共合計	直接税	間接税
1880	76.4	—			9.1				3.6	100.0	76.4	23.6
1900	34.6	4.5	(1.5)	—	37.6	—			12.8	100.0	45.9	54.1
20	10.0	26.0	(17.4)	1.0	22.3	5.5			9.5	100.0	54.0	46.0
40	0.1	40.7	5.0	1.5	7.8	3.9	0.6	3.0	3.9	100.0	71.6	28.4
50	—	49.2	18.7	0.6	23.6	0.2	1.7	3.7	0.4	100.0	70.1	29.9
60	—	24.9	36.6	0.8	15.9	1.8	6.6	5.3	7.0	100.0	62.4	37.6
70	—	34.3	36.3	2.0	8.7	0.6	7.1	4.8	5.4	100.0	72.5	27.5
80	—	41.5	34.3	1.7	5.5	0.2	5.9	4.0	2.5	100.0	77.5	22.5
90	—	44.7	31.6	3.3	3.3	7.9	2.6	0.0	1.4	100.0	79.5	20.5
97	—	34.5	24.2	4.3	3.5	16.7	3.5	—	1.7	100.0	67.4	32.6

1. 1960年度までは『大蔵省百年史』(別巻) 190〜195頁，それ以降は『財政統計』各年度版より作成．
2. 印紙収入，専売納付金は含まない．
3. 「法人税」欄の( )内は所得税の中の第一種所得税を再掲したもの．
4. 1980年以前の「消費税」欄は砂糖消費税．

『要覧』84〜85頁より作成．

　どのようなタイプの税がそれぞれの政府レベルに割当てられるかは一義的にはいえない．一般的には，地方的な利害と結びついていて，しかも比較的貧弱な課税・徴税能力でも徴収できる不動産課税のようなものが地方税となり，それを超えて全国(州)的な影響をもつ所得税や関税のようなものは国(連邦)税ないし州税となる．とはいえ，それはごく一般的にそういえるだけで，相互に移行することもあるし，同一の税を頒ち合うこともある．また，概して時代が遡るほど，中央と地方の税は分離していて地方の自立性がつよかったのに，しだいに地方税収だけでは地方行政をまかないきれなくなり，国税への実質的な依存をつよめてきている．

　日本の国税についてみると(表13)，明治維新後もっぱら地租に依存していたのが，明治後半から大正にかけて酒税が伸び，所得税がそれを追いかけて，第2次大戦から戦後にかけては，大部分の税収を所得税と法人税とに負うにいたっている．一方，地方税は道府県税と市町村税とに二分されるが(表14・15)，いずれもはじめは，国税への付加税である地租割および戸数割と家屋税

表14 戦前の地方税体系及び税収額(1942年度) 1940(昭和15)年税制改正後

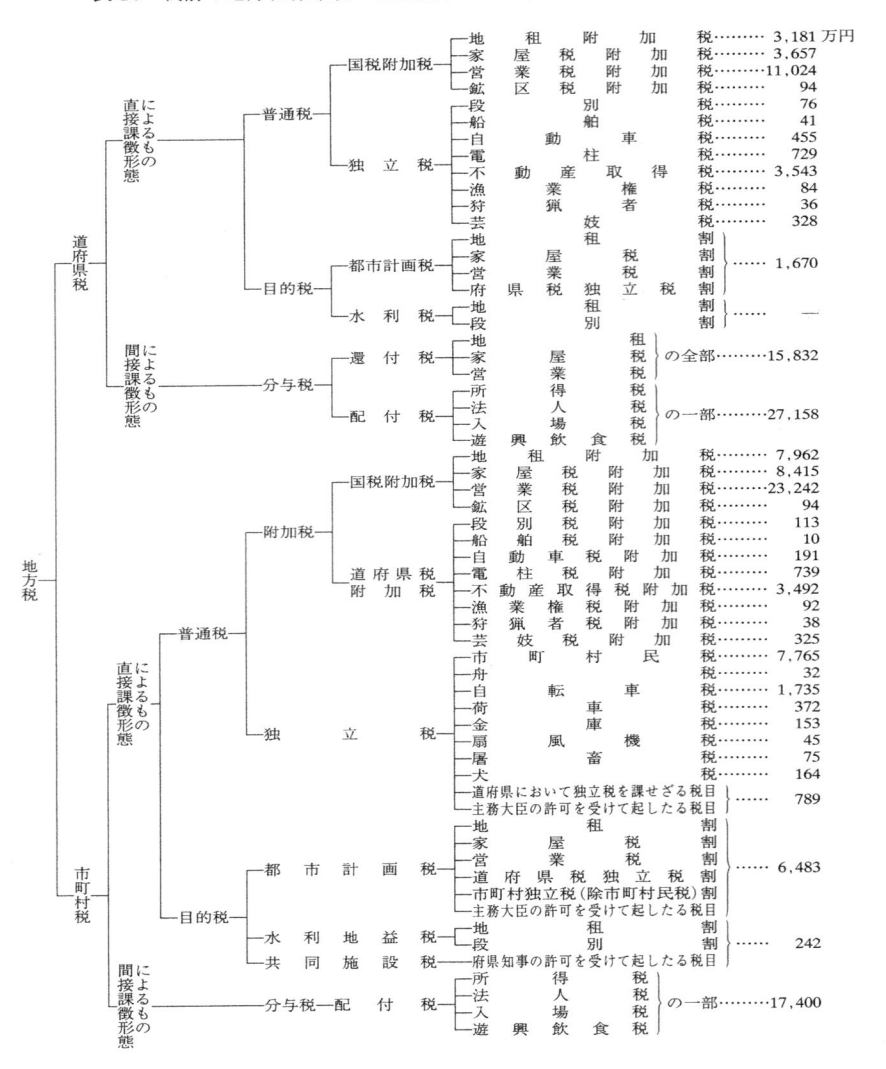

```
                                                  ┌─ 地    租    附    加    税 ……… 3,181万円
                                   ┌─ 国税附加税 ─┼─ 家  屋  税  附  加  税 ……… 3,657
                                   │              ├─ 営  業  税  附  加  税 ………11,024
                                   │              └─ 鉱  区  税  附  加  税 ………    94
                         ┌─ 普通税 ─┤              ┌─ 段    別            税 ………    76
                         │         │              ├─ 船    舶            税 ………    41
              ┌ 直接課 ─┤         │              ├─ 自    動    車      税 ………   455
              │ 徴によ   │         └─ 独立税 ─────┼─ 電    柱            税 ………   729
              │ る形態   │                         ├─ 不  動  産  取  得  税 ……… 3,543
              │         │                         ├─ 漁    業    権      税 ………    84
              │         │                         ├─ 狩    猟    者      税 ………    36
              │         │                         └─ 芸    妓            税 ………   328
   道府県税 ─┤         │                         ┌─ 地        租        割 ┐
              │         ├─ 都市計画税 ───────────┼─ 家  屋  税         割 │
              │         │                         ├─ 営  業  税         割 ├ ……… 1,670
              │         └─ 目的税                 ├─ 府  県  独  立  税 割 │
              │         │                         └─ 地        段        割 ┘
              │         └─ 水  利  税 ──────────── 段          別        割 ┘ ……… —
              │                                   ┌─ 地        租        税 ┐
              │         ┌─ 還  付  税 ───────────┼─ 家  屋            税 ├ の全部 ……15,832
              │         │                         └─ 営  業            税 ┘
              └ 間接課 ─┤                         ┌─ 所  得            税 ┐
                徴によ   │                         ├─ 法  人            税 │
                る形態   └─ 配  付  税 ───────────┼─ 入  場            税 ├ の一部 ……27,158
                                                  └─ 遊  興  飲  食    税 ┘

                                                  ┌─ 地    租    附    加    税 ……… 7,962
                                   ┌─ 国税附加税 ─┼─ 家  屋  税  附  加  税 ……… 8,415
                                   │              └─ 営  業  税  附  加  税 ………23,242
                                   │              ┌─ 鉱  区  税  附  加  税 ………    94
                                   │              ├─ 段  別  税  附  加  税 ………   113
                                   │              ├─ 船  舶  税  附  加  税 ………    10
                         ┌─ 附加税 ┼─ 道府県税   ├─ 自 動 車 税 附 加   ………   191
                         │         └─ 附  加 税   ├─ 電  柱  税  附  加  税 ………   739
                         │                         ├─ 不 動 産 取 得 税 附 加 ……… 3,492
              ┌ 直接課 ─┤                         ├─ 漁  業  権  税  附  加 ………    92
              │ 徴によ   │                         ├─ 狩  猟  者  税  附  加 ………    38
              │ る形態   │                         └─ 芸  妓  税  附  加    ………   325
              │         │                         ┌─ 市    町    村    民  税 ……… 7,765
              │         │                         ├─ 舟                    税 ………    32
              │         │                         ├─ 自      転      車    税 ……… 1,735
   市町村税 ─┤         │                         ├─ 荷          車        税 ………   372
              │         ├─ 普通税                 ├─ 金      庫      機    税 ………   153
              │         │                         ├─ 扇    風    機        税 ………    45
              │         └─ 独  立  税 ───────────┼─ 屠          畜        税 ………    75
              │                                   ├─ 犬                    税 ………   164
              │                                   ├─ 道府県において独立税を課せざる税目 ┐
              │                                   └─ 主務大臣の許可を受けて起したる税目 ┴ …… 789
              │                                   ┌─ 地        租        割 ┐
              │                                   ├─ 家  屋  税         割 │
              │         ┌─ 都 市 計 画 税 ────────┼─ 営  業  税         割 │
              │         │                         ├─ 道 府 県 独 立 税 割 ├ ……… 6,483
              │         ├─ 目的税                 ├─ 市町村独立税(除市町村民税)割 │
              │         │                         └─ 主務大臣の許可を受けて起したる税目 ┘
              │         │                         ┌─ 地        租        割 ┐
              │         ├─ 水  利  地  益  税 ───┴─ 段        別        割 ┼ ……… 242
              │         └─ 共  同  施  設  税 ──── 府県知事の許可を受けて起したる税目 ┘
              │                                   ┌─ 所  得            税 ┐
              └ 間接課 ──── 分与税 ─ 配 付 税 ────┼─ 法  人            税 │
                徴によ                             ├─ 入  場            税 ├ の一部 ……17,400
                る形態                             └─ 遊  興  飲  食    税 ┘
```

『要覧』107頁.

表15　1998年度の地方税収入決算(税目別)　　　　　　(100万円, %)

道府県税		市町村税	
道府県民税	3,651,605 (23.8)	市町村民税	8,815,753 (42.8)
個　人　分	2,434,086 (15.9)	個人均等割	117,376 (0.6)
法　人　分	857,586 (5.6)	所　得　割	6,406,904 (31.1)
利　子　割	359,993 (2.3)	法人均等割	380,073 (1.8)
事　業　税	4,482,464 (29.3)	法　人　税　割	1,911,401 (9.3)
個　人　分	271,130 (1.8)	固定資産税	9,095,248 (44.1)
法　人　分	4,211,333 (27.4)	土　　　地	3,754,319 (18.2)
地方消費税	2,550,425 (16.6)	家　　　屋	3,511,245 (17.0)
譲　渡　割	2,200,602 (14.4)	償却資産	1,754,233 (8.5)
貨　物　割	349,823 (2.2)	交　付　金	75,741 (0.4)
不動産取得税	634,762 (4.1)	軽自動車税	115,888 (0.6)
道府県たばこ税	231,312 (1.9)	市町村たばこ税	813,561 (3.9)
ゴルフ場利用税	92,283 (0.6)	鉱　産　税	1,671 (0.0)
特別地方消費税	112,517 (0.7)	特別土地保有税	61,866 (0.3)
自　動　車　税	1,736,856 (11.3)	法定外普通税	546 (0.0)
法定外普通税	20,211 (0.1)	事業所税(目的税)	323,194 (1.6)
道府県固定資産税	21,883 (0.1)	都市計画税(目的税)	1,352,233 (6.6)
旧法による税	110 (0.0)	その他とも小計	20,602,731 (100.0)
軽油引取税(目的税)	1,284,123 (8.4)		
自動車取得税(目的税)	497,308 (3.2)		
その他とも小計	15,319,452 (100.0)	合　　　計	35,922,183

『要覧』87頁より作成.

が中心であった[1]．この中心的な税はいずれも不動産課税である．のちに，やはり国税付加税の営業税割や同付加税が増加してくるほか，国税からの分与税や，国が徴収して地方に配付する配付税も登場する．

　第2次大戦後になると，たとえば1998年度の場合(表15)，道府県民税・市町村民税のような実質上所得税付加税の性質をもつものが，道府県および市町村税収の第2位を占め，第1位の事業税や固定資産税に匹敵する位置に上昇している．それどころか，高度成長期や好況期には市町村の場合，固定資産税を大幅に凌駕してさえいた．ちなみに道府県の事業税も事実上所得課税である．

　こうした戦前と戦後の地方税構成の相違は，占領期に行われたシャウプ勧

---

[1]　明治・大正期については『要覧』106頁を参照．

告[2]を起点として形成されてきたものである．そこでは地方自治強化のために地方税の自立化がはかられたが，現在でもなお地方税収は収入の4割程度であり，前述のように1980年代はじめまでは補助金と交付税の合計を下回っていた．また税収という視点から中央・地方の割振りをみると(後掲表19)，戦前は対国民所得比で国税7〜14％と地方税3〜5％，戦後は12〜18％と6〜10％でほぼ2対1の割合となっている．

2. 直接税と間接税

国税と地方税の区別はもちろん政府レベルにもとづくものであって，租税の経済的な性質と直接に対応するものではない．しかし，租税の類型を経済的機能にもとづいて区分することは，政治的，行政的にもまた経済学的・財政学的分析にとっても重要なテーマとなる．そうした分類の代表的なものが直接税と間接税との区分であり，両者の比率を直間比率とよぶ．これは古くから行われ，現在でも最もよくなされる分類方法の一つである．

しかしながら，直接税と間接税の定義は必ずしも定まっていないのが実情であって，論者によってかなり差がある．一般的には，納税義務者が同時に最終的な担税者である税を直接税とよぶ．担税者に直接課税するという意味である．当然，間接税は納税義務者と担税者のくいちがうもの，すなわち転嫁する租税ということになる．といっても転嫁の有無は明確ではないので，最近では課税当局が課税に当ってどちらを期待するかによって分けているのが実情であり，日本その他の各国の課税当局によって公表されている統計はほぼこの区分を採用している．しかし同じ税でも転嫁する場合もしない場合もあるのであって，たとえ期待を基準にしても転嫁を目安にするのではあまり確固たる区分とはいえそうもない．そこでたとえば担税者の担税能力を直接示す所得や財産に課するものを直接税とし，消費や醸造など担税力を間接に示すものに課する税を間接税とするという区別も主張されている．

---

2) 『要覧』56〜57頁を参照．

表16　主要国国税収入の直間比率　(％)

年度	日本		アメリカ		イギリス		ドイツ		フランス	
	直接税	間接税等	直接税	間接税等	直接税	間接税等	直接税	間接税等	直接税	間接税等
1950	55.0	45.0	80.0	20.0	54.1	45.9	32.6	67.4	34.7	65.3
60	54.3	45.7	83.2	16.8	53.4	46.6	47.3	52.7	37.9	62.1
70	66.1	33.9	87.1	12.9	55.2	44.8	47.9	52.1	34.7	65.3
80	71.1	28.9	90.6	9.4	59.2	40.8	52.2	47.8	40.0	60.0
90	73.7	26.3	91.8	8.2	59.2	40.8	50.1	49.9	40.0	60.0
98（補正後）	59.6	40.4	…	…	…	…	…	…	…	…
99（当初）	57.2	42.8	…	…	…	…	…	…	…	…

『要覧』145頁より作成.

　どのように定義するにせよ直接税と間接税とでは納税者の負担意識，納税者意識に著しい差があり，これが財政民主主義にとって大きな問題となる．というのは，直接税は所得なり財産なりを課税標準として，担税者から直接徴収するため，納税者の負担感はつよく，いきおい支出面についても厳しい眼をむけることになろう．ところが間接税の場合，納税義務者はともかく，担税者は，購入する商品やサービスの価格に含まれている税をそれと自覚することはあまりない．したがって直接税と逆に担税者の負担感が弱く，それだけ財政民主主義を支えるはずの納税者意識は低くなろう．徴税側からいえば，そうした性格のこの税は，抵抗が少なく徴収しやすいということになる．

　現代の先進諸国の国税は，直接税に分類される所得税や法人（所得）税を中心としているものが多いため，当然，直接税中心となる．また，地方税も不動産課税中心の場合が多く，これも直接税なので両々相まって租税体系は直接税中心となりやすい．加えて，インフレが進行すると，消費税など間接税収入は所得税などの直接税にくらべて伸びがおくれる傾向にあるため，いっそう直接税の比率は高められる．とはいえ，世界的にみると（表16），日本とアングロサクソン系とくにアメリカ，イギリスなどは直接税比率が高く，西欧大陸系とくにフランス，ドイツなどは間接税比率が高いという対照的な姿を示す．

　日本の場合をみると（前掲表13），明治初期には地租に頼っていたために直

接税が圧倒的に多くなっているが，酒税および関税の伸びとともに間接税比率が高まっていく．しかし，第2次大戦を境にして再び直接税比率が不連続的に高まっている．この内訳は大部分が所得税・法人税である．これに対して間接税を代表する酒税の地位の継続的かつ大幅な低下が目立つ．これは，主としては上述のインフレ過程における消費課税の伸び方のズレの代表的な事例とみなされよう．なお所得税が，戦後の高比率からしばらく低下したのち再度上昇しているのは，主としては減税政策による低下と，インフレ過程の自然増収の故であり，90年代に大幅に下ったのは不況による減収が主因である．なお，現在の国税収入の大半を占める直接税収のほとんどは所得・法人の二税からなっていて，それ以外ではごく小さな相続税しかないのに対し，税収としてはそれより著しく少ない間接税等は，酒税，揮発油税，たばこ税などをはじめ，多数の小規模な税からなっている．ちなみに，日本には1988年度まではEUの付加価値税のように，ひろく消費全体をカヴァーする一般消費税に当るものはなく，個別の商品を対象とする個別消費税からなっていたが，89年度から付加価値税と同じ構造の「消費税」が導入され，間接税グループ中の最大税目となり，直間比率を急速に引下げることとなっている．直接税への過度の依存体制(高い直間比率)を改めて，来るべき高齢化社会に備えようというのである．

3. 所得課税と支出課税

これは税源である所得を，その発生なり収入なりの点でとらえるか，一旦収入された所得が支出された点でとらえるかによる分類である．上でのべた直接税と間接税についての見方とほぼ対応するといってよい．所得課税はさらに収得税と財産税に分かれ，前者は所得税(個人所得税・法人所得税など)と収益税(地租・家屋税・事業税など)とに，後者は移転税(相続税・贈与税など)と所有税(富裕税・不動産税など)とに分かれる．いずれも直接に発生した所得をとらえるなり，所得が発生すると想定される物件や事実を直接とらえて課税するものである．

これに対して支出課税は，直接消費税を別にすれば間接税と同じ性格のもの

で，所得が支出されて商品やサービス購入にむけられる点で課税するものであり，消費税と流通税とに分けられる(もっとも流通税を支出課税とは別の独立した類型とすることもできる)．消費税はさらに消費行為を個人レベルで直接とらえる直接消費税(通行税・入場税および理論上考えられている個人消費総額を対象とする支出税など)と，直接に消費をとらえる代りに，商品の生産や流通あるいはサービス提供の段階で，あらかじめ賦課された租税がその価格の中に含まれて消費者によって負担される間接消費税(酒税のような内国消費税や関税など)とに分かれる．流通税はさらに取引税(印紙税・有価証券取引税など)と登録税(財産権登録税・資格登録税など)とに分かれる．

　先進諸国の租税発達史をふりかえってみると，国税は収益税や間接消費税中心から所得税中心へと進み，地方税は概して収益税中心を持続しつづけているというのが一般的のようである．なぜそうなるかについては後章でとりあげる．

　なお現在，所得税に代えて支出税を導入すべしとする議論が一部にある．これは，所得税が経済発展の源泉たる貯蓄部分にも課税することになるのに対し，支出税はその課税を避けられることが重要な根拠となっているうえ，生涯所得と生涯消費は(遺産を除けば)対応するから，このほうが合理的だと主張する．また，現在の日本の所得税自体，貯蓄や資産にかかわる所得がさまざまな形で減免税ないし非課税とされているために，労働所得税のようになっていることを考えれば，実質上は支出税に近いものに変質しているともみなしうる．

4. 人税と物税

　納税者ないし担税者の個人的な担税力に着目して所得に直接課税するのが人税であり，物件や行為などを標準として課税するのが物税である．前者は当然所得税や相続税など直接税でなければならず，個人的な事情を配慮し，能力に応じて税率を変更し，たとえば累進制を採用できる．これに対して物税は，個人か企業かに関係なく，個人的事情にも配慮することのない，もしくは配慮しえないような課税である．商品に課せられている消費税，土地そのものに課せられている固定資産税などは，消費者や所得者の個別的な事情を考慮できなか

ったり，しなかったりする税である．したがって，この種の税は，個人の所得との関係では低所得階層に相対的に重くかかる逆進性をもつ．

5. 比例税・累進税・逆進税・定額税

これらは税率を基準にしたものであり，これまでの記述からわかるように，税の根本的なありかたにかかわる重要な区分である．関係箇所で多少はふれてきたが，ここで一括して解説しておく．

比例税は課税客体の量が変化しても税率の変らないものであり，土地に対する課税などは多くの場合それに当る．これは経済過程に対して概して中立的であるといっていい．累進税はこれに対して，課税客体が大きくなるにしたがって税率が上昇するものをいい，所得税や相続税に多用され，所得再分配効果がある．また累進税は累進性の故に国民所得の上昇・下降の速さよりも税収の変動のほうが大きくなる．すなわち，所得弾力性が1より大きい．そのため，景気変動に対して抑制的に働くことになり，その機能は自動安定装置（ビルト・イン・スタビライザー）とよばれる．逆進税は累進税と逆に，課税客体が大きくなるほど税率が低下するものであるが，制度としてこうしたものを設定することは考えられず，実際には次にみる定額税などが課された場合に，結果として逆進効果をもつという形で現われる．定額税とは，均等割や人頭税などのように，課税客体の如何を問わず等しい税額が課されるものをいい，当然所得との関係では逆進的になる．これは大体直接税について用いられる用語であるが，消費税も被課税商品を消費すれば，所得の如何にかかわらず等しい額の税を負担するという点では一種の定額税であり逆進的となる．各国租税史上の重要性からいえば，この消費税の逆進性が最大のイシューである．

6. 内国税と関税

国税のうち，外国からの輸入品（例外的に自国からの輸出品も含む）に課されるものを関税といい，国内で徴収されるものを内国税という．関税は資本主義成立期・確立期の先進諸国では主要な収入源であり，また連邦国家などでは，

直接税は，諸邦(州)政府ににぎられていて，連邦政府収入としては関税が基幹税となるというケースが多い．なお関税は，収入目的以外に国内産業保護あるいは対外貿易競争の手段としての機能が大きく，時に関税戦争などといわれる国際対立を引き起こすこともある．

7. 普通税と目的税

使途を特定せずに一般の経費にあてる租税を普通税といい，中央・地方を通じて大部分の租税はこれに当る．これに対して特定の経費にあてる目的で課される租税を目的税とよぶ．道路建設のために自動車やガソリンに課税したり，失業保険のために雇用者や被用者に雇用税などを課したりする例が代表的である．財政一般からいえば，目的税が増加すれば運営の弾力性が失われるとはいえ，納税者には負担と受益の関係が明示的であるため，納税協力をしやすいという面も否定できない．

最近は，環境破壊的な行為や物質を対象とした原因者課税によって，それらの行為や物質の使用を抑制するとともに，その税収を環境保全に充当するというような組合せの目的税が，先進各国で採用されるようになってきている．

第8章　現代の租税構造

　近・現代国家において，租税がいかなるイデオロギーに支えられ，どのような体系をもつかについての基礎的な知識を前提として，本章では現代日本の租税がどのような税目からなり，それらはどのような性格をもっているかを検討する．もっとも，前提となる一般的な近・現代国家に共通な租税のありかたについての理解と，現代日本の具体的な租税の理解との間に，主要な資本主義国家の変遷――それは資本主義の成立，発展，変質とむすびつき，対応しているのであるが――に見合った租税の変化という，世界史的な流れを把握しておくことが望ましい．しかし，それは後の章で明らかにすることとし，ここでは一応そうした歴史的発展の到達点としての現時点の日本の租税を中心に，外国と比較しながらとりあげることとする．

第1節　租税の構成

1. 国税の構成

　すでに前章で，明治以来の国税の構成については大まかにふれたので，ここでは現時点の日本その他主要国の税目別の収入額をみておくことにする（表17，構成比については『要覧』146～147頁参照のこと）．

　日本の場合，国税のうち所得税31.9％，法人税21.2％および消費税21.1％の3税が，他の数多くの税から突出して大きい．前二者が平成の不況期に比率を下げつづけてきたのに対し，消費税は着実に上昇した結果の数字である．間接税等の中では，89年新設の消費税が最大で，揮発油税4.2％，酒税4.0％，印紙収入3.1％など歴史のある税がやや大きい程度で，その他の大部分は1％

表17　主要国国税収

日　本 (億円)		アメリカ (100万ドル)		イギリス (億ポンド)	
税　　目	金　額	税　　目	金　額	税　　目	金　額
直　　接　　税	280,640	直　　接　　税	939,604	直　　接　　税	1,292
所　　　得　　　税	156,850	個　人　所　得　税	737,466	所　　　得　　　税	768
｛源　泉　分	124,590	法　人　所　得　税	182,293	法　　　人　　　税	304
｛申　告　分	32,260	遺産税・贈与税	19,845	キャピタル・ゲイン税	15
法　　　人　　　税	104,280	間　接　税　等	74,852	相　　　続　　　税	17
相　　　続　　　税	19,480	酒　　　　　　税	7,257	石　油　収　入　税	10
地　　　価　　　税	30	た　　ば　　こ　　税	5,873	ウインドフォール税	26
間　接　税　等	210,375	関　　　　　　税	17,928	非住居用資産レイト	152
消　　　費　　　税	103,760	電信電話サービス税	4,543	間　接　税　等	979
酒　　　　　　税	19,810	輸　送　燃　料　税	7,107	付　加　価　値　税	506
た　　ば　　こ　　税	8,960	ハイウェイ財源	23,867	酒精税, ビール税及びぶどう酒税等	57
揮　発　油　税	20,450	空港・航空路財源	4,007	炭　化　水　素　油　税	194
石　油　ガ　ス　税	150	そ　　の　　他		た　　ば　　こ　　税	84
航　空　機　燃　料　税	900	一　般　財　源　分	3,051	賭　博・遊　戯　税	16
石　　　油　　　税	4,960	特　定　財　源　分	1,219	印　　　紙　　　税	35
取　　引　　所　　税	0			自　　　動　　　車　　　税	45
有価証券取引税	0			保　　　険　　　税	10
自　動　車　重　量　税	8,410			関　　　　　　税	23
関　　　　　　税	7,850			埋　　　立　　　税	4
と　　　ん　　　税	90				
印　　紙　　収　　入	15,210				
地　方　道　路　税 (特)	2,906				
石油ガス税(譲与分)(特)	150				
航空機燃料税(譲与分)(特)	164				
自動車重量税(譲与分)(特)	2,803				
特　別　と　ん　税 (特)	113				
原　油　等　関　税 (特)	619				
電　源　開　発　促　進　税 (特)	3,679				
揮　発　油　税 (特)	6,716				
た　ば　こ　特　別　税	2,675				
合　　　　　計	491,015	合　　　　　計	1,014,456	合　　　　　計	2,271

1. 『財政金融統計月報』No. 564 より作成。
2. 日本は1999年度当初予算額，アメリカは1996年10月/1997年9月会計年度決算額，イギリスは1997年暦年
3. 『要覧』146～147頁より作成。

入の税目別構成

税　　　目	ドイツ（100万マルク）			税　　　目	フランス（100万フラン）
	金　　額				金　　額
	連邦税	州　税	計		
直　　接　　税	**165,191**	**149,511**	**314,702**	**直　　接　　税**	**666,440**
所　　　得　　　税	120,497	120,497	240,994	所　　　得　　　税	311,238
法　　　人　　　税	16,634	16,634	33,267	徴収名簿による法人税・給与税等	49,055
財　　　産　　　税	—	1,757	1,757	法　　　人　　　税	205,148
相　続　・　贈　与　税	—	4,061	4,061	富　　　裕　　　税	10,061
営　　　業　　　税	2,169	6,563	8,732	給　　　与　　　税	45,895
負　担　調　整　税	25,891	—	25,891	金融機関支出特別税	2,891
間　　接　　税　等	**273,881**	**148,070**	**371,951**	相　続　・　贈　与　税	39,757
付　加　価　値　税	108,065	112,396	220,461	そ　　　の　　　他	2,395
関　　　　　　　税	6,899	—	6,899	**間　　接　　税　等**	**1,015,754**
不　動　産　取　得　税	—	9,127	9,127	登　　　録　　　税	42,088
自　　動　　車　　税	—	14,418	14,418	印　　　紙　　　税	11,513
保　　　険　　　税	14,128	—	14,128	取　引　所　取　引　税	1,441
競　馬　富　く　じ　税	—	2,912	2,912	関　　　　　　　税	11,264
防　　　火　　　税	—	710	710	石油産品内国消費税	150,753
た　　ば　　こ　　税	20,698	—	20,698	付　加　価　値　税	755,403
コ　ー　ヒ　ー　税	2,244	—	2,244	た　　ば　　こ　　税	40,733
ビ　ー　ル　税	—	1,699	1,699	そ　　　の　　　他	2,559
蒸溜酒専売益金	4,662	—	4,662		
発　　泡　　酒　　税	1,095	—	1,095		
鉱　　　油　　　税	66,008	—	66,008		
そ　　　の　　　他	82	6,809	6,891		
合　　　　　　　計	**389,071**	**297,581**	**686,652**	合　　　　　　　計	**1,682,194**

実績見込額，ドイツは1997年度実績見込額(全ドイツ)，フランスは1997年度実績額．

第8章　現代の租税構造

前後の零細な税である．所得税と法人税が並立して合計50％以上を占めるというこの構成は，先進国の中でも日本のみにみられる特徴である．アメリカは個人所得税だけで72.7％も占めるという極端な構成の点で世界的に目立っている一方，法人(所得)税は18％にとどまる．イギリス，ドイツにおいては所得税の比率は34％前後に達しているが，法人税はそれぞれ13.4％，4.8％であって，日本はもちろんアメリカよりも小さい割合しか占めていない．なおフランスでは所得税，法人税合わせても30％であって，他の国々とは異なった税制をもつことがわかる．

どの国でも所得税と法人税以外に大きな直接税はないので，上記の各国の特徴はそのまま裏返せば各国の間接税依存度のちがいを意味する．当然アメリカのそれが最も小さく，わずか7.4％である．これに対してフランスの60.4％をはじめ，ヨーロッパ諸国は40～50％と，間接税比率が高い．その主因はEUの税制を特徴づける付加価値税であり，フランスの44.9％をはじめ20～40％と各国とも税収の第1～2位を占めている．この税は，原則としてサービスを含むすべての最終消費財に課されるので，物品税とか酒税のような個々の商品を選択して課している個別消費税に対して，一般消費税とよばれる．この税は課税ベースが広いので低税率でも収入をあげやすく，一般的な課税なので個別商品を差別しない点で中立的であるなどのメリットが注目され，直接税比率の高い国でも導入論が少なくない一方，消費税に共通の逆進性や導入時の物価引上げなどを理由とする反対論もつよい．前述のとおり，日本は消費税という名称で導入したが，アメリカは州レベルに売上税があるせいもあって，採用を見送った．

2. 地方税の構成

国税と地方税とは，かつては明確に分離していたのが，しだいに重複したり，国税の一部が地方に分与されたりするという傾向がつよまってきた．その度合は国によってさまざまであり，また連邦国家と統一国家とでもちがいがある．ここでは，現時点の日本を中心にして，諸外国の州・地方税の構成をもとりあ

げてみよう．

　日本では都道府県と市町村を地方公共団体とよび，いずれの税も地方税とよばれるが，課税主体ごとに道府県税と市町村税に区分される．1998年度の場合(前掲表15)，前者が15.3兆円，後者が20.6兆円合計35.9兆円となり，市町村税収の方が5兆円ほど大きい．それぞれの税目内訳をみると，道府県税では事業税29％，道府県民税24％の二つが大きく，新設の地方消費税17％がこれに次ぎ，11％の自動車税が第4位となる．事業税は，個人または法人の行う事業に対して，所得または収入金額を課税標準として課される収益税である．道府県民税はすぐ次にのべる市町村民税と同じく，区域内の個人および法人に課され，両者合わせて住民税とよばれる．課税標準は所得額または法人税額であって，国税所得税・法人税の付加税の性格もある．なお市町村民税には国税にはないところの均等割がある．これは，地域住民全員が負担を分任すべしとする地方税原則にもとづく．

　市町村税では，固定資産税(44％)と市町村民税(43％)とが並立し，この両者だけで9割近くを占めている．前者は，固定資産(土地・家屋および償却資産)の所有者に対して，固定資産の価格を課税標準として課される収益税(財産税ともみなしうる)である．

　なお，地方税のなかでは普通税のほかに目的税がやや大きな役割をもっており，府県では軽油引取税や自動車取得税などの道路目的財源としての税が，市町村では都市計画税や事業所税などの都市整備目的の税が中心である．

　アメリカの場合は，連邦・州・地方間に重複もあるが，ある程度はっきりした租税の配分がなされている(表18)．連邦税は前述のとおり個人・法人の所得税中心であった．これに対して州税はかなりちらばっている．その中では，一般売上税，個人所得税などが大きく，一般売上税および個別売上税への大きな依存が他の政府に比べて特徴となっている．これに対して地方税は，圧倒的に財産税に偏っており，税収の73％を占めている．歴史を遡ればその割合はもっと高く，地方税即財産税という状況であった．なおこの表には示されていないが，州も地方も上級政府からの政府間収入への依存度が高い．たとえば表

表18 アメリカの州・地方税の構成(1997年度)

(100万ドル, %)

	州　税	地　方　税
総　　　　　額	443,940(100.0)	284,997(100.0)
個　人　所　得　税	144,668(32.6)	14,120(5.0)
法　人　所　得　税	30,662(6.9)	3,103(1.0)
財　　産　　税	10,297(2.3)	209,051(73.4)
一　般　売　上　税	147,069(33.1)	31,333(11.0)
個　別　売　上　税	69,272(15.6)	14,042(4.9)
遺　産・相　続　税	5,913(1.3)	27(0.0)
そ　　の　　他	36,059(8.2)	13,321(4.7)

OECD, *Revenue Statistics, 1965-1999*, p. 235 より作成.

18と同じ1997年の場合[1]，州の歳入のうち，税収46.9％，税外収入30.8％，補助金22.2％，地方はそれぞれ39.4％，23.1％，37.5％などとなっている．

イギリスの地方税は長い間，レートとよばれる一種の固定資産税ただ一つであった．サッチャー政権下でそれが廃されてコミュニティ・チャージが導入されたが，サッチャー失脚とともに現在のカウンシル・タックスに変った．アメリカの場合同様，かつては歳入即レートだったが，現在では歳入の72％は中央政府からの補助金であり，税は10％程度をまかなうにすぎない．

ドイツの連邦・州・地方税制はアメリカ，イギリスと対照的でユニークなものである．というのは，この国では所得税，法人税，付加価値税および営業税は3段階ないし2段階の政府の共通税であって，所得税は市町村分(15％)を除いた残りを連邦と州とが折半，法人税は連邦と州で折半，付加価値税については連邦52.0％，州45.9％，市町村2.1％(2000年)の比率で配分される．州税にはこのほか，自動車税，不動産取得税，営業税，相続贈与税などがある(表17)．市町村税では営業税が大部分を占めているほか，不動産税などもある．税収全体のうち所得税配分40％，営業税38％，その他22％となっている．

各国さまざまとはいえ，概していえば地方税は不動産税，営業税などの財産税ないし収益税が中心であり，時とともに地方税だけでは行政をまかないきれずに，上級政府からの資金配分に依存するようになってきたといえそうである．

---

1) 表18及び同表原資料の260頁より算出．

それがどういう意味をもつかについては,終章で立ち入って論ずる.

第2節　租税負担

租税を最終的に負担するのは個人であるから,租税負担の実態をみるためには可能ならば個人レベル,少なくとも所得階層別の負担状況を示すデータが望ましい.しかし学者などによる試算はある程度なされているものの,現在どの国でも政府自体がこうしたデータを提供してはいないようである.もっとも,今後はコンピューターによるデータ処理などによって,漸次提供されるようになるかもしれない.

1. 租税負担率

当面利用しうる負担率は,どの国でも国民所得に対する租税全体という大まかなものが大部分である.まず表19によって,明治以来の日本の租税負担率をみると,第2次大戦前は,特殊な年を除いてだいたい国税が7〜9%,地方税が3〜5%,合計10〜15%といった水準であった.ところが戦後は国税だけで12〜18%程度に上昇し,やはり上昇した地方税6〜10%と合わせれば18〜28%におよぶ.多くの財政関係の指標と同じく,そこに不連続な飛躍があったことがわかるであろう.のみならず,戦後には社会保険料負担が着実に上昇して,3%から14%へと,地方税はもちろん国税負担率をもしのぐ高さに達している.したがってこれを加えれば,現在は37%とかなり高い負担率であり,戦前の3倍になっていることになる.しかし,これでも先進資本主義諸国の中では異例の低率なのであって,その点に日本の租税負担の特徴があるのである.

すなわち,1995年の場合(表20),対GDP比率でみた日本の総合負担率(「国民負担率」ともいう)28.5%を下回る国は,OECD加盟国中わずかにメキシコ,アメリカ,韓国,トルコのみである.トルコは最近負担率を急上昇させてきたが,以前からOECD内では例外的に低負担で目立っている国であり,アメリカは1970年以来,他のほとんどの国で負担率が数%ポイントないし

表19 租税及び社会保険料負担の対国民所得比推移

(1940年度までは100万円, 1965年度までは億円, それ以降は兆円, %)

年度	国民所得	租税負担率			社会保険料負担率 (4)	合計 (3)+(4)
		国税 (1)	地方税 (2)	合計 (1)+(2)=(3)		
1880	790	7.0	3.4	10.4	…	10.4
90	924	7.2	3.3	10.5	…	10.5
1900	1,997	7.7	4.3	12.1	…	12.1
10	2,888	14.1	5.8	19.9	…	19.9
20	11,845	7.9	4.8	12.7	…	12.7
30	11,740	9.4	5.1	14.5	…	14.5
35	14,440	8.3	4.4	12.7	…	12.7
40	31,043	13.6	2.5	16.1	…	16.1
50	33,815	16.9	5.6	22.4	…	22.4
55	72,985	12.8	5.2	18.1	…	18.1
60	132,691	13.6	5.6	19.2	3.1	22.3
65	266,066	12.3	5.8	18.2	4.4	22.6
70	61.0	12.7	6.1	18.9	5.4	24.3
75	124.0	11.7	6.6	18.3	7.5	25.8
80	199.6	14.2	8.0	22.2	9.1	31.3
85	260.3	15.0	9.0	24.0	10.4	34.4
86	271.1	15.8	9.1	24.9	10.6	35.5
87	283.9	16.8	9.6	26.4	10.6	37.0
88	301.4	17.3	10.0	27.3	10.6	37.9
89	322.1	17.7	9.9	27.6	10.8	38.4
90	345.7	18.2	9.7	27.8	11.4	39.2
91	363.1	17.4	9.7	27.1	11.6	38.7
92	369.1	15.6	9.4	24.9	11.9	36.8
93	372.5	15.3	9.0	24.4	12.1	36.5
94	373.8	14.4	8.7	23.2	12.5	35.7
95	380.7	14.4	8.8	23.3	13.2	36.5
96	391.0	14.1	9.0	23.1	13.3	36.4
97	390.4	14.2	9.3	23.5	13.8	37.3
98	381.0	13.6	9.5	23.1	14.3	37.4
99	381.2	12.9	9.4	22.3	14.3	36.6

『要覧』89頁より作成.

表20 OECD 諸国の租税及び社会保障負担の対 GDP 比(1995年)

(%)

	合計	租税	社会保障負担
カナダ	37.2	31.0	6.2
メキシコ	16.0	13.3	2.7
アメリカ	27.9	20.9	7.0
オーストラリア	30.9	30.9	—
日本	**28.5**	**18.1**	**10.4**
韓国	20.5	20.5	1.8
ニュージーランド	38.2	38.2	—
オーストリア	42.5	27.1	15.4
ベルギー	46.5	31.1	15.4
チェコ	44.4	26.3	18.1
デンマーク	51.3	49.7	1.6
フィンランド	46.4	33.6	12.8
フランス	44.5	25.2	19.3
ドイツ	39.2	23.8	15.4
ギリシャ	41.4	27.5	13.9
ハンガリー	39.2	27.2	12.0
アイスランド	31.1	28.6	2.5
アイルランド	33.8	28.9	4.9
イタリア	41.3	28.2	13.1
ルクセンブルク	44.0	32.2	11.8
オランダ	44.0	25.6	18.4
ノルウェー	41.6	31.8	9.8
ポーランド	42.7	29.7	13.0
ポルトガル	33.8	24.7	9.1
スペイン	34.0	21.7	12.3
スウェーデン	49.7	35.2	14.5
スイス	34.0	21.3	12.7
トルコ	22.5	19.8	2.7
イギリス	35.3	29.0	6.3

『要覧』143頁より作成.

10％ポイント上昇している中で唯一上昇していない国である．数値の高いのは北欧諸国，中欧諸国で，デンマークの51.3％をはじめ，ほぼ40〜50％の高さを示す．ただし，社会保障負担率は，おそらく制度の違いを反映して国ごとに大きく異なり，それが総合負担率を動かす度合いが大きいように思われる．し

たがって，租税負担率の検討，とりわけ国際比較などには，社会保障負担を除くことはできない．まして，現在では社会保障は租税からもまかなわれており，両者共通の面がつよいだけになおさらである．

国税と地方税についても似たような事情がある．前述のように，現在では国税と地方税とは必ずしも別のものではない．共通税の場合はいうまでもないし，一応別のものとなっていても，上級政府から下級政府に対して交付金や補助金として多額の資金が配分されている以上，別々の負担率だけをとり出した議論が不十分，不完全であることは容易に理解しえよう．

2. 所得税負担関係指標

乏しいながらも，所得税は他の税にくらべれば負担をとらえる手掛りとなる指標が比較的整備されている．たとえば課税最低限の変遷をみると[2]，急速に引き上げられており，その限りではその動きは負担軽減を示す．逆に，所得税や住民税納税人員の推移[3]は納税者の急増を語っており，この点では負担の大衆化を暗示する．また，源泉・申告別の所得税額をみると，1999年度の場合[4]，納税額では，源泉所得税が14.3兆円，申告所得税2.6兆円となっている．前者のうち72.2%の10.3兆円は給与所得税であり，のこりは報酬料金等7.7%，利子所得等7.6%，配当所得6.4%，上場株式等の譲渡所得等2.9%，退職所得2.2%などとなっている．納税者数は，源泉所得税のうち通年勤務の給与所得者数3,880万人でその税額が9兆円なのに対し，申告所得税の場合は，全体で740万人で，その税額が上記の2.6兆円なのである．しかも後者のうち，280万人，6,200億円は給与所得を主とするものであり，事業所得者230万人，5,700億円を上回っている．所得税が全体として，形式上，勤労所得税に収斂しているのである．ちなみに，給与所得者総数は4,500万人なので，納税者割合はその86%，給与総額は208兆円なので税額はその4.65%に当たる．申告

---

2) 『要覧』92頁．
3) 『要覧』96頁．
4) 国税庁編『平成11年度版　第125回　国税庁統計年報書』，9，10，12頁．

所得の場合，総所得金額は 41 兆円なので，税額 2.6 兆円はその 6.35％に当たっている．

このような日本の所得税の負担を国際的に比較してみると[5]，課税最低限が高いため，低所得ないし中所得階層に軽いこと，税率の累進カーヴが急峻なこと，および高額所得層の負担率が高いことが目立っている．ただし，これは実際の負担というよりは法文上の比較にもとづいてのことである．最後に，階層別負担率を調べなければならないが，適当な資料がない．極めて古いものではあるが 1976 年の場合をみると[6]，さすがに所得税は累進性を示しているが，社会保険料負担がほぼ完全に逆進的であるため，両者を総合するとごく緩い累進度へと変っている．したがってこれに，ほぼ明白に逆進的である消費税や比例税的要素の濃い地方税を加えた場合には，おそらく累進度はいっそう弱まるにちがいない．

3. 法人税負担関係指標

法人税は，日本の国税では所得税と並ぶ重要性をもっているが，その負担の検証は後述のとおり理論的にも実証的にも極めてむずかしい．要するに，真の負担者がはっきりしないのである．そこで，ここでもやはり古いデータではあるが，とりあえず納税義務者たる法人段階に関するデータをとり出してみよう[7]．旧大蔵省によると，1970 年代前半の場合，どの年をとっても，資本金別法人税負担率には大差はないが，3 階層のうち 1～100 億円がピークで 1 億円以下層と 100 億円以上層は低く，しかも 100 億円以上層が最も低い．また東京都の調査[8]によって，よりこまかく階層区分をしたうえに租税特別措置による控除分や引当金などを所得に加えて負担率をとってみると，全体として緩い逆進負担となっていた．

---

5) 『要覧』93 頁.
6) 『要覧』(第 4 版) 81 頁. 総理府社会保障制度審議会事務局『社会保障の財源調達に関する総合的研究』(上)，40 頁.
7) 大蔵省『中期税制はどうなる』1976 年，84, 85 頁.
8) 東京都新財源構想研究会『大都市税制の不公平是正』1975 年 1 月.

表21 所得階層別間接税負担状況(1963年) (%)

実収入(円)	3万	4万	5万	6万	7万	8万	9万	10万	11万	12万
酒　　　　税	0.76	0.64	0.57	0.52	0.49	0.46	0.44	0.42	0.40	0.39
たばこ専売益金	0.85	0.62	0.49	0.40	0.34	0.29	0.25	0.22	0.20	0.18
砂糖消費税	0.11	0.09	0.08	0.07	0.06	0.06	0.06	0.05	0.05	0.05
物　品　税	0.30	0.27	0.26	0.25	0.24	0.23	0.22	0.22	0.21	0.21
入　場　税	0.01	0.01	0.01	0.01	0.01	0.01	0.01	0.01	0.01	0.01
電気ガス税	0.16	0.17	0.16	0.17	0.16	0.16	0.16	0.16	0.16	0.16
その他の間接税	0.05	0.06	0.06	0.07	0.06	0.07	0.07	0.07	0.07	0.07
小　　　　計	2.25	1.87	1.64	1.48	1.36	1.28	1.21	1.15	1.11	1.07
所　得　税	0.54	1.07	1.66	2.66	3.34	3.99	4.58	5.33	6.28	7.43
住　民　税	0.44	0.65	0.91	1.20	1.48	1.72	1.95	2.27	2.69	3.28
小　　　　計	0.98	1.72	2.57	3.86	4.82	5.71	6.53	7.60	8.97	10.72
計	3.23	3.59	4.20	5.34	6.19	6.99	7.74	8.75	10.08	11.78

税制調査会『昭和41年度の税制改正に関する答申及びその審議の内容と経過の説明』1965年12月, 167頁.

なお，1999年現在，法人の税負担の表面税率，実効税率を国際比較してみると[9]，日本は法人に課せられる税目は多いが，合計した実効税率は，先進国としては平均的な水準にあるといっていい．だが，2000年の場合[10]，稼動中の法人は253.7万社あるが，その68.3％に当たる173.4万社は欠損法人で，利益を計上して納税しているのは残りの80.2万社にすぎない．

4. 間接税負担関係指標

間接税はほとんどすべて消費課税からなっており，消費課税は例外なく逆進的な性格をもつと考えられる．しかし，現在，それを明示的に示すデータは政府からは公表されていない．せいぜい個人消費支出に対する間接税の割合とか，酒税などの個別税目の課税対象商品ごとの価格と税額の対比が公表されている主なデータであって[11]，担税者の資料はない．1989年から導入された消費税については，くり返しその負担の逆進性が論ぜられているものの，確定的な

---

9) 『要覧』100頁.
10) 国税庁編『平成12年度版　国税庁統計年報書』，13頁.
11) 『要覧』101, 105頁参照.

データが示されたことはないようである．今後，消費税への依存度が高まることが予想されるにつけても，その実態の解明が急務であろう．

ここでは参考のため，古いデータであるがおそらく唯一（と思われる）政府が発表した数字，すなわち税制調査会の『昭和41年度の税制改正に関する答申及びその審議の内容と経過の説明』(昭和40年12月, 167頁)に収められている数字をかかげておく（表21）．これによれば，所得税は累進性を，住民税は弱い累進性をそれぞれ示し，酒税やたばこ専売益金などは，中間層以下についてはげしい逆進性を示している．この結果，租税全体としては，直接税のみの場合にくらべて累進性が著しく薄められている．

第3節 現代日本税制論

1. 所得税の構造と問題点

所得税を算定する方法は大まかには下記のとおりである．

〔(総所得−必要経費等控除)−所得控除〕×税率−税額控除＝税額

総所得から必要経費を差引くのは，所得税の課税標準たる所得を算出するためである．所得税法では所得は，営業，農業，その他の事業，不動産，利子，配当，給与，雑，総合譲渡，一時などの10種に分けられ，各種所得ごとに必要経費等の控除を行って所得金額を算出したうえですべての所得種類を合算し，総合する．必要経費を差引くのは所得算出の当然の手続である．ただし給与所得者の場合の経費は給与所得控除というやや特殊な，給与所得だけに認められた控除方法をとっている．これは給与所得者の場合には，経費とは何かについて明確さを欠いているので概算的に控除すること，源泉徴収されるために申告納税者にくらべて早期納税になることに伴なう利子分，給与所得は財産所得などとくらべて担税力が弱いと考えられる点などから設けられたものである．

所得控除は税率適用前の所得から差引かれるもので，これを差引いた残りが課税標準となる課税所得である．主なものでは基礎，配偶者，扶養，医療費，社会保険料，寄付金，老年者，障害者等の控除がある．これらは，最低生活に

必要な所得には課税しない（基礎，配偶者，扶養など），特殊な個人的事情による担税力の弱さを考慮する（老年者，障害者，医療費など），特定の政策目的推進（寄付金など）などの趣旨で設けられている．これに対して，税額控除は，税率を適用して算出された税額から控除されるもので，配当や外国税額等の二重課税をさけるためのものと，住宅取得控除のような政策的なものとがある．こうした控除は，つぎにみる税率と相まって所得税の累進構造を形づくる要因をなす．

　税率も時とともに変ってきたが[12]，2001年現在では，課税所得330万円以下10％から1800万円超37％までの4段階の超過累進制となっている．超過累進制というのは，現在の税率でいえば，たとえば課税所得1000万円の場合，そのうちの330万円については10％，それを超えて900万円までの570万円については20％，残りの100万円については30％がそれぞれ課される，というものである．したがってこの所得者の税額は，

　　（330万×0.10）＋（570万×0.20）＋（100万×0.30）＝177万
　　　　33万　　　　　114万　　　　　　30万

で177万円となる．1000万×0.30＝300万円ではなく，1000万全額に対しては17.7％の負担となっている．これに対し，330万円の所得者が10％を課せられ，1000万円の所得者がその全額に30％を課されるという方式は単純累進制とよばれる．このように具体的な所得税額とその累進度をきめるのは，諸控除と税率であり，所得税を採用している国では程度はさまざまであるが，ほぼ日本と同様のこうした方式をとっている．

　所得税はすべての所得を総合し（総合制），その中でたとえば担税力の弱い給与所得には軽課し（差別制），所得水準上昇に伴って税率を上げていく（累進制）というふうに，担税者の個人的な事情を考慮して課税しうる税である．この税が先進諸国の間に基幹税として普及しているのは，第1にそれが税収を上げやすいという歳入確保に必要な条件を備えているからであり，第2に国民の公平感にマッチしているからであり，第3に累進制の故に景気上昇期には税収が国

12）『要覧』90～91頁参照．

民所得以上のスピードで増加し，不況期には逆に急減することによって，景気の自動安定装置としての機能を果たすからである．

しかし，所得税は必ずしも十分安定的だとはいえない．というのは第1に，個人の所得を権力が立ち入って調査することなしにこの税は成り立たないが，そのことがこの税へのたえざる不満をかきたてる．第2に，所得種類ごとに徴税当局にとって把握しやすいものと困難なものがあり，不公平が避け難い．典型的には前者が給与所得，後者が金融的資産所得であり，理念的には軽課されるはずの給与所得が実は重課されているのが実情である．第3に，累進制は国民多数の公平感に適っているとはいえ，当然，高税率を適用される納税者からの不満が避け難く，稼得意欲低下，節税・脱税行為などの誘因をなし，経済活動の阻害要因となりかねない．経済のグローバル化が進めば，高い累進税率をもった国から高額所得階層が脱出するという，国際課税競争問題も無視できない．

こうした本来的な問題点に加えて，第2次大戦後，各国は貯蓄や輸出奨励などの経済政策，弱者保護のための社会保障政策など，財政以外の目的にこの税の減免を利用したため制度が複雑化し，いきおい抜け穴もふえ，徴税コストがかさむなど，税制として少なからぬ困難や不合理をかかえこむこととなった．そうなれば，税収確保のため，表面上はしだいに累進度を高めたり課税最低限を引き下げたりせねばならず，そのことが捕捉率の差などの不公平をいっそう深刻化させることにもなった．そのため納税者のこの税に対する信頼がゆらぎ，納税モラルの全般的な低下がもたらされた．

1980年代以降，アメリカをはじめ各国で所得税見直し気運がつよまってきたのは，各国それぞれの政治的事情もからんでいるが，一般的には上のような背景があってのことである．だがさらに根本に遡って，そもそも課税標準としては，所得よりも消費の方が望ましいのではないかとする考え方は古くからあり，現代では直接税としての支出税がそういうものの代表として主張されているのは前述のとおりである．たしかに所得と消費とをくらべれば，前者の中には貯蓄充当部分が含まれていて，社会の拡大再生産に寄与する源泉に課税する

こととなる．それよりも，社会的生産物のプールから汲み出すだけの消費への課税のほうが課税の対象としては望ましいという主張は，とくに貯蓄率が低く経済が停滞している場合には受け入れられやすいであろう．また理論的には，インフレーションやキャピタル・ゲイン課税や未実現利益課税問題などの点で，所得税のもっている困難を回避しうる優れた税だということができるかもしれない．だが実際に支出税に変えようとすれば，多くの問題があり，とくに所得税の場合にも存在している所得や貯蓄額の正確な把握が困難だという点は避けられないし，所得税体系から支出税体系へ移行する際に生ずる不公平などから，実現は無理だと思われる．

2. 法人税の構造と問題点

日本は先進諸国の中では例外的に法人税への依存度の高い国として目立っているが，この税は正体のわかりにくい税の代表的なものである．法人税は法人企業の所得（利潤）に課され，国によっては法人所得税あるいは法人利潤税ともよばれる．所得税ではあるが，個人所得税のような人的配慮にもとづく諸控除などがないのは当然で，その税額は，

（益金−損金）×税率＝税額

として算出される．また同じ理由から，税率もほとんど単一税率か，せいぜい大法人と中小法人の2段階程度に区分されるのがふつうである．なお現在の日本ではこの2段階であるが，以前は配当分と留保分とにも差をつけて，4段階としている期間が長かった[13]．ただ所得が益金マイナス損金として算出されるので，損金を大きくすれば所得は小さく表わせるから，個別企業レベルでも，また政策的にも操作の余地が大きい．実質上の個人企業を形式上法人にして給与などの経費増加の形をとる「法人成り」や，加速度償却による企業投資促進策などがそれに当る．

ところで法人税には二つの謎がある．ひとつは法人本質論とからんで，この税を法人そのものが負担するとみるのか，それとも法人は個人株主の集合体に

---

13) 『要覧』99頁参照．

すぎないので法人が負担するということはありえず，負担するのは株主だとみるのかである．前者は法人実在説と結びつきやすい，いわば法人担税主体説ともいうべき考え方であり，後者は法人擬制説にもとづく法人非担税主体説である．もしこれらを純粋に貫くと，前者の場合には，法人に法人税を課したのち，その法人が株主に支払った配当を株主の個人所得として，かれの他の所得と合算して所得税を課すことになる．一方，後者の場合には，そもそも法人税はありえず，配当を受取る株主の所得税のみで十分であり，内部留保分も株主に割振り計算して所得税の対象とする．しかし，実際には法人税が課せられているのでそれを説明する必要がある．それは後者の考えによれば以下のようになる．法人税は株主への配当に課すべき個人所得税の源泉徴収，前払いであり，株主のところで所得税計算の際，その前払税額分は控除されねばならない．いわゆる二重課税調整（法人税と所得税の統合問題ともいう）である．現在，法人税と所得税をもっている国の中では，どこも上記のどちらかに純化した法人税をもっているものはなく，両者をさまざまな程度につきまぜ，したがって二重課税調整も便宜的非論理的になされているのが実情である．

　法人税第2の謎は，法人が負担するか株主が負担するかという第1の問題の系をなすもので，いずれが負担すると考えるにせよ，その負担は実は法人にも株主にも帰着せず，少なくとも部分的には法人の提供する商品なりサービスなりの価格に含まれて，購買者に転嫁されているのではないかという疑いである．しかし，事の性質上その実証は困難で，理論上でつよく疑われているにとどまる．もし転嫁していれば，それは直接税とはいえず，直間比率なども形式上のそれとは異なってくるし，株主負担を前提とした二重課税調整は無用となろう．したがって，全体としての租税負担のありかたを見直し，租税体系も組み替えねばならないということになるかもしれない．

　このように法人税には曖昧な点が多いとはいえ，直接に法人に課税されていることは事実であるから，とりあえず法人の企業活動に抑制的に働くものとみなしうる．そのため逆にこの税の軽減は投資刺激的に作用するので，景気刺激・投資促進政策の手段として利用される．また好況期の法人税収は国民所得

全体の伸びより速く，逆は逆といった動きをみせ，所得税とともに景気に対する自動安定装置の機能を果たす．

3. 間接税体系とその問題点

わが国の所得税と法人税が，単独の税でそれぞれ国税収入の24～35％をあげているのに対して，間接税は16～17税目を合計して33％に満たない[14]．零細な個別消費税が多数あるからである．その中では89年度から導入された一般消費税たる消費税が97年度の場合は16.7％と最大である．ヨーロッパ諸国のように，一般消費税（付加価値税）一つで20～45％をまかなうというのには及ばないとはいえ[15]，新しい税としては急速に地歩を固め，日本の税体系の主柱になりつつある．

消費課税を，課税方法によって分けると，従量税と従価税とになる．酒税，砂糖消費税，揮発油税などは1キロリットル当りいくら，と量を基準とする従量税であるのに対し，消費税などは，出荷価格や小売価格の何パーセントという従価税方式をとっている．また個別消費税は一般税収をあげるという直接目的の他に副次的な目的をもつことが多く，それに従って分類すると酒税やたばこ消費税は消費規制税，揮発油税などは特定目的税，旧物品税は奢侈税といえよう．奢侈税は応能的な課税を目的としたものであって，所得税の補完の機能を果たしていたといっていい．

日本では租税体系上長いあいだ一般消費税をもっていなかったという点で先進国の中で特異な地位にあった．なぜそうなったかというと，歴史的な経緯を別とすれば，高度成長期には急増する所得税・法人税の収入が十分支出をまかなったし，低成長期には不足する収入は大量の公債発行で埋め合わせてきて，個別消費税だけで構成されている消費税体系には手をつけずにきたからである．といっても，税収不足に直面して一般消費税導入の試みはなされたのだが，国民のつよい抵抗によって賛成がえられなかったのである．しかし，直接税につ

---

14) 『要覧』85頁参照．

15) 『要覧』146～147頁参照．

いては減税要求がつよくてほとんど増税は予想しえず，さりとて公債依存度は下げねばならないという状況の下で，1989年にはヨーロッパの付加価値税をモデルとした消費税が導入されるにいたった．

そこで，ここではごく簡単にその付加価値税についてのべておこう．付加価値税とは付加価値すなわち賃金と利潤を課税ベースとして企業に課する税であり，GNP型(消費財と投資財の付加価値，すなわちGNPを課税ベースとする売上税)，所得型(減価償却分を除く純投資財と消費財の付加価値すなわち国民所得を課税ベースとする売上税)，消費型(消費財の付加価値，すなわち総消費に対する売上税)がある．課税方法には，売上げから仕入れを控除して付加価値を算定する控除法と，賃金と利潤を合計した付加価値に課税する加算法とがある．

現在ヨーロッパ諸国で採用されている，いわゆるEU型付加価値税は，仕送状方式(invoice方式，取引上の前段階の企業から商品・サービス購入の次段階の企業・個人へ仕送状を送り，支払った税額を明示し，控除する，いわゆる前段階税額控除法)をとる消費型付加価値税である．このため，当該商品・サービスにかかる税額は，取引高税のように前段階からの累積税額ではなく，小売売上税と同様に，最終小売価格に定められた税率で課された税のみとなる．日本の消費税も基本的にはこのヨーロッパ方式を採用しているとはいえ，零細小売商の納税協力をとりつけるために，インヴォイスの代りに帳簿方式をとったり，免税点を高く設定したりしているため，多くの問題点を残していると批判されている．

4. 地方税体系とその問題点

前述のように日本の地方税(前掲表15)は，アメリカやイギリスの場合と異なって，税目数が多いのみならず，住民税として，所得税と重複する所得課税が大きな割合を占めている．このため，そこから他の国にはない種類の問題が生ずることになる．たとえば，住民税の課税最低限が所得税より低いため，同じ所得課税なのに，より低所得者から課税がはじまること，それどころか，ご

く少額とはいえ所得と関係のない均等割課税がなされること，所得税の累進制よりはるかに緩い累進制しかもっていないが，両者の関係を総合した累進度をどうみるかなどの問題がそれである．

　これらの制度は，国税の所得税を根拠づける能力説的説明と異なって地方政府の便益は等しく地方住民に均霑するので，負担も応益説的に，普遍的にすべきだという地方税についての原則的主張からくるものである．したがってここには国税にかかわる応能原則と地方税にかかわる応益原則の組合せ如何，あるいは，そもそも地方について応益原則が適用しうるかなど，原則論とからんだ問題があるといわねばならない．一方，北欧を除けば，日本のように地方税の中の所得課税割合の高い国は少なく，日本の地方財政の伸長性や弾力性は世界的にみて高い水準にあるといえる．

　また，実質的に所得税付加税である住民税を，課税・徴税・納税の便宜上，あるいは徴税コスト節減のために形式的にも付加税にすべしとの主張がある一方，地方自治の基盤をなす地方税の独立性を尊重し，かつ課税・徴収は地方自身の手で行わねばならないとする議論も多い．

　住民税とならんで大きな税は，道府県では事業税，市町村では固定資産税である．前者は原則として個人・法人の事業所得を課税標準とするので，ここでも実質上所得税や法人税の付加税の性格をもつ．ただし，事業税は所得税・法人税のように所得から支払われるのではなく，所得を生み出すためのコストの一部をなすものと観念されており，ただ課税標準として所得を用いるのにすぎないとされている．この税は景気に対して敏感に反応するため，税収の波が大きく，都道府県財政に不安定性を与え，地方税に求められる安定性原則には抵触するものの，その代り高度成長期には成長の果実を速やかに地方団体に還流させるパイプになった．だが低成長期になると企業収益が悪化するから当然税収が大幅に落込む．ところが都道府県としては，地域内企業へのサービスを好況期にくらべて削減できるというわけではないので，こうした地方団体からは赤字企業への課税の要求が高まり，課税標準として収益・所得ではなく売上金額，資本金額，付加価値などといった外形標準を用いるべきことが主張されて

きた．その結果，2004年度から外形標準課税が加味され，課税標準のうちの4分の1を付加価値割および資本割とし，のこりの4分の3は従来どおり所得割とするという制度改正がなされた．ちなみに，事業税の前身は明治のはじめからの営業税であるが，その課税標準には資本金額，売上金額，従業員数などの外形標準が採用されていた．また現行制度でも例外的にそうした外形標準課税は可能なこととなっている．

　市町村税の固定資産税は，安定性・普遍性といった地方税原則には適っているが，伸長性には欠ける．といっても，土地価格の上昇を直接反映して登録台帳を改め，課税標準を改訂していけば伸長させられるはずであるが，実際はどの国でも地価の再評価を実行することは困難で，3ヵ年ごとに確実に評価を行っている日本のような例は，あまりない．ただし日本の場合には，課税のための評価価格は時価にくらべて大幅に引き下げられているし，市街化区域の農地は周辺の宅地にくらべてさらに著しい低評価となっており，不均衡が問題となっている．

第9章　公債の本質と機能

　租税収入を別にすると，近・現代国家の収入は公債，企業収入，貨幣発行からなる．しかしこのうち後二者は原則としては例外的収入であり，一時的ないし少額にとどまるのがふつうであろう．したがって，租税についで恒常的に重要な収入は公債ということになる．しかも公債は，単に収入目的というにとどまらず，現代国家の経済政策，金融政策にかかわる重要な手段ともなっているのである．

第1節　公債の本質

1. 租税の先取り

　公債とは公権力体の金銭債務の意味である．それは広狭さまざまの範囲にわたり，広くとれば政府が国民から預る郵便貯金や年金保険の保険料などまで含まれるが，一般には公権力体が経費の財源調達のために行う借入を意味するといっていいであろう．近・現代国家は租税国家であるので，基本的な収入を租税にまつことはいうまでもないが，しかし，実際には租税だけに依存する国家はむしろ例外であった．財政史を顧みれば，つねに収入の一部は公債によって担われていたことがわかる．

　では，租税と公債とでは財政上，経済上ないし政治上どのような相違があり，何故に両者が併用されるのか，あるいはされざるをえないのかが問題となろう．それは根本的には，市民社会のメンバーが私有財産を守るために私有財産の一部を拠出し合うのが租税だという租税の本質のコロラリーとしてとらえられよう．租税を負担するのは，自己の生命財産を守るという「利益」があるからで

あるとすれば，逆に考えて「利益」がなければ，租税を支払うのは筋が通らないことになる．いかに「義務」説で説明するとしても，「利益」がないことがはっきりしていれば，デモクラシーを前提として「義務」説を押し通すことはできないであろう．また逆に，明らかに「利益」を受ける者が租税を拠出しないとすれば，これも筋が通らないであろう．

　こうした関係を典型的に示す例が，世代をこえて利用可能な公共土木，建築などの受益と負担である．それらを建設時の納税者の租税だけでまかなうとしよう．たしかに納税者はその生存中に利益をうけるであろうが，おそらくその死後までつづく当該施設の利益を受けることはできないので，その部分については過分に負担することになる．逆に，後の世代は負担なしに利益だけを受けることになり，これも筋が通らない．したがって，租税の本質に照らしていえば，建設時の世代は，その生存中に受ける利益に対応した分だけ税負担するのは当然として，後世代の利益の分は後世代が税負担するのが妥当であるということになる．しかし，建設時に生まれてもいない後世代からどのようにして徴税できるのだろうか．それを解く鍵が公債である．

　建設時に一時的に必要となる巨額な資金を公債でまかない，その後，当該施設が存続する限り，利用者から租税を徴収して公債の元利を償還していけばよい．利用時払い(pay-as-you-use)というわけである．あるいは逆に，公債は後の世代の納税者からの租税の先取りだといってもよい．もっとも，後の世代の中でも先行世代から遺産継承などで公債を引継ぐ保有者にとっては，公債は資産，擬制資本なのであるから，世代全体としては(内国債の場合には)資産としての公債と負債としての公債は原則として相殺される．

　ここでは，例として単純な公共土木や建築の場合をあげたが，のちにみるように，歴史上，実際に発行された公債の大部分は戦時公債であった．しかし，ここで説明した公債の本質はおそらく戦時公債にも基本的にあてはまるものと考えてさしつかえないであろう．

　なお上の叙述に含意されていることであるが，公債は将来の租税によって担保されているがゆえに信用が維持される．私的債務の場合，原則として担保物

件が信用の裏付けとして要求されるのに対して，公債は国民が国民の名において債務たることを承認し，債権者たる公債保有者は当然に将来の租税によって利子支払と元本償還とを保証される．公債信用の基礎は，国民の合意にもとづく政府とその存続への信頼なのである．それは一般には国内では最高の信用の基盤であり，それゆえに市場では最低利・最長期の起債が可能となる．

2. 租税と公債の対比

　公債は租税の先取りであるが，政府収入を租税によろうが公債によろうが，いずれもその時点の民間の購買力を政府に移し，その政府の購買力出動の結果，資源が民間部門へではなく公的部門へ吸収され，消費されるという点では共通である．とはいえ，両者の間には以下のとおり政治的経済的に著しい相違があり，それが実際の財政運営上，両者が組み合わされて利用される理由をなしている．

　(1)　強制性と自発性

　租税はいったん法律で定められれば，政府が強制的に納税者から徴収することによって，民間の企業なり家計なりの富を減少させる．ところが公債の場合は，発行された公債を購入するか否かは原則として自由であり，また購入によって民間の富が減少するわけではなく，購入者の現金なり銀行預金なりが，擬制資本たる公債証書へ資産の形を変えるにすぎない．むしろ購入者は，他の運用よりも有利であるという判断により，あえて資産の形をかえるのである．したがって，購入者自身についても国民全体についても，公債発行への抵抗は租税増徴によって同じ金額をまかなう場合にくらべて，小さいかあるいは時によっては無いとさえいうべきかもしれない．

　(2)　恒常性・固定性と臨時性・弾力性

　租税は法定されていて強制的であるがゆえに，恒常的かつ確実に収入をあげうる．しかし，それゆえに緊急にあるいは短期のうちに多額の資金を確保するには適さない．これに対して公債は，条件さえ適切であれば，市中の自発的な資金を吸収するのであるから，その目的を達成する可能性が高い．多くの国で

巨額の戦費を緊急にまかなうのに，まず公債を発行して戦争を遂行しつつ，徐々に増税を行うという方法をとっているのは，このことを示している．

(3) 負担の集中と分散

前述のとおり，公共土木・建築や戦争のように，経費支出は一時に巨額に上るがその効果が長期にわたって継続するという場合には，租税のように負担が課税時の国民だけに集中的にかかるのは不合理である．その場合は，効果のつづく限りそれに応じて負担を分散できる公債が選ばれることに合理性がある．しかし，そのことは裏返せば，その種の支出が一時的・臨時的でなく，世代をこえて経常的に行われている場合には，支出が特定時点に集中するわけではないから負担分散の意味がなくなり，むしろ租税負担水準を恒常的に高めることが合理的だということを意味する．

(4) 資金源——消費と貯蓄——

租税の場合は，課税されれば，制度いかんにもよるが，民間の消費・貯蓄いずれもが削減されると考えられる．これに対して，公債は原則として自発的購入であるから，消費を削減することは一般にはないと考えてよい．しかも購入は公債への投資であるから，租税と異なって負担ないし負担感はないというべきであろう．したがって，政府の側にもし支出拡大の意図があれば，租税を増徴するよりは公債に依存しようとする志向が生じがちなのは当然であろう．ただし，民間貯蓄を政府部門が吸い上げるのだから，民間の投資資金需要がつよい場合には両者の競合が生じ，あえて政府がその方針を貫けば金利が上昇して民間の投資は削減されざるをえず，国民経済は拡大を妨げられることとなる．いわゆるクラウディング・アウトが生ずるのである．この場合も個々の公債購入者にとっては依然負担ではないとはいえ，国民経済的には一種の負担となり，それにもとづく負担感や抵抗も生じることとなろう．

第2節　公債の制度

1. 公債の発行・償還・借換

　公権力体が公債という形で借入をする場合，これを公債の発行または起債という．公債は証券の形をとって政府が売出し，貨幣ないし資産の保有者がこれを購入するという形をとるからである．政府が自らそれを行うのを直接発行，金融・証券業者に行わせるのを間接発行という．後者はさらに公債発行に伴う危険(売れ残り)を政府が負うか金融業者が負うかによって，委託発行と請負発行(引受)とに分かれる．現在では間接発行とくに引受が多く，金融業者が共同してシンジケート団(略称，シ団)を結成して引受けるのが普通である．シ団はいったん買い取った公債を市中に売出す．いわば公募である．

　これに対して，公募でない発行として重要なのが中央銀行引受である．これは政府の銀行でありかつ発券銀行たる中央銀行が引受けるもので，経済的政治的な意味が公募とはまったく異なる．公募の場合には，民間貯蓄によって消化され，したがって第1次的には通貨の増発はないのに対し，中央銀行引受は，金本位停止を前提として行われる事実上の不換政府紙幣の増発となるからである．それは市中では消化できないような場合でも発行できるため，政府は容易にこれに依存して支出を膨張させられる．一方，国民経済が完全稼働・完全雇用状況の場合には，民間部門を縮小させない限りインフレーションに直結する．戦時経済でこの経験をもつ日本は，財政法第5条でこの種の発行を禁止している．

　借入を発行・起債というのに対し，返済を償還といい，抽選償還，買上償還，満期償還などがある．またイギリスには永久公債とよばれるものがあるが，これは償還とその時期が発行主体の意志にゆだねられているもので，いわば自由償還制度である．これに対して償還が発行時の契約や減債基金制度などで強制されるものを強制償還制度とよぶ．日本では，1967(昭和42)年度以降，償還のために毎年一定の金額を積立てる減債基金制度が採用されており(もともと

は 1906 [明治 39] 年にはじまった制度で，その改正がここでなされた)，具体的には国債整理基金特別会計に，毎年一般会計および特別会計から資金を繰入れる[1]．

償還を租税資金で行えば，それによって政府の債務は完済される．いわば現金償還である．しかし財源不足でそれができない場合があるし，また仮に財源があっても現金償還は望ましくない場合もある．そのような場合，新公債を発行して旧公債を償還する．追加の収入となる新規財源債とは異なる借換債が発行されるのである．これを借換という．

日本では，借換債発行は国債整理基金特別会計法で包括的に授権されており，その発行は同特別会計によってなされ，一般会計の公債としては現われない．現行の減債基金制度では，建設国債(後述)の発行対象施設の平均的な耐用年数を 60 年とし，その間に全額現金償還すればよいこととなっている．したがって，現行の 10 年債の場合には，発行後 10 年で満期となるが，その際，60 分の 10 を現金償還し，残り 60 分の 50 は借り換える．これをくり返して 60 年目に完済するのである．これに対して特例公債(後述の赤字公債)は，見合いの資産が残らないので，満期の 10 年で全額現金償還し，借り換えしないこととなっている．もっとも，現実に大量償還が必要になった 1985 年度以降，財源不足のためそれを守ることは不可能で，借換に頼らざるをえない状況にある．

2. 公債の種類

前述のように，公権力体の債務であっても，郵便貯金や供託金などはふつうは公債とはよばないし，また借入であっても，特定の資金提供者と借入契約を結ぶ方式のものは借入金とよんで公債とは区別する．ここではそれらを除いて，証券発行形式をとるせまい意味の公債を，日本の例を主としていくつかの基準で区分しよう．

(1) 国債・地方債

国税・地方税と同じく，発行主体による区別である．連邦国家ではこれらの

---

[1] 『要覧』115, 129 頁参照．

中間の州債もある．日本の国債は財政法第 4 条，第 5 条に基本規定があり，第 4 条では原則として公債発行を禁止しているが，公共事業費，出資金及び貸付金の財源で，国会の議決を経た金額の範囲に限っては公債の発行が認められている．第 5 条の規定が，日銀引受を禁止したものであることは前述した．第 4 条，第 5 条とも，戦時・戦後のインフレーションが日銀引受の戦時公債・赤字公債に起因するところから，その轍をふまないためと，さらには憲法第 9 条の戦争放棄規定を財政的に担保する意味もある．

ただし，具体的な財政運営上，赤字公債を禁止した第 4 条規定を守ることはできず，1965 年度および 75 年度以降 89 年度までおよび 94 年度以降は，毎年，財政法に対する特例法によって赤字公債を発行しつづけている[2]．たとえば，2001 年度の特例法は「平成 13 年度における公債の発行の特例に関する法律」という．つまり国債には第 4 条で認められたものと特例法によるものとがあるわけで，前者を「4 条公債」あるいは「建設公債」とよび，後者を「特例公債」，「赤字公債」とよぶ．なお国債発行にかかわる具体的な手続規定「国債ニ関スル法律」は 1906（明治 39）年に定められている[3]．

地方債は地方政府の発行する公債で，日本では都道府県債と市町村債とに分かれる．アメリカなどでは，州法で，公債累積高を地方団体の租税の課税標準たる不動産価格の一定割合に制限することによって，過大な発行を規制している例が多い．日本では中央・地方を通じた起債を計画的に行っている．具体的には，地方債の大部分は財政投融資ないし地方債計画を通じて中央政府の資金で引受けられる．そこでは弱小地方団体へも資金が流れるように配慮したり，過大な発行を抑制するために，自治大臣の許可が必要とされてきたが地方自治への干渉との批判がつよく今後は総務大臣との協議制へと制度が変った．

発行については地方財政法第 5 条に定められており，発行対象は財政法にならって，①交通事業，ガス，水道事業など公営企業の経費，②出資金，貸付金，③地方債借換，④災害応急事業費，災害復旧事業費，災害救助事業費，⑤戦災

---

2) 『要覧』39, 116 頁参照．
3) 『要覧』38〜39 頁参照．

復旧事業費，公共施設または公用施設の建設事業費に制限されている．ただし，目的制限についていえば，地方債の場合には，中央銀行引受はないのでインフレーションと結びつくおそれはなく，この点に関するかぎり，中央政府の場合と同様な制限をしなければならないかどうか問題もあろう．もっとも，実際は中央の場合同様にこれを守りきれず，減税補塡債や臨時財政対策債(2001年度以降)などという名称で赤字公債を発行している．

(2) 内国債(内債)・外国債(外債)

募集地が国内か外国かによる区別である．外国債は同時に外貨表示(外貨債)であることが多く，一般には国内が貯蓄不足，高金利で国民に応募能力が乏しい場合，資金力が豊かで低金利の先進国金融市場に依存するという形で発行される．それによって利払費が節約され，外貨入手により輸入能力が高まるために経済活動の水準を引き上げることが可能になる．戦時であれば戦費調達であると同時に，国内経済を圧迫せずに軍需品を外国から調達できることとなる．日露戦争経費の過半がアメリカやイギリスで募集された外債によってまかなわれ，しかも外貨獲得によって金本位制維持にも役立ったのは，日本での外債発行の代表的な事例といえよう．

しかし，こうした外国債の便利さは，同時にこの起債＝引受関係を足がかりにした，引受国による経済的政治的介入や干渉の要因をはらんでいる．19世紀から20世紀にかけての帝国主義諸国による後進諸国の外債引受をてことする支配や植民地化，従属国化にその顕著な例をみることができる．

(3) 建設公債・赤字公債

伝統的な財政学において，生産的公債と非生産的(死重的)公債などといわれてきた区分にほぼ対応する．現在の日本での分類では，前述のとおり財政法第4条に定められた発行，いわゆる4条公債が建設公債であり，一応生産的公債に当る．赤字公債は特例公債ともよばれるように，特例法にもとづいて発行されるそれ以外のものをいい，非生産的・死重的公債と対応する．

これは公債収入が何に支出されるかによる，いわば使途別分類であり，元来は，公債発行を臨時的，自償的なものに限り，なるべく発行すべきでないとす

るいわゆる公債原則を裏づけようとするところに由来する分類といえよう．したがって「生産的」の意味は，もっともせまくいえば鉄道・電力・製鉄など官営企業のように，その公債によって得られた資金が，資本として機能した結果として得た収益の中から元利を支払いうるもの．すなわち自償的なものをさす．広義には，現在の日本の建設公債のように，自償的ではないが，道路・港湾・教育施設などの社会的資本ないし建築物の建設に充当され，社会的生産力の拡充に寄与し，資産として後世代にも便益をもたらすとみなされるものを意味するようになる．ドイツでも公債収入は原則として資本的支出の範囲を超え得ないことが定められている(連邦基本法第115条第1項)し，イギリスでも1997年成立のブレア労働党政権が，ゴールデン・ルールと称して同様の方式を採用している．

　こうした日本やドイツ・イギリスの規定は，一方では「生産的」の意味を広義に解釈しつつも，なお原則を維持し，同時に利用時払い原則を持ちこんだもので，景気調整のために公債を財源とする公共事業を行うという，現代の財政政策を伝統的な公債原則に背かない形で正当化するのに便利な規定であろう．

　赤字公債・非生産的公債は上のような機能をもたず，経常費のために費消されてしまうものをさし，後年度には単なる死重として残るものという意味であり，拡張された意味での生産的公債にさえ該当しない，排除さるべき公債というニュアンスで用いられることが多い．とはいえ，実際の財政運営上は，現代の日本に端的にみられるように，税収不足を補い，景気刺激に利用できる以上，この種の公債を必要とするのが実情である．日本では特例法によって多年にわたって発行し，ドイツでも経済全体の攪乱を防止するためには，前述の規定にかかわらず例外発行が認められている．他の多くの国では，日本の財政法やドイツの基本法のような強い制限を加えているものはない．

　赤字公債に悩んでいたアメリカでは憲法に禁止条項をもり込もうという主張がつよかったが，近年黒字に転換し，この種の論議は沈静化しているようである．ただし一般論として，拡張された意味の生産的公債が，仮に毎年継続的に発行されつづければ，前述のように利用時払い原則の意味はなくなり，自償的

でもないのであるから,赤字公債と建設公債の区分けはほとんど無意味になる.また,経常費充当の公債は後世代に効用がない単なる死重であると主張できるか否かも,かなり疑問である.公債見合の資産は残らず,いきおいその効果を定量的に表示することも不可能であるとはいえ,1年限りで費消される経常費でまかなわれる政治・行政といえども,後世代に無関係だとは考えられないからである.ただし,この観点を強調すると,赤字公債依存を無限に拡張することを容認し,現在発言できない後世代に過大な負担をもたらすおそれなしとしない.しかし,後世代の意志についていえば,建設公債見合の資産について,後世代が必ずしもそれを受容せず,必要としないかもしれないという点も配慮しなければならないのではなかろうか.

(4) 短期債・長期債

償還期間が年度内または1年未満のものを短期債,それ以外のものを長期債とする償還期限による分類である.発行者側からいえば,償還期間が長いほど安定した資金が得られ,償還や借換の手数やコストが省けるというメリットがあり,短期債より高利を付けられる.引受側からいえば,それは長期投資に適していることになるが,長期間の間に生ずる危険を負うことをも意味する.短期債は利率は低くとも資産としての流動性が高く,長期債のもつ固定性からくる危険負担は少なくてすむ.

長期債はさらに償還期限が15年,20年,30年の超長期債,10年の長期債,2年,3年,5年の中期債に区分することもある.短期債には国庫の資金繰りのために原則として年度内に発行償還される政府短期証券(一般会計の財務省証券と,食糧管理特別会計の食糧証券=糧券(りょうけん)および外国為替資金特別会計の外国為替資金証券=為券(ためけん))と,国債の償還・借換を円滑に行うために1985年6月の国債整理基金特別会計法改正で発行されはじめた短期の借換債とがある.なお2001年度からは財政融資資金特別会計法にもとづく財政融資資金証券が加わった.

1985年以前の日本では,短期債としては政府短期証券しかなく,その発行条件が悪いために民間では消化されず,すべて日銀引受となっていた.そのた

め，アメリカなどで短期債(TB)市場が金融市場の中で重要な機能を果たしているのに対して，日本では TB 市場が存在せず，これは金融市場の欠陥だとされていた．しかし現在では各種の短期債がかなり発行されているうえに，長期債自体もつぎつぎと期近債(償還期限真近のもの)化していて，短期債市場も発展してきた．

(5) 募集(公募)公債・中央銀行引受公債・交付公債・出資公債

発行＝引受方法による分類であり，前二者については既述のとおりである．現在の日本では中央銀行引受が財政法第5条で禁止されていることは前述のとおりであるが，同条但書で「特別の事由がある場合において国会の議決を経た金額の範囲内ではこの限りでない」とされている．この適用をうけるのは，実際には毎年度の特別会計予算総則に規定されたもので，日本銀行が保有する公債の借換のための発行である．また財務省証券の発行と一時借入金(財政法第7条)は一時の資金繰りであって歳出財源ではないので，日銀引受が可能だとされている．中央銀行引受については，日本のみならずアメリカでは連邦準備銀行法第14条によって，フランスではフランス銀行法によってそれぞれ禁止され，ドイツでも原則として不可能と解釈されている．イギリスでは引受可能であり，実績もある．

交付公債と出資公債は，国が金銭の支払に代えて交付するために発行されるもので，歳入には計上されない．これとの対比で，現金収入になる公債を普通公債とよぶ．交付公債は一定の資格のあるもの，たとえば現在では第2次大戦の戦没者の遺族に対する弔慰金等ごく限られた対象に交付されているにすぎない．しかし，明治初期の秩禄処分に際して旧武士階層に交付された金禄・秩禄公債のように，歴史的に大きな意義をもったものもある．出資公債は国際機関への出資や拠出金を通貨の代りに国債で払込む場合に用いられる．

(6) 公債・準公債

公債が公権力体の債務であることはくり返しふれてきたとおりである．公権力体がせまい意味の政府・地方公共団体に限られればこの定義で十分であるが，現代ではどの国でもそれでは不十分で，実際には準政府機構が債務を負う場合

が増えている．それらは公債に対して準公債というべきものであろう．たとえば後述のとおり，2001年度からの財政投融資制度の改革に伴い，財投機関の資金はまず財投機関債で調達すべきこととされているがその際，公営企業金融公庫，道路公団，日本政策投資銀行など13の公庫，公団，特定の株式会社の財投機関債の起債に，政府保証が付されている．ということは，最終的にはそれらは租税によって担保されているということであって，公債の一種すなわち準公債としての政府保証債ということになる．政府関係機関の債務に政府保証が付されるのは，アメリカなどでもしばしばみられるところである．なお，財投機関債で不足する資金は新設の財政融資資金特別会計が発行する財投債で賄うこととなるが，これは純然たる公債である．

第3節　公債負担論

租税の場合には，それが直接に私有財産の一部を権力的に徴収するという性格をもっているため，私有財産の完全性を根幹とする市民社会の原則に抵触することとなる．それを納税者に納得させるため，あるいは納税者自身が納得するため，租税根拠論が用意された．それは近・現代国家の正統性を保障するのに不可欠なイデオロギーのひとつをなしているのである．

しかし，同じく国家収入の主柱のひとつである公債については，そうした根源的な説明原理が必要だとは思われない．公債購入は任意であり，その公債の本質は租税の先取りなのであるから，すでにその根拠は了解ずみというわけである．だが，公債のそうした租税とは異なった性格そのものが，財政学上ないし財政政策上，固有の新しい問題を提起することとなる．一言でいえば，公債負担論がそれである．それは公債理論の対立ないし展開といっていいが，後述のとおりその時々の各国資本主義のおかれた状況に規定されつつ，そこで採用された政策を正当化するという意図を内包した経済政策主張，財政政策思想という性格づけがふさわしいかもしれない．ただし，歴史的な背景と対応させた説明はのちの課題として，ここではその主要な議論を検討しておこう．

1. 公債負担の転嫁論と非転嫁論

　議論の中心は，公債にかかわる元利償還の負担を負うのは誰かということである．それは公債発行時点の人々か後の世代か，もしそうだとすれば，世代間の公平な負担をどのようにして実現するかということである．その根底には，公債発行の可否に関する態度の対照的なちがいがあり，可とするものは概して負担は後世代に転嫁されないと主張し，逆の場合は転嫁されると主張することになる．それはまた，公債発行によってまかなわれる国家の支出を生産的とみなすか非生産的とみなすか，あるいは公債による景気政策を有効と認めるか否かにも連なっている．こうした対立は，しばしば論者によって「負担」という用語の意味が異なっているため，今のところ議論がかみ合っていないことによるとも思われるが，ここでは細かい点まで立ち入る余裕はないので，上のいくつかのポイントを中心にして，大まかな議論のタイプをみておく程度にしたい．

　現実の主要国の政策に影響を与えたおもな公債論としては，古典学派，ドイツ正統派，ケインズ派，ケインズ批判派などがあり，それらをくらべてみると，古典学派とケインズ批判派が公債否定論・抑制論，ドイツ正統派とケインズ派が反対に条件付容認論や推進論の立場をとる．大まかにいえば，前者が公債発行それ自体への抵抗に併せて，後世代への負担を認めるがゆえに消極的な態度をとり，後者がそれに反対して逆の立場を主張している，ということができよう．

2. 古典学派

　典型的な古典派的公債論はA.スミスにみられる．スミスは，公債は負担感がないため，本来不生産的な政府支出のために濫用されて国内の私的資本を侵食し，利払い負担のために将来の資本蓄積を阻害するとした．これによれば，現世代が租税負担でまかなうかわりに，将来世代に負担を負わせるということになろう．D.リカードやJ. S.ミルらはそれぞれ減債基金論や社会的不平等是正などの見地から，スミスよりは，より公債容認へと傾いていくが，基本的に否定論だったとみなされよう．

3. ドイツ正統派

ドイツ正統派にあっては，スミスらとちがって国家機能は生産的だと主張された．したがって，国家を支える公債は一定の条件のもとでは容認すべきものと考えている．すなわち臨時的な経費とくに投資的経費を遊休資金で引き受けるということであれば，国民的生産力を高めるために有効であり，高められた生産力によって将来の利子負担を相殺することにより財政収支は均衡できるとした．K. ディーツェルや A. ワグナーがこうした論者を代表する．

4. ケインズ派

ケインズ派は公債の全面的な利用を主張する点で，ドイツ正統派を大きく乗り超えている．というのは，後者は基本的に公債容認論だったとはいえ，国民経済の予定調和を否定したわけではなく，その公債利用論は上にのべたようにかなり限定的だったからである．ケインズやハンセンらによれば，周知のように不完全均衡状態を完全雇用状態に引き上げるためには政府介入を必要とし，その財源としては租税でも公債でもいいが，後者のほうがより膨張的で国民所得増大効果が大きい．公債収入の使途が投資的であればむろんのこと，赤字公債による経常支出であっても，社会の消費性向を増大させることを通じて有効需要を拡張し，不況克服への道を拓くという．公債を含めて財政をもっぱら経済のバランシング・ファクターとしてのみ評価しようとする A. ラーナーの機能的財政論は，この道を極端につきつめたものといっていい．

この派の議論を他の諸派の議論から区別している最も重要なポイントは，公債負担転嫁否定論であろう．公債容認の点ではこの派の先駆であるドイツ正統派も，こと負担転嫁論については，おそらくかれらが認めた臨時的・投資的経費にあてるいわゆる生産的公債以外については，古典派的転嫁論を採っていたと思われる．

ケインズ派はいう．完全雇用を前提とすれば，国民の利用可能な資源が限られている以上，政府収入が租税であろうと公債であろうと，その支出によって民間部門から公的部門に資源を移転させることによって等しく民間の消費機会

が削減させられるのであるから，経済的負担はいずれも課税時および公債発行時の人々によって担われ，後世代の負担にならない点で両者は共通である．たしかに公債は元利償還という形で財政負担を将来に残すが，しかし，そのために税を負担する納税者と，償還をうける公債保有者とは同じ世代に属するのであるから，両者の間で所得再分配が生ずるにすぎず，世代全体として公債発行時の世代から負担をおしつけられたとはいえない．ただし，これは内国債の場合であって，外国債償還の場合には全体としてその分だけ資金・資源を海外に流出させるのであるから，元利償還期の世代は負担を負うことになる．

　こうしたケインズ派の公債論，負担非転嫁論，負担＝公債発行時消費機会減少説は，第2次大戦後長いあいだ支配的な主張とみなされ，各国の福祉国家的財政政策，フィスカル・ポリシーの主要な手段としての公債発行拡大傾向を正当化するうえで便利な原則として利用され，その主張者たちは新正統派などとよばれてきた．

5. ケインズ派批判の潮流

　ケインズ派の説にはそれ自身に欠点がある．消費機会の減少といっても，もし生涯消費機会をとれば，発行時＝購入時に仮にそれが減少しても，その世代の生存中に次世代に公債を売却し，その手取りを消費にあてればはじめの減少はとり戻せるはずである．これをくり返していき，後続世代のどこかで償却がなされることになる．その際に公債保有者は政府から償還を受けて消費できるが，それは購入時の消費機会の削減を埋め合わせるにすぎず，プラス・マイナスゼロとみなされよう．ところが，その償還のために課税された納税者は回復できない消費力の削減を受けるわけだから，生涯消費機会の絶対的な減少があることになる．したがって，ケインズ派の負担概念からしても，公債負担は将来世代に転嫁されることとなる．このような形でケインズ派を批判したのが，ボーエン，デービス，コップらやR.マスグレイブであった．

　批判はこれにとどまらず，J.ミードやJ.ブキャナン，F.モジリアーニらのグループからより根本的な形で，すなわち古典派的な枠組みに立ちもどった形

で行われている．ブキャナンは，負担は本来納税者個人について考えるべきものとして，世代内で差引き相殺されるという見方はとらない．そこで，やはりデービスらと同様の結論を示している．

モジリアーニの場合は，これまでの論者が公債負担の大きさを公債発行額（ケインズ派）や元本利子（ブキャナンら）と直接結びつけていたのに対して，公債によって阻害される民間資本蓄積とか所得とかを負担とみなす点で，著しく異なった議論となっている．モジリアーニによれば，完全雇用状況を前提すると，公債発行による歳出増加は，インフレーションを避けるためのタイトな金融政策と組み合わされれば民間資本蓄積をそれだけ削減し，それに対応する将来所得が減少する．結局，資本の限界生産力と公債利子率を等しいとすれば，公債発行はその利払い額に等しい負担を将来世代に転嫁することになるという．ここではA.スミスのように将来世代の納入する租税を負担とよぶのとは異なって，得られるべき資本からの所得の喪失を負担とよんでいるが，実体はA.スミスの議論を数学的に精緻化した主張だといっていいであろう．

モジリアーニは，転嫁論を主張する点ではブキャナンらと同じであるが，その根拠が上でみたように全くちがうのである．のみならず，ブキャナンらが個人納税者レベルで負担をとらえるべきこととしているのに対して，マクロレベルでの資本蓄積とか所得とかの阻害で負担をとらえようとしている点では，むしろケインズ派と共通の点もみられる．

最後にD.リカードの等価定理に拠って上のモジリアーニの主張を批判するR.バローらの非転嫁論にふれておく．購入された公債は資産であるが，もし合理的に期待が形成されれば，その公債の故に将来の税負担増が予見されよう．そうすれば，現時点の公債が資産だというのは単なる公債錯覚にすぎず，現時点での公債の価値は，将来の税負担の現在価値に等しいという等価定理がなりたつことがわかる．したがって，現世代は錯覚から解放され，自己および将来世代の税負担に備えて貯蓄を増加させることとなり，モジリアーニが考えるような民間資本減少は生じない．

これはリカードが自己一世代を前提として公債発行と同時に税収入を減債基

金として積立てるべきことを主張し，公債の価値＝減債基金(上の税収の合計)としたのを，将来世代に拡張したのに等しい主張である．これによれば，公債は租税支払の単なる繰延べであって，財源を公債によるか租税によるかは支払時点の差にすぎず，負担は結局租税になる．それゆえ，租税による均衡予算と公債による赤字予算とでは実質上の差異はないということになる．したがって，モジリアーニらの民間資本削減論，クラウディング・アウト論が否定される．一方，これは非転嫁論としてはケインズ派と共通であるが，同派の主張の根幹をなす公債のもつ所得創出効果が否定されているため，結局，公債は財政政策としては積極・消極両方向にむかって中立にとどまると主張していることとなるであろう．したがってこれは中立命題ともよばれる．

6. 公債負担論のまとめ

租税の納税と負担の乖離，すなわち租税の転嫁もむずかしい問題であったが，上述のように，公債負担の転嫁もかなり複雑な対象であることが理解されよう．これを解くためにはまず，何を「負担」とよぶのかについての認識を明らかにしておく必要があろう．

たとえば典型的には資本形成のために公債が発行された場合，利用時払いであれば，後世代が「負担」しているかどうかはともかく，「納税」することを否定する者はいまい．さきに公債の本質を租税の先取りと規定したのは，この外観が納税者によって納得されていることを根拠にしている．したがって，問題は実質上の「負担」をどうとらえるかにかかってくる．古典派やモジリアーニらは実質資本の減少や国民総生産の減少を意味し，ケインズ派やブキャナン，ボーエンらは私的消費の削減をさしている．しかしそのいずれを採るにせよ，公債発行時点の経済を完全雇用状態と措定するか不完全均衡とみなすかによって効果は異なるものとせねばなるまい．この点，完全雇用をモデルとして議論を展開している多くの論者の方法は不十分ではないであろうか．また公債が市中消化されるのか，中央銀行引受で貨幣増発ないしインフレーションに結びつくのかどうかによっても，負担のありかたは変るであろう．

最後に，これは先にあげた論者によってはのべられていないが，公債金の支出対象が資本形成でなく経常費である場合，後の世代の所得水準や福祉水準に影響がないといえるかどうか．そして何といっても，ケインズ派やモジリアーニのいうようなマクロ的な負担は現実の負担とはあまりに違いすぎるのではなかろうか．やはり財政上ないし財政学上の「負担」は個人レベルの貨幣的負担だと限定的に定義しておくのが，議論を整序するうえで必要だと考えられる．しかしながら，ケインズ派やモジリアーニらの主張自体が事実に反しているわけではなく，それらはむしろ公債発行の資源配分や資本蓄積や成長に与える効果とか影響とかいう形でとらえるべき領域なのではなかろうか．

　リカードの等価定理に依拠して合理的期待形成を前提とする主張についていえば，それは非現実的の一語につきる．公債が発行された時点で，それが将来の自己や，いわんや将来世代の租税負担であるがゆえに，それに対応して消費を削減し，貯蓄を増加するなどという個人が存在するであろうか．抽象的には公債は将来の租税で償却されることは当然として，その将来時点での租税構造如何によって，誰が負担者になるかはさまざまでありうるのであって，起債時点では徴税当局を含めて誰にとってもそれは未定なのである．インフレーションによる実質的な公債償却という，起りうる不確実な事態をも考えれば，なおさら「未定」であることは強調される必要がある．なお政治的にいえば，将来不安を引き起こすほど公債発行を続ける政府をとり替えて政策変更させるのが，「合理的」な行動だということになる．

　平時の公債を考える場合には，一般的には不況期すなわち，遊休資本や失業の存在を前提とするのが適切であろう．したがって，内債にしろ外債にしろ，公債発行がなければ不況は継続する．公債発行とその支出があれば，効果はさまざまであるにせよ，その刺激によって資本の稼働率は高まり，雇用は拡大し，所得は高まるであろう．その拡大効果をどの程度持続するとみなすかによって，当該公債の償却なり利子支払なりの負担の考え方は変らざるをえない．というのは，その拡大効果がごく短期的であって，間もなく元の不況水準に戻ってしまったとすれば，将来世代の納税者は，この公債発行の拡大効果から何ら利益

を得ることなく，ただ元利償還の負担だけを背負わされたということになる．それは目にみえるとおりの納税即負担なのである（第1のケース）．

　しかし，拡大効果がストレートに持続する場合はもちろん，そうではなくて景気の波動を経ながらも，当初の公債発行による拡大をベースとして成長していくとすれば，やはり効果は持続するものとみなしうる（第2のケース）．成長率の発射台が，公債発行のために高められたというわけである．この場合も，元利償還の負担は後世代の納税者にかかるのであるが，しかし第1のケースとは異なる．もし先行世代での公債発行がなければ，それに対応して資本蓄積，所得，雇用，消費のいずれもより低水準だったはずであって，担税力は小さかったであろう．そのギャップがどの程度であるかは，与えられた条件によってさまざまであって，とうてい一様にはいえない．しかし，ともかくそのギャップがあるかぎりにおいて，第1のケースよりは担税力が高いのであるから，実質上の負担は軽減されたとみなしてさしつかえない．したがって，資本蓄積や所得などの経済条件だけが判断基準ならば，この設例では公債発行は許容されるのが普通であろう．しかし，問題はそれだけにとどまらない．

　公債発行は課税や経費支出と同じく，政治的な意志決定によってなされるのであるが，課税や経費支出と公債とでは大きな差がある．というのは，公債の負担者は後世代の納税者であるにもかかわらず，後世代の意志が発行時点では反映されないからである．したがって，上記の第2のケースでも，後世代の経済水準を上げたのだから，その公債発行は当然に後世代納税者によって受容されるはずだとは，簡単にはいえない．後世代は，もし先行世代から継承した公債費負担がなければ——その負担のもとになった公債発行の景気刺激効果によって得られた水準よりは低い生活水準を前提とするとはいえ——，かれらの税の使途をより自由に他の用途にむけるかもしれないからである．後世代の納税者の選好が不明である以上，先行世代の公債発行は，経済水準の引上げのゆえをもってつねに正当化されるとはかぎらないわけである．

第4節　現代日本の公債

1. 時期区分

日本の公債の歩みをみると[4]，経費や租税と同様に，やはり第2次大戦が明瞭な画期をなしており，その点は何よりも国民所得に対する国債残高の比率によく表われている．それ以前は，日露戦争から第1次大戦にかけて90％を超えたのを第1のピークとして，他の時期は30％前後の水準であった．昭和恐慌から第2次大戦にかけて第2のピークが形づくられ100％近くに達する．

第2次大戦後になると1974年までほとんど10％以下で推移し，最低点では2％近くにまで落ちている．これがいわば戦後公債史の第1期である．ところが75年以後急上昇に転じ，84年には50％を突破している．しかし戦前・戦時の場合と異なって，75年以降の場合は戦争という要因なしでの高水準である点が特異である．これは戦後公債史の第2期といえよう．この期のピークは87年の55.5％である．

第1期，第2期の境が石油ショックであることはいうまでもない．中央一般会計に関する限り，第1期前半の1964年度までは財政法第4条本文の時期，すなわち国債不発行の時期であり，1965年度以降74年度までは第4条但書，いわゆる建設公債の時期であった．これに対して75年度以降の第2期は，財政法を守りえず，特例法の時代になったとみることができよう．その特例債から1990年に一旦脱却した．これを第3期とみるとしても，それはせいぜい3ヵ年であってすぐ第4期に転じたこととなる．94年度以降逆もどりしてその後はほぼ一貫して増発しつづけ，減少に転じたのは1999年度である．ただし，残高の対国民所得比は上昇しつづけている．

2. 高度成長期の公債

戦後第1期は大まかには高度成長期に当っている．この時期には高度成長の

---

[4]　『要覧』109頁参照．

果実である弾力性の高い直接税を中心にした税収が，膨張しつづける財政支出に対して十分それに対応できたのであった．また反面からいえば，高度成長を推進する能力をもつ民間部門に資源を割り振るために，政府部門は租税だけでまかない，公債を発行してまで資源を政府部門にとり込むことを避け，民間の成長力を最大限に発揮させる体制が採られたということになろう．そういうものとして，戦後第1期は高度成長適合型の公債不発行時代だったのである．むろんそれは既述のとおり財政法第4条本文が戦争放棄を定めた憲法第9条を担保しているという事実が，国民によって支持されていたという政治的，社会心理的側面を排するものではない．

だが不発行主義は中央政府一般会計についていえるにすぎず，政府保証債や地方債は，同じ時期に絶対額はそれほど大きくはないとはいえ，急速にその残高を高めている．それは中央一般会計だけを整えて舞台裏では財政法の精神を破るものであったといえなくはないかもしれない．しかし，それを別にして経済的な機能や意味を考えてみると，高度成長の結果到達した高水準の経済活動が必然的に要求する社会資本の増大を，公社・公団などを通ずる有償事業として行ったことの一環をなしていたり（政保債の場合），同じく高度成長のための各種社会資本拡充のコストを地方財政にも負担させつつ，その成長を地方に拡散させ，均霑させる機能を果たした（地方債の場合）といっていい．たとえば，中央政府は開発方針にしたがって地方に補助金を付与して道路を建設し，地方はその地元負担のために（補助裏などといわれ，補助金に対して自前の資金をつぎ足して事業を行う），起債により資金を調達したのである．

政府部門全体としては，中央政府は公債不発行主義をとって可能な限り発行を抑制することによって資源を民間部門に割振り，その結果，達成された経済水準や生活水準が必要とする最低限の社会資本建設には，地方や公社・公団などが起債をもって手当するという分担関係が形成されていたのである．

3. 低成長期の公債

石油ショックは日本の公債史上，戦争とならぶ画期となった[5]．すなわち，

公債発行に踏みきったとはいえ，1965年度以降石油ショックまでの時期の依存度は，数％から最高でも16％にすぎなかった．ところが，石油ショック直後の狂乱インフレ抑制のための引締政策により，75年度からは税収が大幅に落込み，逆に景気回復の必要から公債の大量発行がはじまった．そのため1975年度以降の依存度は不連続的にそれ以前の2～3倍の25～30％にのぼり，最高の79年度のごときは，当初予算では40％が予定されたほどであった．こうした大量の公債となると，それまで守ってきた建設公債の枠には収まりきれず，特例法にもとづく赤字公債が年々の発行の半ば近くを占めつづけることとなった(図4)．高度成長前期の公債不発行期がスミス的段階，同後期の建設公債期がワグナー的段階だとすれば，この時期からはケインズ的段階とでもいうことになろう．ことは単に国内にとどまらない．石油ショックに由来する国際的な同時不況のさなか，経済大国となった日本は，アメリカやドイツと並んで世界経済の牽引車たることを要求され，それに応える意味でもこうした大型のスペンディング・ポリシーが展開されたのである．当然残高も累増し，74年までは対国民所得比最大10％止まりだったのに，その後は急上昇してピークの1987年には55.5％を記録した．その後，赤字公債脱却の91年度には48.8％まで下ったものの，『要覧』109頁が示す通り以後上昇して98年度には81.9％，残高310兆円となっている．ちなみにその後もこの傾向は継続し，2001年度末の残高は389兆円に達する見込みである[6]．

　石油ショックに直面して公債依存度を高めたのは日本だけではない．欧米諸国も等しく同様の政策に訴えたことは図5から明らかである．と同時に，他国がすぐ依存度を下げていったのに対して，日本だけがとびぬけて高い依存度を維持しつづけたことも同図は示している．このため，政府債務残高の対GDP比や1人当り残高などのストックをみても，石油ショック前には日本は西欧諸国にくらべてつねに低水準だったのに，1985年になるとすべてについて最高

---

5)　『要覧』109頁，111頁の残高推移や依存度の変化に明瞭に表われている．
6)　『図説日本の財政』(平成13年度版)38頁．

図 4 財政のあゆみと公債発行

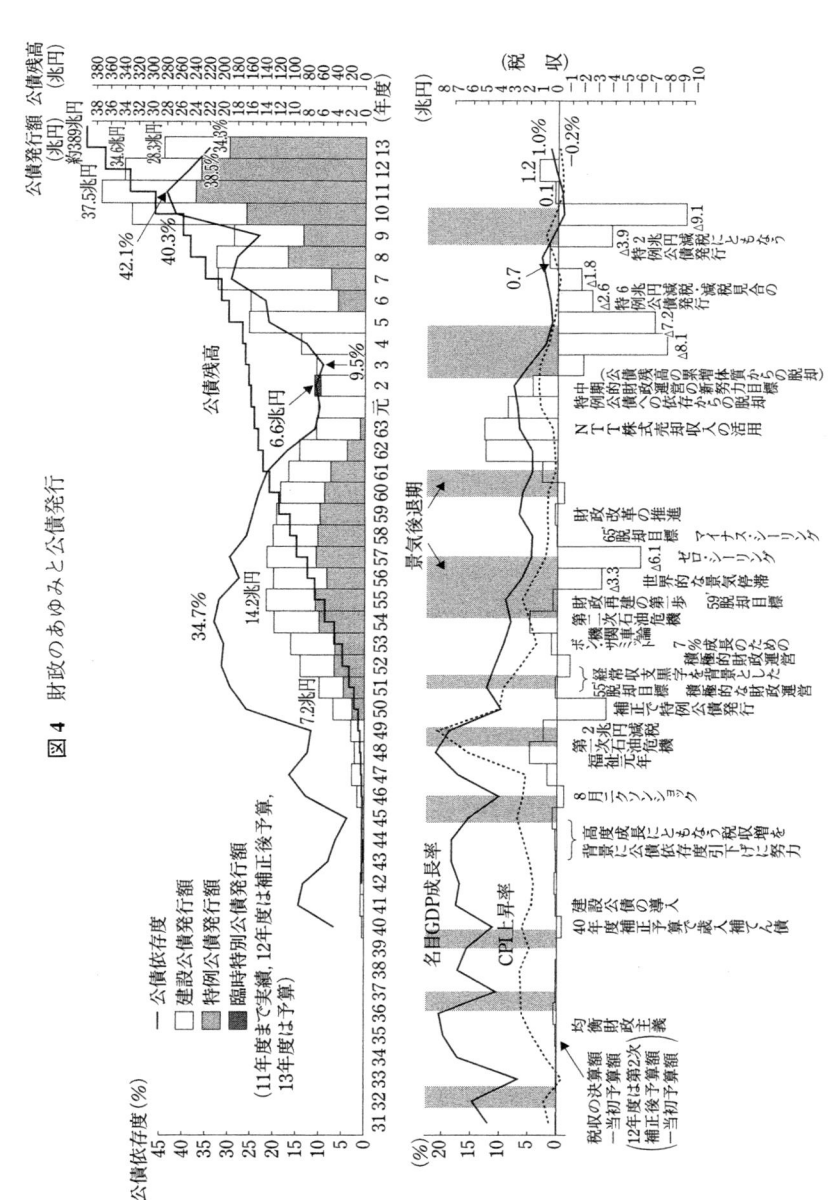

第 9 章 公債の本質と機能

図5　公債依存度の国際比較

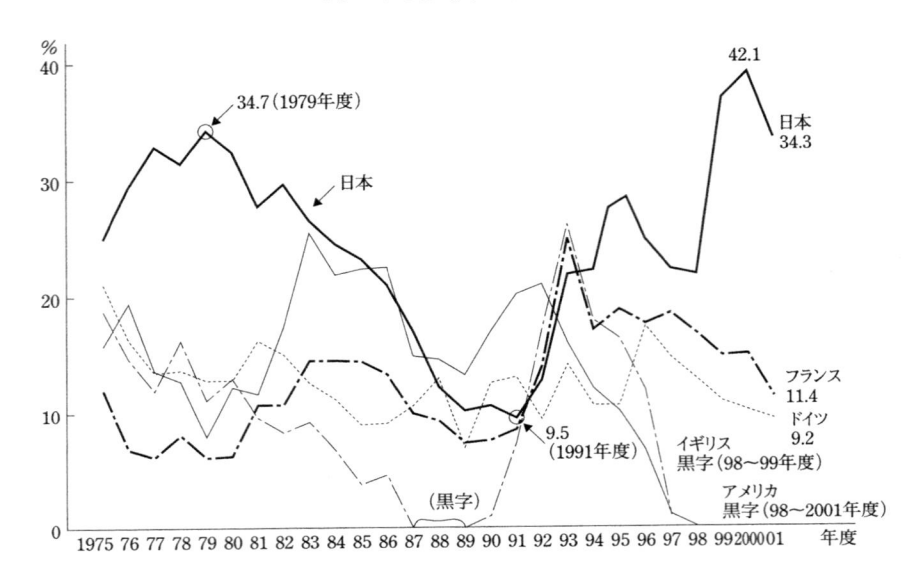

[グラフ：公債依存度の国際比較。日本は1979年度34.7%、1991年度9.5%、最新で34.3%（ピーク42.1）、フランス11.4、ドイツ9.2、イギリス黒字（98～99年度）、アメリカ黒字（98～2001年度）]

『平成13年度版　財政データブック』296頁．

となり，いきおい歳出中に占める公債費の比率も最高水準になっている[7]．

　こうした日本の財政政策ないし公債政策が景気を下支えし，世界的にみた日本の経済パフォーマンスを良好に維持するうえで有効に作用したことは疑いない．ちなみに，アメリカは日本や他の諸国と異なって，1980年代に入ってから公債依存度を急上昇させているが，これがレーガン政権の財政膨張を支えたものであることはいうまでもなく，この時期のアメリカも日本についで良好な経済パフォーマンスを示した．たてまえとしての政策論はともかく，日本ともどもアメリカの場合も実質上のケインズ的赤字財政政策のスペンディング効果がそれに少なからず貢献したものと考えられる．同図によれば，1980年代末から90年代前半にかけて，主要国が程度の差はあれ，いずれも公債依存度を高めているが，それは長びいた世界的な不況への対応と思われる．そのあげく，

7)　『要覧』140頁．

日本は1994年度には減税財源としての赤字公債発行にふみ切ったのである．1990年度以降の赤字公債脱却というのも，しょせんはケインズ的段階の中の小休止にすぎなかったのかもしれない．ただし，欧米諸国では90年代を通じて財政建直しに成功した例が多く，アメリカの如きは大幅黒字に転じさえしており，日本との対照が著しい．

4. 大量公債発行の問題点

公債の大量発行と累積は，財政的・経済的・政治的にさまざまな問題を引き起こす．

第1に，公債残高累増は当然に利払費の膨張をもたらし，そのため一般会計歳出の弾力性を失わせる．1980年代後半以降，公債費が歳出中20％前後を占めて，時には支出中の第1位となっていることがそれを端的に物語っている[8]．利払費は代表的な義務的経費であり，政策的経費の運用余地をせばめ，支出構造を硬直化させ，財政の資源配分機能とともに景気調整機能に支障をきたす．

第2に，所得再分配機能にも少なからぬ影響を与える．公債の元利払いは後世代の租税負担によってまかなわれるが，その際の租税構造がよほど累進的でない限り，相対的に高額所得階層や高額資産保有階層からなっている公債保有者に対して，相対的に貧しい階層から所得を再分配する結果になる可能性が高い．

第3に，フローとしてもストックとしても，大量の公債の存在は金利を引き上げることによって民間の投資を妨げ，いわゆるクラウディング・アウトを生じさせることがある．不況期で遊休資金が大量にあり，したがって金利が低い場合はそうはいえず，むしろケインズ派の主張のようにスペンディング・ポリシーとして経済水準を拡大する効果があるとしても，完全稼働・完全雇用状態になれば，逆に古典派やケインズ批判派のいうような投資阻害効果をもつであろうからである．それを避けようとして中央銀行が通貨を増発すれば，さし当りは金利上昇は生じないとしても，インフレーションが生ずることとなる．

---

[8] 『要覧』72～73頁．

なお，この点は単に閉ざされた一国内の問題にとどまらない．世界的に資金移動が自由だとすれば，経済大国が行う公債の大量発行は，単に国内のみでなく世界中から資金を吸い寄せることによって各国の金利を高め，各国にクラウディング・アウトを生ぜしめる．1980年以来のアメリカの歴代政権のとってきた政策がそれに当る．そして，クラウディング・アウト効果は，当然信用力の乏しい部分——国際的には開発途上国，国内的には中小零細企業や外部資金への需要の高い新産業や弱小地方団体——に対してまず衝撃を加える．効果は差別的なのである．とはいえ，それが長期に続けば大企業を含めて経済全体が緊縮圧力を受け，雇用・物価・為替などにもそれに応じた変化が生ずることが避け難くなろう．

　こうした状態から脱出するために，日本では1980年代には厳しい歳出抑制政策がとられ，次第に公債依存度が下って欧米諸国に接近し，90年度には特例公債発行から脱却し，以後建設国債のみとなった．もっとも，いわゆる平成不況への対応策としての減税財源として，94年度以後赤字公債を含んだ大量の公債が発行されているが，それは単に国内的な視野からだけではない．貿易摩擦解消と景気刺激を目標として，内需振興をすすめるために財政拡張政策をとるべしとする要求が外国からも強く出され，そのために減税と公債増発が必要だと要求された．日本の公債政策は，いまや日本国内だけの問題ではなくなっていることは否定できない．とはいえ，90年代から2000年にかけての国内政策の公債依存こそが現在の財政困難を生んだことは間違いない．

5.　国債整理基金特別会計

　前述のとおり，日本の減債基金制度は国債整理基金特別会計法（1906年，以下国債特会と記す）にもとづいて設置された特別会計という形をとっている．ちなみに，現在では西欧諸国で減債基金制度を置いている国はほとんどない．多くは国庫収支に黒字が生じた場合に，それを償還にあてるべきこととされているにすぎない．一方で毎年公債を発行しながら，他方で減債基金を積立てるというのは一種の無駄だからであろう．日本でも，一方で特例公債を発行しつ

表22　国債の保有状況

年度末 機関別	1975	1985	1995	1999
市中金融機関	54,368 (36.3)	389,053 (28.9)	701,552 (31.2)	772,844 (23.3)
都　　　銀	24,399 (16.3)	74,569 (5.5)	86,674 (3.8)	88,742 (2.7)
その他金融機関	29,969 (20.0)	314,485 (23.4)	614,878 (27.3)	684,102 (20.6)
個人・法人等	11,749 (7.8)	517,298 (38.5)	755,460 (33.5)	1,271,746 (38.4)
資金運用部	29,461 (19.7)	394,872 (29.4)	619,708 (27.5)	721,122 (21.7)
日　　　銀	54,153 (36.2)	43,091 (3.2)	175,127 (7.8)	550,975 (16.6)
合　　　計	149,731 (100.0)	1,344,314 (100.0)	2,251,847 (100.0)	3,316,687 (100.0)

平成6年度版『財政データブック』270頁，『財政金融統計月報』579号，130～131頁より作成．

つ他方で将来の償還のための積立を行うのは不合理だとされ，財源難に陥るとともに，法定されている国債特会への一般会計からの繰入——前年度首の国債残高の1.6％（定率繰入），決算剰余金の2分の1を下らない額（剰余金繰入），およびその時々の必要に応じた額（予算繰入）——は困難になり停止されるものもある．このため，本来は借り換えせずに10年満期で現金償還するはずであった赤字公債をも，4条公債と同様の方法で借り換えせざるをえないだけでなく，国債特会の余裕金残高は乏しくなり，償還財源の大部分は借換債からなっているのが現状である[9]．

1999年度予算によって国債特会の収支構造をとり出してみると[10]，歳出規模92.2兆円のうち，国債償還45.4兆円，借入金償還30.7兆円，国債利子支払10.7兆円などが大口の歳出となっている．一方歳入では，公債金40.1兆円，交付税及び譲与税配付金特別会計受入31兆円，一般会計より受入19.8兆円などが大きい．

1999年度には一般会計歳入予算の公債金は31兆円であるが，一方，歳出側ではその3分の2に当る19.8兆円が元利償還費（償還8.3兆円，利子及割引料11.4兆円）として計上されている．

また，31兆円の一般会計新規財源債の1.3倍の40兆円の公債が，それとは

---

[9] 『要覧』115頁．
[10] 『要覧』129頁．

別に99年度には借換債として国債特会から発行されていることになるのである．おそらく何らかの形での増税か，よほどの高度成長とそれに由来する現行租税の自然増収がなければ，この悪循環からぬけ出すことは困難であろう．

6. 国債の保有

国債の大量発行が財政構造を硬直化させ，将来の納税者の負担増となることは事実であるが，しかし，現在の日本のように国民の貯蓄率が高く，民間投資需要が高くない時には，財政部門が赤字化することによってこの貯蓄を吸収するのでなければ，貯蓄は国際収支の黒字という形をとらざるをえず，国際的なトラブルの原因となる．国債はマクロ的にはその貯蓄の国内消化であり，ミクロ的には低成長下で国内で遊休化している資金の保有者に対して追加的な投資対象を与えることとなる．

第10章　財政投融資の構造と機能

　租税を徴収して歳出をまかない，不足すれば公債でこれを補う，というのが本来の財政のあり方であることはいうまでもなく，日本ではそれは一般会計という形をとっている．しかし，政府の事業が純粋に一般会計だけでまかなわれている場合は少ない．歴史的な条件によってさまざまではあるが，多かれ少なかれ企業的な活動をともなっているのがむしろ普通であろう．とりわけ現代国家にあってはそうである．日本の場合，数多くの特別会計や政府関係機関や特殊法人があるうえ，それと重なり合いながら，それらの金融面を組織化した財政投融資活動がしばしば第2の予算などとよばれ，大規模かつ重要な機能を果たしている．欧米諸国も多かれ少なかれこれに類似の機能をもっている．本章ではこうした政府の投融資活動について検討することとする．ただし，この財政投融資の制度は2001年度から大幅に改正されているので，本章では第4節でそれを解説することとし，それ以前の節では，戦後から2000年までの期間を念頭において叙述する．大蔵省とか資金運用部といった2001年度以降は廃されている名称が登場するのもそのためである．

第1節　財政投融資制度

1. 定義と範囲

　財政投融資(以下，財投と記す)は，文字通り財政を通じて行われる投資や融資であり，「国の信用や制度を通じて集められる各種公的資金を原資として行われる政策的な投資と融資」と定義することができる．具体的な制度としては，毎年度の財政投融資計画にもとづいて行われる資金の運用と，資金運用部資金

による国債引受がほぼそれに当る．"ほぼ"というのは，この計画は必ずしも政府の行う投融資活動すべてをカヴァーしているとはいえないからである．一般会計や特別会計の歳出による公共事業費支出，貸付金，出資金などはこれに含まれず，また資金運用部や簡保資金など，この制度の中心をなす資金でも，5年未満の運用ははずされているからである．また簡保資金には財投に含まれない自主運用部分がある．しかし，それらが除かれているとはいえ，政府の行っている投融資活動の大部分が含まれていることは事実なので，以下では財政投融資計画と資金運用部の国債引受とを主として論ずることとしよう．

2. 財投計画にかかわる意志決定

財投は，現代日本財政を支える第2の柱としての地位を占めており，当然第1の柱たる一般会計予算と密接な関係をもって策定され，それに準じた取扱いがなされている．財投は予算と同様，関係の各省庁から大蔵省に対して8月末までに翌年度の要求額が提出される．大蔵省では理財局が年末まで各省庁・財投機関と折衝し，審査を行う．この場合，当該年度の財政金融政策が具体化されている一般会計，特別会計，政府関係機関の予算と整合性を保ち，相互補完関係を形成するような配慮のもとに審査がなされるといっていい．審査が終ると予算ともども大蔵原案として内示され，復活折衝が行われ，資金運用審議会に付議される．事務折衝ののち大臣折衝や党三役折衝をへて，通常12月末に政府案がきまる．財投計画策定や予算編成と並行して，せまい意味の財投計画には含まれないところの，資金運用部資金による国債引受に関する方針が立てられる．例年12月末の国債発行等懇談会で翌年度の国債発行額，発行される国債の民間と資金運用部との消化分担，政保債の発行額などがきめられる．

計画策定過程が予算編成とほとんど同じであるのは上にみたとおりであるが，国会審議にはかなり違いがある．まず計画そのものが一括して審議・議決を受けるという予算の場合のような取扱いはなされない．後述のとおり財投は4種の原資からなっているが，そのそれぞれについて，以下のように個別に審議・議決がなされるのである．

財投原資のうち，産業投資特別会計からの出資は同特別会計歳出に計上され，政府保証が付される公募債・借入金は保証限度額が一般会計予算総則に計上される．そして原資の中心をなす資金運用部資金と簡保資金については，1972年度以前は国会の議決対象とされていなかったが(両資金を管理する特別会計の収支はむろん審議・議決されている)，73年3月の「資金運用部資金並びに簡易生命保険及び郵便年金の積立金の長期運用に対する特別措置に関する法律」(いわゆる「長期運用法」)にもとづいて，73年度から議決対象とされることとなった．それまで議決対象とされなかったのは，両資金ともいわば金融資産であって，歳出およびその財源たる租税等とは異なって，数量的規制や政治的規制になじまないとされていたためである．しかし，その規模が大きくなり，一般会計と資源配分機能を分担している以上，やはり議会の統制下におくべきだとされたのである．具体的には，当該年度に新しく運用する資金のうちで，運用期間が5年以上に及ぶもの，いわゆる長期運用予定額につき，運用対象ごとに両特別会計予算の総則に掲記されることとなった．

　この方式は，政府が保有する金融的資産と財政民主主義との関係を示すひとつのモデルであるといえよう．外国の場合は規模も小さく，経済的機能も日本ほど大きくないこともあって，このような取扱いをされることはほとんどない．ただし，日本の場合も，このようにほぼ全面的に議会の統制に服することになったとはいえ，金融的資産として弾力的な運用が必要であり避け難くもあるところから，当初計画において「弾力条項」が付けられる慣行は継続され，議決金額の50％以内の増額運用を認めている．

　ともあれ財投は，このように原資ごとに別々の予算をもって議決されるのであるが，そのままでは全体の財投のあり方がわかりにくいので，参考資料として「予算及び財政投融資計画の説明」および財投3表(財政投融資資金計画[1]，財政投融資原資見込，財政投融資使途別分類表)が審議の際の参考資料として提出される．ただし，後述の2001年度の改正の一環として，財投計画が一括して国会審議を受けることになった．

---

1) 『要覧』117頁．

表23　財政投融資の原資(実績)　　　　　　　　　　　(億円, %)

	1953年度	1970	1980	1990	1999
一般会計	475(14.1)	―	―	―	―
産業投資特別会計	567(16.8)	1,035(2.7)	167(0.1)	638(0.2)	1,036(0.2)
資金運用部資金	1,746(51.7)	27,913(73.5)	199,389(85.9)	298,175(78.9)	437,156(82.6)
郵便貯金	811(24.0)	14,201(37.4)	94,869(40.9)	45,947(12.2)	115,000(21.7)
厚生年金・国民年金	162(4.8)	10,243(27.0)	46,604(20.1)	68,026(18.0)	43,100(8.1)
回収金等	773(22.9)	3,469(9.1)	57,916(25.0)	184,202(48.7)	279,056(52.8)
簡保資金	201(6.0)	4,069(10.7)	16,887(7.3)	60,333(16.0)	65,800(12.4)
以上小計	2,989(88.6)	33,017(86.9)	216,443(93.3)	359,146(95.0)	503,992(95.3)
政府保証債・政府保証借入金	385(11.4)	4,973(13.1)	15,666(6.7)	18,993(5.0)	25,000(4.7)
合計	3,374(100.0)	37,990(100.0)	232,109(100.0)	378,139(100.0)	528,992(100.0)

『要覧』122～123頁より作成.

第2節　財政投融資の原資

定義の際にのべたように，財投は「国の信用や制度を通じて集められる各種公的資金」を原資として運用される．その各種資金の内訳は表23に示されているように，ごく短期間だけ存続した一般会計，見返資金，余剰農産物資金および外貨債などを除けば，産業投資特別会計，資金運用部資金，簡保資金，政府保証債・政府保証借入金からなる．これが前掲の議決対象としての4資金である．このうち表23からも明らかなように，資金運用部資金が原資の80％前後と，その大部分を占めている．

1. 資金運用部資金

資金運用部資金法第1条は「郵便貯金，政府の特別会計の積立金及び余裕金その他の資金で法律又は政令の規定により資金運用部に預託されたもの並びに資金運用部特別会計の積立金及び余裕金を資金運用部資金として統合管理」する旨を定めている．2000年3月末でみると[2]，預託金残高約428兆円，うち郵便貯金247兆円(57.7％)，厚生・国民年金資金143兆円(33.3％)となってい

---

2) 財務省理財局『財政投融資リポート2001』, 46頁.

る．2000年度の新規計上額は33.3兆円である．また最近，原資の中では「回収金等」が急上昇しているが[3]，それは過年度貸付のうち返済されてくる回収金のほか，外為特別会計，共済組合，労働保険特別会計，自賠責特別会計，補助貨幣回収準備金およびその他からなっている．

　諸外国の例でも，一般に福祉国家化が進めば政府の手許に社会保険掛金が積立てられるのが通例であるが，日本ではそれをはるかに凌ぐ膨大な郵便貯金をもっているのが特異な点であり，それが日本の財投を世界に例のない強大なものたらしめる根拠となっている．ちなみに郵貯は日本の預貯金残高の22〜23％に当っている．また法律でこの種の資金の統合管理を定めているのも他国にあまり例をみないところである．それは，①大規模で安定的な資金を集中して，政策的判断にもとづき，国民経済的見地からバランスがとれかつ効率的な資金配分を行う．②財政金融政策との整合性を保ち，機動的弾力的な運用を行う．③投資や機構・人員の重複を避ける，などのメリットをねらってのことであるとされている．

　のちに運用にかかわってのべるように，財投が民間活動と競合することが低成長期の財投の最大の問題点であり，それに対応して，原資側からいえば，郵貯の存在が最大の問題となる．郵貯は本来，民間の金融機関を利用できないような零細な貯蓄資金に対して国家が貯蓄手段を提供し，国民生活を安定させる目的で設立され，また存続してきた．それには直接間接に租税による下支えがあるものとみなされるが，長い間，運営の実態は当初の目的達成を目指していたと理解され，それゆえに納税者も大体において租税資金の投入を支持してきたといっていいであろう．しかし，高度成長期以降は郵貯の大部分が，民間金融機関では提供できないような貯金者に有利な定額貯金で占められるようになり，貯蓄する人々にとっては有利であるがゆえに依然としてつよい支持がつづいているとはいえ，低成長下で民間との競合が激化するに及んで，既存の郵貯のあり方が根本から問題とされ，金利自由化とともにしだいに定額貯金の優位性は抑制されるようになってきた．

3) 『要覧』122〜123頁．

2. 簡保資金

簡保資金は簡易生命保険及び郵便年金特別会計の余裕金，積立金，回収金などからなり，2000年3月末の保険契約準備金は121兆円にのぼる．日本では政府の各種会計から生ずる資金は原則として資金運用部で統合管理されてきたが，例外として1953年以来，簡保資金は積立金となるまでの間の余裕金が資金運用部に預託されるほかは郵政大臣が独立運用してきた[4]．といっても実際には2000年度の場合でみると，積立金全体13.9兆円の46%に当る6.4兆円が財投運用にまわされ，いわゆる市場運用はのこりの7.5兆円があてられている．とはいえ，この分離運用には財投そのもののあり方にかかわる重要な問題が含まれているので，この点については後にのべる．

3. 産業投資特別会計

産投会計は「経済の再建，産業の開発及び貿易の振興のために財政資金をもって投資を行う」(産業投資特別会計法第1条)ために，1953年8月，米国対日援助見返資金特別会計の廃止による資産を承継して発足した．この会計の収入は貸付金回収金，利息，出資からの配当として納付される輸出入銀行・開発銀行からの国庫納付金，株式配当金などの運用収入，外貨債，一般会計繰入金などであったが，81年度以降一般会計繰入金も外貨債もなく，ほとんど国庫納付金のみとなり，絶対額も財投原資中の割合もごく小さい[5]．なお，1986年度からは産投会計の資本を充実させるために，専売公社と電々公社から組織替えした日本たばこ産業株式会社，日本電信電話株式会社の株式の一部をこの会計に所属させ，その配当金収入を産業開発の財源にあてることとなった．

4. 政府保証債・政府保証借入金

財投計画の起債・借入金には政府保証が付されている．すなわち，財投計画では旧公社・公庫・公団・事業団・特別会計などが債券発行や借入を行い，そ

---

4) 『財政金融統計月報』577号，140頁．
5) 『要覧』122〜123頁．

れについて政府は一般会計予算で定められた金額の範囲で元利払いを保証するのである．いわば準国債であり，発行手続も国債に準ず．政保債はこれまでみてきた各原資と異なって，政府が受動的に資金を受入れるのでなく，政策的に必要だと認められる投融資水準に対して他の原資が不足している場合，積極的能動的に市場から調達され，それによって本来の政府資金に対する補完の役割を果たす．しかし国債の大量発行のもとでは消化に制約があり，最近では原資中の比率は4～5％といった水準である[6]．

第3節 運　　用

1. 運用の原則と問題点

財投運用は原資の性格に規定され制約される．

まず第1に，原資は租税と異なって有償の資金である．したがって，その運用対象は元利償還が確実な事業に限られざるをえない．具体的には国の特別会計，地方公共団体，料金収入をあげうる収益的な事業の実施機関，政策金融機関ということになる[7]．

第2に，資金が国の信用や制度を通じて集められたものであるため，その運用は公共目的に沿ったものであることが要求される．銀行，公庫，公団等の機関を通じて住宅，道路，運輸などの使途にむけられてきたのはこのような理由による[8]．

しかしながら，第2の公共性は第1の収益性と矛盾する場合が多く，両者のかね合いは財投運用上の難問である．公共的な資金を公共的な目的に融資するのであるから，原則としてそれは市中ベースよりも低利・長期であることが求められる．公共性と収益性は公的な企業活動一般にとって宿命的な二律背反であり，公共性がつよく貫徹すれば一般会計から補助金や補給金などとして，租

---

6) 『要覧』122～123頁．
7) 『要覧』117頁．
8) 『要覧』119，120～121頁．

税資金を注入して企業自体の非収益性を補わざるをえない．それは高度成長期のように，民間資本の活動領域が拡大傾向にあり，一般会計の税収も自然増収という形で順調に伸びている場合は，経済的にも政治的にもそれほど問題とならずにすむ．公的企業自体もそれなりに収益をあげることが可能であろう．しかし，そのことは低成長期にはそうはいかないことを含意している．経済活動が停滞してくると，民間企業は以前ならば公的企業しか手がけなかったような低収益部門へも浸透を図るようになり，いきおい官業対民業の競合が激しくなる．公的企業自体としても，もともと低収益ないしは収支均衡程度で活動していたのであるから，このような状況下では赤字に転落したり，もともとの赤字幅が広がったりするであろう．それでもあえて経営をつづけようとすれば，欠損補塡のための租税注入を増加させる必要が生ずるであろう．しかし，そのような時には租税収入自体も落込み，本来の一般会計運営さえも困難に陥り，公債依存度を高めなければならないのであるから，その余裕はないということになる．となれば，租税資金の投入から，ひいては財政投融資の存在そのものの意義が根底から問い直されるということにもなる．これが，やや極端に単純化してみた，財投運用が低成長期に置かれている公的企業，とりわけ金融業態としての状況である．だが財政上の資源配分機能面では，むしろ逆に一般会計の緊縮がせまられる分だけ財投への期待なり依存なりが高まる面もあって，金融面と財政面とで複雑な位置づけとなっている．

　財投計画外の国債引受が，上の運用難の裏側として登場し拡大する．低成長下の税収難から，一般会計では大量の国債が発行される．その国債は民間で大量に消化されているとはいえ，金融市場の状況如何によっては，民間側の消化能力に余ることもある．一方，郵貯に代表される財投資金は，政府からいえば受身で流入する資金であるうえに，各種の優遇措置のせいもあって運用難にかかわらず国民の高い貯蓄率を背景に増加する．流入した資金は有償であるから，運用先を見出さねばならない．こうした諸事情を総合すれば，財投資金が国債引受にむかうことはごく自然な流れであることがわかるであろう．その点は，次項で検討する運用の実態から明らかに読みとることができる．

表 24 　財政投融資及び一般会計の推移（当初計画）　　　（億円，％）

年度	財政投融資 (A)	伸率	国債引受 (B)	財投計画 (C)	伸率	一般会計 (D)	伸率	(A)/(D)	(C)/(D)	(B)/(A)
1953	3,228	—	—	3,228	—	9,155	13.2	35.3	35.3	
55	3,219	14.1	—	3,219	14.1	9,915	△ 0.8	32.5	32.5	
65	16,206	20.9	—	16,206	20.9	36,581	12.4	44.3	44.3	
75	97,300	16.6	4,200	93,100	17.5	212,888	24.5	45.7	43.7	4.3
85	258,580	4.7	50,000	208,580	△ 1.2	524,996	3.7	49.3	39.7	19.3
95	481,901	0.7	—	481,901	0.7	709,871	△ 2.9	67.9	67.9	—
96	537,247	11.5	46,000	491,247	1.9	751,049	5.8	71.5	65.4	8.6
97	561,571	4.5	48,000	513,571	4.5	773,900	3.0	72.6	66.4	8.5
98	577,592	2.9	78,000	499,592	△ 2.7	776,692	0.4	74.4	64.3	13.5
99	528,992	△ 8.4	—	528,992	5.9	818,601	5.4	64.6	64.6	
2000	436,760	△17.4	—	436,760	△17.4	849,871	3.8	51.4	51.4	

『財政データブック』（平成 6 年度版）277 頁，衆議院予算委員会調査室編『平成 13 年度　財政関係資料集』8, 127～129 頁より作成.

原資の側にも深刻な問題がある．簡保資金が自主運用を実現させたように郵貯なり年金なりの保有者も，より高い運用収益を求めて資金運用部への一律強制預託制度に抵抗しているからである．後述の「資金運用事業」とよばれるものがその具体化された制度であり，最後は後述の 2001 年からの全面的自主運営に至ることとなる．

2. 運用の実態

(1) 概　　観

政府が資金を保有して何らかの形で運用するということは明治の初めから行われていたが，現在のような形式の整った財投計画がはじまったのは第 2 次大戦後，1953 年のことであった．それ以降 2000 年にいたる間の規模を示すのが表 24 である．一見して高度成長期に高い伸びがつづいて大型化し，石油ショック後の 1970 年代後半には，なお年によって高い伸びを示すこともあるとはいえ，80 年代になると，一般会計同様ごく低率の伸びとなるのみならず，マイナスさえ記録することが読みとれる．ただし，国債引受を加えると，それは年ごとの変化が大きいので一概にはいえないが，80 年代の伸びは財投計画の

図6 財政投融資規模の推移

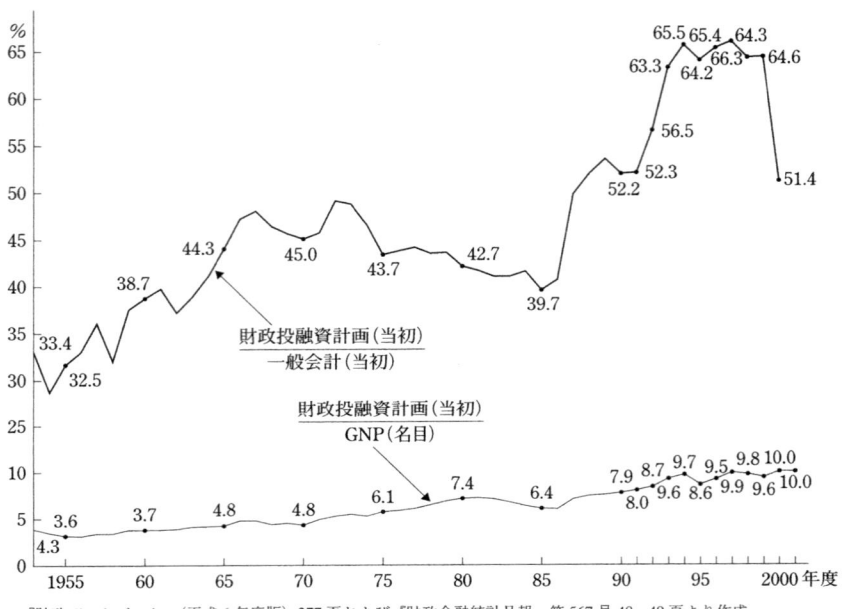

低下を補っている場合が少なくない．たとえば当初の財投計画がマイナス1.2％になっている85年度に国債引受は38.9％も伸び，両者を合わせれば財投全体で4.7％とかなり高い伸びとなっている．98年度も同じパターンを示しているが99年度は逆の姿となっている．

財投のこうした動きの結果，国民経済や一般会計との相対的な関係も，時とともに変ってきた(図6)．高度成長期には財投の伸びが大きかったため，対一般会計比も上昇し，30％程度から50％へと水準を高めた．これは原資面からいえば郵貯が大幅に伸びたほか，1961年には国民皆年金が実現して年金資金が蓄積されるなど豊富な資金を吸収し，他方，運用面では，高度成長のネックとなる道路，鉄道，住宅などの社会資本整備のために，財投のなすべき分野が広がりつづけたからである．

表 25　財政投融資資金配分の推移　　　　　　　　　　　（億円，％）

年度	1975	構成比	1980	構成比	1985	構成比	1990	構成比	1992	構成比	1993	構成比	1994	構成比
特別会計	1,884	1.9	3,805	1.8	4,363	1.7	6,514	1.8	8,453	2.0	8,853	1.9	8,723	1.8
政策金融機関	40,020	41.1	97,847	47.3	104,161	40.3	137,887	37.7	161,329	39.0	179,034	38.3	206,425	43.1
公団・事業団等	34,096	35.0	49,347	23.9	62,076	24.0	90,123	24.6	103,890	25.1	121,069	25.9	113,934	23.8
地方公共団体	17,100	17.6	30,800	14.9	37,980	14.7	41,700	11.4	48,950	11.8	57,000	12.2	65,000	13.6
小　計	93,100	95.7	181,799	87.9	208,580	80.7	276,224	75.5	322,622	77.9	365,956	78.2	394,082	82.3
資金運用事業	—		—		—		69,500	19.0	85,400	20.6	91,750	19.6	84,500	17.7
財投計画合計	93,100	95.7	181,799	87.9	208,580	80.7	345,724	94.5	408,022	98.6	457,706	97.9	478,582	100.0
国債引受	4,200	4.3	25,000	12.1	50,000	19.3	20,000	5.5	6,000	1.4	10,000	2.1	—	—
財政投融資合計	97,300	100.0	206,799	100.0	258,580	100.0	365,724	100.0	414,022	100.0	467,706	100.0	478,582	100.0

中川雅治・乾文男・原田有造共編『財政投融資』大蔵財務協会，1994年，23頁より作成．

しかし，財投は石油ショックを境にして変調し，対一般会計比のカーヴは85年まで下がりつづけている．石油ショック後の景気回復のために財投も増加しなかったわけではないが，大量の公債発行に踏み切った一般会計の膨張には及ばなかったのである．だがこの傾向は85～86年で終り，87年からは一転して急上昇している．しかし，この上昇は財投本来の機能である一般財投よりは，それとは異質の資金運用事業(詳細は後述)に由来しているのであって，一般財投は対 GNP 比，対一般会計比でそれほど増大しているとはいえない．その点は次の対象別運用の検討で具体的に示される．

(2)　対象別運用

表25は財投を運用対象別に示したものである．財投の運用対象(機関・組織)は，大きくまとめると[9]中央政府，地方政府，政策金融機関，事業実施機関(公団・事業団等)および資金運用事業からなっている．同表のうち特別会計と国債引受が中央政府のものであるのはいうまでもない．特別会計のうち財投の対象となるのは施設の整備や公共事業を行うもの(1998年現在9会計)であって，後述の郵便貯金特別会計を別にすると事業からの料金，利用料，受益者負担金等の収入で，財投から受けた融資の元利償還が可能なものにかぎられる．特別会計のうちでは郵便貯金特別会計2兆円(表27参照)が桁違いに大きい．

---

9)　『要覧』119頁．

これは後述のとおり特別な制度であって，表25の分類では特別会計ではなく資金運用事業に含まれる．これを除くと国有林野，都市開発資金融通，空港整備などの特別会計が大きい．地方政府については，地方公共団体と公営企業金融公庫とが含まれ，いずれも地方債引受にかかわる資金融通である．

　2銀行9公庫からなる政策金融機関は，表25にみるとおり，財投合計の40％前後を占めている．これは財投発足当時30％程度で，高度成長期には45％に達し，低成長期に入って50％を超えたこともあるが，民間との競合問題もやかましくなり，財投としては国債引受や資金運用事業の拡大におされて低下している．政策金融の内部でも地位の変化が激しい．高度成長期には開銀，輸銀，農林公庫などが大きかったのに，低成長期には住宅公庫が断然大きく，伸びも速い．しかも住宅融資は単に住宅公庫だけでなく，社会福祉事業団などの他機関も行うようになり，財投最大の事業は住宅融資となっているのである．この点は後述の使途別運用表によく現われている．

　だが，表25でもっとも印象的なのは，資金運用事業と国債引受とであろう．資金運用事業は，1987年からはじまったもので，郵貯・年金・簡保などの機関が，一旦預託した資金運用部から財投の枠内で貸付を受け，その資金を市中で債券等に運用して，運用部への一括預託では得られない高収益を目指し，それぞれ自己の財源を涵養しようというものである（郵便貯金自由化対策資金＝郵便貯金特別会計，年金財源強化事業＝年金福祉事業団，単独運用指定金銭信託＝簡易保険福祉事業団）．これは資金運用部ないし財投が，資金を一元的に運用するという建前に一応は従っているものの，財投による財源配分機能とはまったく異質な，原資の分離運用の一種というべきものである．かねがね簡保のみが享受してきた分離運用による加入者の利益保護の，郵貯と年金への拡大というべきものであり，これが極端に進行したのが後述の財投改革であり，欧米諸国の大部分で年金資金の取扱いがそうであるように，大蔵省や政府の予算編成とは無関係な，年金加入者の利益だけを判断基準とした年金基金運用と類似のものになるのである．これは世界的にみてもやや異様ともいうべき，郵貯，年金などの大蔵省での一元的運用という日本の財投システムの，終りが近づい

表26 財政投融資の運用(使途別)(当初計画)　(億円, %)

	1953年度	1970	1980	1990	1999
住宅	170(5.2)	6,896(19.3)	47,619(26.2)	83,659(30.3)	128,861(32.7)
生活環境整備	250(7.8)	4,168(11.6)	25,717(14.1)	42,220(15.3)	67,425(17.1)
厚生福祉	52(1.6)	1,017(2.8)	6,280(3.5)	8,519(3.1)	14,888(3.8)
文教	145(4.5)	790(2.2)	8,089(4.4)	5,541(2.0)	8,402(2.1)
中小企業	256(7.9)	5,523(15.4)	34,004(18.7)	43,378(15.7)	63,242(16.1)
農林漁業	360(11.2)	1,785(5.0)	8,859(4.9)	8,760(3.1)	8,497(2.2)
小計	1,233(38.2)	20,179(56.3)	130,568(71.8)	192,077(69.5)	291,315(74.0)
国土保全・災害復旧	454(14.0)	560(1.6)	3,120(1.7)	3,285(1.2)	6,663(1.7)
道路	118(3.7)	3,078(8.6)	10,314(5.7)	27,001(9.8)	33,979(8.6)
運輸通信	366(11.3)	4,723(13.2)	17,437(9.6)	23,041(8.3)	7,347(1.9)
地域開発	118(3.7)	1,431(4.0)	4,694(2.6)	6,825(2.5)	13,618(3.5)
小計	1,056(32.7)	9,792(27.4)	35,565(19.6)	60,152(21.8)	61,607(15.7)
基幹産業	939(29.1)	2,028(5.7)	5,473(3.0)	7,965(2.9)	14,005(3.6)
貿易・経済協力	—(—)	3,800(10.6)	10,193(5.6)	16,030(5.8)	26,565(6.7)
合計	3,228(100.0)	35,799(100.0)	181,799(100.0)	276,224(100.0)	393,492(100.0)

1980年度までは旧様式，それ以降は新様式による．
『要覧』120～121頁より作成．

ていることを意味する．

　この資金運用事業は，登場するや否や財投全体の2割もの大きさを占めている．前述のとおり，一般財投の対一般会計比は，この10年来それほど大きく変わっていないのに，全体としての財投の比重が高まっているのは，おおむねこの資金運用事業の拡大に由来しているのである．

　国債引受は65年の国債発行当初から財投計画の枠外で続けられてきており，ピーク時には発行額の3分の1も引受けていたが，同表の示すように，最近は民間消化能力の高まりから，数％ないしゼロに下がっている．しかしこれも，財投のもつ特定政策目的のための資源配分とは異なった政府資金の運用という点では上記の資金運用事業と同じで，日本的な特殊な財投計画のあり方を外部から侵食しているとみなしうる．

(3) 使途別運用

　上述の対象別運用でおよその財投運用の方向は示されているが，運用を目的別に明示するのが使途別分類である(表26)．これでみると，発足時から高度

表27 財投計画上位10機関の推移（当初計画） （億円，%）

順位	1953年度		1965		1975		2000	
	機関	金額	機関	金額	機関	金額	機関	金額
1	地方公共団体	1,115	地方公共団体	3,563	地方公共団体	17,100	住宅公庫	103,871
2	開　　銀	600	国　　鉄	1,600	国　　鉄	9,416	地方公共団体	76,500
3	農林公庫	231	輸　　銀	1,209	住宅公庫	9,307	国民公庫	41,900
4	国　　鉄	230	開　　銀	1,105	住宅公団	6,719	年金事業団	40,590
5	電源開発㈱	200	中小公庫	1,043	国民公庫	6,217	中小公庫	22,100
6	住宅公庫	180	住宅公団	944	輸　　銀	6,215	道路公団	21,000
7	中小公庫	130	農林公庫	929	道路公団	5,864	郵貯特会	20,000
8	電電公社	107	国民公庫	868	中小公庫	5,830	政策投資銀行	19,971
9	国民公庫	80	住宅公庫	850	開　　銀	4,460	国際協力銀行	18,391
10	特定道路事業	25	道路公団	831	農林公庫	3,285	公営公庫	16,220
	計　(A)	2,898		12,942		74,413		380,543
	財投合計(B)	3,228		16,206		93,100		436,760
	(A)/(B)	89.8		79.9		79.9		87.1

各年度財投計画より作成．

成長期にかけては基幹産業，運輸通信，道路などの高度成長適合的な分野が大きかった．低成長期に入ると，住宅，生活環境整備が急上昇し，もともと大きかった中小企業もさらに比重をましているのがわかるであろう．1980年代に入ると住宅・生活環境等の民生グループは70%に達し，その後1990年代末にかけてその水準は上昇ぎみに推移している．一方，発足時に30%を占めていた基幹産業は今では3%と10分の1に落ちており，財投の運用の目的が時代とともに大きく変ってきたことがわかる．

これらの点は当然そうした運用を担う機関の地位の変遷となって表われている（表27）．財投運用の対象となる機関の数は40～50あり，このうち近年では上位10機関で運用額全体のおよそ80%を占めている．その中では地方公共団体がおおむね第1位であった．これは3,200以上の地方団体に配分され，地方債引受にむけられる．ただし1980年代以降住宅公庫が第1位に上る年がふえ，2000年もそうなっている．最近，住宅関係にいかに力が入れられているかがわかるであろう．この他，かつて上位にあった開銀や輸銀は日本政策投資銀行，国際協力銀行へと衣替えしてその地位は下降し，国鉄が消える一方，住宅公庫

のほか国民公庫,中小公庫,年金事業団などの中間階層,中小企業などを対象とする融資機関が上位に名を連ねている.なお,2000年度に郵貯特会が登場しているのは,1987年からはじまった「資金運用事業」のためのものであり,財投の変質は,機関の位置の大きな変動を伴って生じているのである.

　このような基幹産業・産業基盤から民生・厚生へ,さらには資金運用事業へという財投運用目的の変化は,次のことを意味している.敗戦から経済復興をへて高度成長にいたる過程では,一般会計と財投を通じて直接に経済復興と高度成長目的のために資金が投入された.何よりも経済規模を拡大し,雇用を増大させ,生活水準向上をはかることが国民的コンセンサスであったからであり,それを満たすことが体制を安定させることであった.だが高度成長の結果,そうした当初の政策目標が一応達せられてみると,まず第1に成長のもたらした公害や生態系破壊などへの対応の必要が生じ,第2に,成長のもたらした都市化と人口密集への対応が不可避となり,第3に成長の結果到達した生活水準の保持とその改善という,出発点では存在しなかったり,ぜいたくであったような中間階層むけの目標がむしろ重点となる.一般会計で社会保障関係費や地方財政費が高まり,社会保障関係費の中では失業対策費や生活保護費が低下して社会保険費が上昇するという既述の動きが,高度成長のもたらした社会変動の反映であるのと同様,財投にあっても,このような重点の移行が生じたのである.それどころか,一般会計と異なって財投は融資であるから,これが住宅融資のように個人を対象としうるようになるためには,それら個人の所得水準が上がり,資産がある程度蓄積されること,すなわち借手が中間階層以上層である必要がある.そうでないと財投の基本原則たる安全有利な運用になりえないからである.だが人々がそうなるためには,高度成長をまつ必要があったのである.一般会計のなかで失業対策費や生活保護費の割合が高いような切迫した条件のもとでは,現在の財投のように中間階層むけの貸付を租税で利子補給しながら行うという政策をとることには抵抗がつよかったにちがいない.高度成長が大量の中間階層をうみ出し,かれらを主体とする大衆民主主義の状況の下で,財政投融資の内容が変化してきたのである.

原資側をとってみても，急増してきた郵貯についていえば，かつての郵貯のもっていた低所得階層の零細貯蓄の集合という性格は，高度成長過程で失われたり薄められたりしてきた．代って，中間階層からひいては高所得階層の高利志向や節税・脱税手段という，明らかに出発点での郵貯のねらいとはちがった貯蓄の占める割合が高まってきたとみることができよう．年金資金の場合は，戦前には存在しなかったのであるから旧時代との直接の比較はできない．しかし年金資金の中では，比較的低所得階層に属する国民年金の財投原資としての地位は低く，中間階層以上に属する厚生年金がほとんどすべてをまかなっている．一言でいえば，"一億総中流化"などと表現されるような社会階層構造に対応した資金の吸収と運用を，財投が行うようになってきたのであり，それが，一般会計だけでは手がとどかない社会の中間層の安定を保障しているというべきであろう．前述した郵貯や年金の資金運用事業の導入もそうした金融資産の収益率に関して高い関心を寄せる中間階層の強い要求を反映したものであろう．かれらは財投資金の利用者としては中間階層むけのサービスの多からんことを望み，資金の出し手としてはむしろ低収益の財投への一元的運用ではなく，高収益の分離運用を望むのである．

(4) 一般会計と財投の補完関係の事例

　財投は"第2の予算"などとよばれるが，それには二つの意味がある．第1は，一般会計の過半に達するその大きさである．2001年度(予算)の場合，一般会計歳出82.7兆円に対して，財投計画規模は39％に当る32.5兆円である．この比率は表24，図6で示したように長期的に上昇しつづけていたが，97年度の66.3％をピークとしてその後低下ぎみで，2000年からさらに制度が変った2001年には大幅に下った．

　だが財投が第2の予算とよばれるのは，その規模の大きさによるだけではない．むしろ一般会計や特別会計との内的な結びつき，相互補完関係のつよさこそ，現在，日本の財政において財投がその名に値するゆえんである．財投計画外での国債引受が一般会計を直接支えてきたことはいうまでもないし，資金運用部・郵貯・厚生年金などの各特別会計や，治水・国立学校などの特別会計が，

図7 予算，財投計画編成の流れ(1993年度道路予算，財投計画の例)

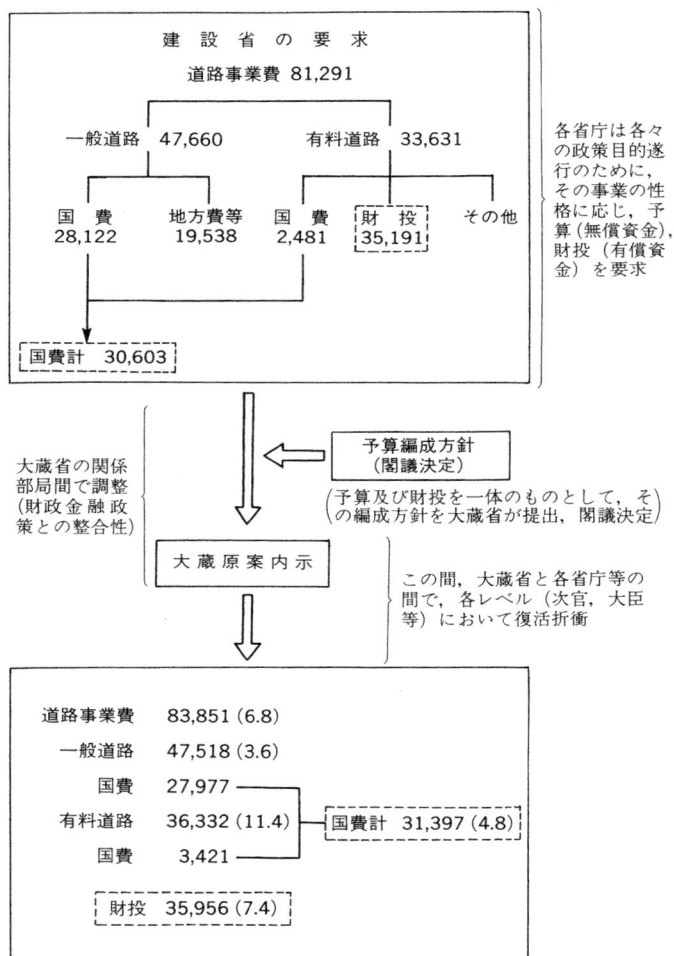

(億円, %)

```
┌─────────────────────────────────────────────┐
│           建 設 省 の 要 求                    │
│           道路事業費 81,291                    │
│      ┌──────┴──────┐                         │
│   一般道路 47,660    有料道路 33,631           │
│   ┌───┴───┐      ┌───┼────┐                 │
│  国費   地方費等   国費  財投   その他          │
│ 28,122  19,538  2,481 35,191                │
│    │                                        │
│  ┌─▼─────────┐                              │
│  │国費計 30,603│                             │
│  └───────────┘                              │
└─────────────────────────────────────────────┘
```

各省庁は各々の政策目的遂行のために，その事業の性格に応じ，予算（無償資金），財投（有償資金）を要求

　大蔵省の関係　　　　　　　　予算編成方針
　部局間で調整　⇐　　　　　　（閣議決定）
　（財政金融政
　策との整合性）　　　　　　（予算及び財投を一体のものとして，その編成方針を大蔵省が提出，閣議決定）

　　　　　　↓
　　大 蔵 原 案 内 示
　　　　　　↓

この間，大蔵省と各省庁等の間で，各レベル（次官，大臣等）において復活折衝

```
┌─────────────────────────────────────────┐
│  道路事業費   83,851 (6.8)                │
│  一般道路    47,518 (3.6)                 │
│   国費       27,977 ──┐                   │
│  有料道路    36,332 (11.4) ├国費計 31,397 (4.8)│
│   国費        3,421 ──┘                   │
│  ┌──────────────────┐                    │
│  │財投  35,956 (7.4) │                   │
│  └──────────────────┘                    │
└─────────────────────────────────────────┘
```

（　）書きは，93年度予算額の92年度予算額に対する伸率である．

大蔵省理財局編『財政投融資ハンドブック』大蔵省印刷局，1993年，18頁より作成．

直接に財投の原資や運用と結びついていたこともこれまでのべてきたとおりである.

さらに，一般会計の歳出と財投運用とは直接絡み合い，補完し合っている場合が多い．ここではその事例として，やや古いが1993年度の道路事業費のケースをとりあげておく（図7）．この年，建設省は同図の上半分に示されたような道路事業を計画していた．すなわち，一般会計・特別会計予算からくる「国費」3兆0603億円と，地方費1兆9538億円と並んで，有料道路建設事業費にあてるために財投3兆5191億円が計画され，建設省はそれらを総合して8兆1291億円を大蔵省に要求した．その結果，図の下半分に示されているように，財投は国費を大幅に上回る伸び率で要求額以上の金額が計上されることになったのである．長びく不況で税収が落ち込み，公債発行抑制で財源難の一般会計に代って，国際的にも要求のつよい内需拡大策の一環を財投が担ったのであろう．これは景気政策面から財投が一般会計を補完する第2の予算として機能していることを示しているが，それだけではない．一般会計で満たしえない支出要求を，有償ながら財投でカヴァーすることができれば，支出要求はひとまず満たされて，さもなければ生じたかもしれない政治的・経済的摩擦を避けることができる．いわば政治的効果からみても，第2の予算なのである．こうした意味づけは道路事業のみならず，ほとんどすべての財投領域についてあてはまる[10]のであって，日本では財投規模が大きいだけにこの第2の予算としての意義も際立って大きいのである．

第4節　財政投融資改革

外国の事情を調べてみると，多くの国で社会保障の掛金や郵便貯金や市中発行の債券収入などを原資とした財投類似の機能が多かれ少なかれ存在している

---

[10]　『財政金融統計月報』の毎年の予算特集号には，一般会計の中小企業対策費と中小企業関係財政投融資とを総合した計数が掲げられていた．それによれば1993年度の場合，一般会計1951億円に対して財投からの融資は5兆3416億円で，財投がこの分野の97％を担っていることがわかる．第2の予算はむしろ一般会計のほうなのである．

ようである．その中では中央集権色の濃いフランスの財投が最も日本のそれに近いようにみえる．そのフランスでさえも日本のような借手優遇措置はない．こうした比較から日本の財投が外国にくらべて巨大であること，借手を優遇していること，中央集権的であるという特徴をもっていることがわかる．

　中央一般会計・特別会計はいうに及ばず，地方財政と深くかかわって中央財政当局，政府全体，国会の統御の下で運用されている財投は，強力であり効率的であるといっていい．それらの複雑で多数の会計や資金が総体としての日本の財政を形づくっているのであって，単一の会計からなっている場合や，各々が分立して存在している場合にくらべて，全体の構造が相互補完的で弾力性があり，柔構造となっていることは疑いない．なかでも，財投は最も柔軟性にとみ，つねに時代の戦略的な分野に集中的に資金を流すパイプの役割を果たしてきた．

　しかし，この財投というシステムには二つの大きな問題が含まれている．第1は，財投が民間金融よりも借手に有利な条件を提示しうるというそのこと自体にかかわる．詳細は省くが，それが可能なためには，一方では金利が統制されていること，他方では財政投融資を租税が下支えすることの二つの条件が必要である．さらに一般的にいえば，そうした条件に加えて高度成長期のように，民間の資金需要が旺盛で，財投が民間貸出と競合しないといった状況が必要であろう．ところが，石油ショック以降の低成長と金融自由化によって，これらの条件が失われたり悪化したりしていることはいうまでもない．

　第2は，資金運用部による統合運用と金利統制のゆえに，資金拠出者——郵貯の預金者や社会保険加入者など——の利益が損なわれている疑いがあることである．財投原資となるそれらの資金は，法律によって資金運用部に預託しなければならない．同運用部では，民間ベースよりも借手に有利な投融資を可能ならしめるためには，その預託利率をなるべく低水準に設定しなければならず，それは長いあいだ法定されていた．金融自由化の波の中で法定ははずされたが，資金拠出者は自己の利益を守るために，たえずより有利な運用を求めており，具体的には，それが自主運用要求という形で現われていたのは，上記のとおり

図8 財政投融資の仕組み――改革前と後――

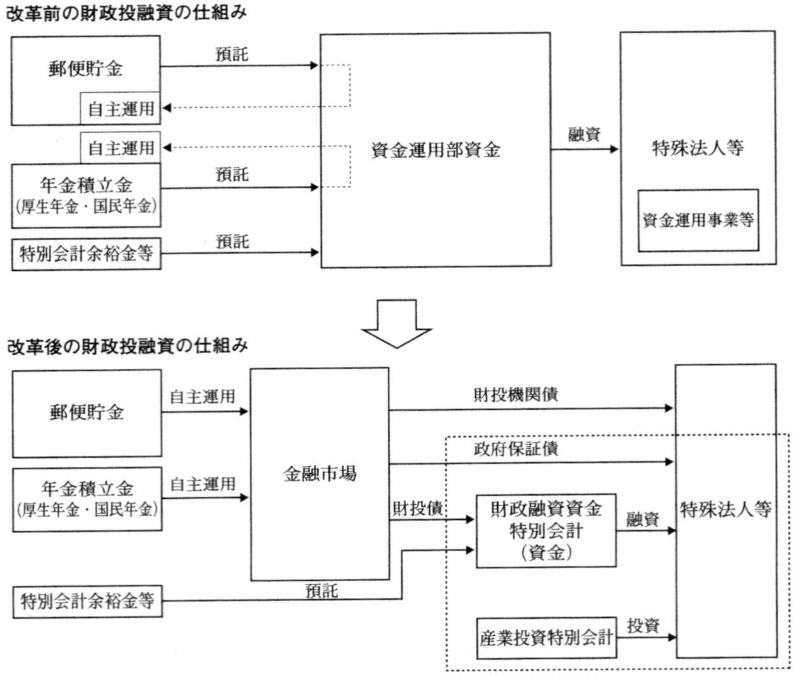

改革前の財政投融資の仕組み

郵便貯金 ―預託→ 資金運用部資金 ―融資→ 特殊法人等
　└自主運用┈┈┈┘
　　　　┌自主運用┈┈┈┐
年金積立金 ―預託→
(厚生年金・国民年金)
特別会計余裕金等 ―預託→
　　　　　　　　　　　　　　　　　　　　　資金運用事業等

改革後の財政投融資の仕組み

郵便貯金 ―自主運用→ 金融市場 ―財投機関債→ 特殊法人等
年金積立金 ―自主運用→　　　　―政府保証債→
(厚生年金・国民年金)
特別会計余裕金等 ―預託→　　　―財投債→ 財政融資資金特別会計(資金) ―融資→
　　　　　　　　　　　　　　　　　　　　産業投資特別会計 ―投資→

財務省理財局『財政投融資リポート』10頁．

である．

　簡保資金のケースは例外的に早くそれが実現した例であり，郵便貯金の一部自主運用は，「金融自由化対策資金」として1987年から開始された．その過半は国債保有にむけられ，残りの大部分も地方債や金融債などの証券であった．
　財投外の国債保有に加えて，自主運用の証券保有が増加してきたというこの傾向は次のことを物語る．財投は，かつての資金不足＝高度成長時代の規制金利による融資活動から，資金潤沢＝低成長時代の証券保有へと運用が移っていき，次第に自由金利市場のなかに溶解していこうとしていた．その終着点が

2001年度からの新システムへの転換である．

　新旧制度の大枠を図8に示しているが，一見して明らかなように，従来大蔵省の資金運用部に全額預託する義務があった郵貯や年金積立金がすべて金融市場で自主運用されることとなった点が最大の変化である．当然，資金運用部は廃止された．それに対応して，これまで投融資を受けていた特殊法人などは，原則として自己の信用に基づく財投機関債を市場で発行して資金調達することとされた．この限りではほぼ財投解体ということになる．とはいえ，市中ベースですべてが賄えないからこそ特殊法人が存在しているのであるとすれば，それですむはずもなく，どうしても不足する資金は，新設される財政融資資金特別会計が発行する国債たる財投債や同特別会計に引続き預託される特別会計余裕金および産業投資特別会計からの投資などによって補うこととされている．

　経済が成熟し，財投が分担していた多くの分野が民間金融で充足され，世界の資金の流れに密接に連動している金融の中での財投の役割の大幅な縮減が生じたのである．逆にいえば，財投というメカニズムは，戦後復興と高度成長に適合していただけに，その条件が失われるとともに，その意義が失われてきたのだということになろう．

第11章　地 方 財 政

　予算・経費・租税などを論じた際に，それぞれ地方についてもふれてきたので，ここではそれらは省いて地方財政の存立の根拠，中央・地方財政関係を中心にのべ，現在の日本の地方財政の仕組に簡単にふれておくことにする．

第1節　地方財政の独立性

　資本主義の成立と表裏をなして成立してくる近代国家は，経済的には，いうまでもなく資本主義的生産関係に対応して，それに適合的なメカニズムを整備し機能することが期待される．対外的な軍事や対内的な司法警察と並んで，資本主義に必要な国内市場の統一がその主要な課題のひとつとなる．西欧における絶対王制が内乱を鎮圧して統一国家を形成し，日本の明治政権が廃藩置県を行って統一国家を形成したのがその例である．したがってその面を強調すれば，全国を単一の中央政府が統治し，単一の中央財政をもつことが最適の形態のように思われる．

　しかし，近代国家を支えるのは資本主義のロジックだけではない．軍事的・地政学的条件も大きく作用するだろうし，歴史的・文化的な遺産の制約も小さくない．地方財政の見地からいえば，何よりもまず資本主義に先行する時代の統治構造が，どの程度，統一国家形成に当って破壊され，どの程度継承されたかが問題となる．そして大部分の近代国家についていえば，旧来の分裂割拠が基本的には克服され統一されたとはいえ，完全に全国が単一になった例はない．多くの場合，前時代の統治単位を，新統一国家内部の地方単位としてもち込んでいる．日本でいえば旧藩を単一もしくは数個合併して一県とするといった

ケースがそれに当る．さらにその下部では，旧来の自然村がそのままないし数個合併して新村となったり，旧町がやはり同様に新市町になったりしている．イギリスやフランスも，日本と近い形で統一化されたといっていいようである．これに対してドイツやイタリアは統一が遅れたのみならず，旧来の分立性が強力に残存したドイツなどは連邦国家という形態をとるにとどまった．

　したがって，国家内部のそうした地域団体の財政のあり方も，おのずからそれに対応する形をとる．連邦国家を構成する各邦は，多くの場合旧来の支配者がそのまま首長としての地位を保ち，中央政府に対してはつよい独立性を主張し，したがって財政的な独立性もつよくなる．資本主義的統一性にとってそれが望ましいとは考えられないが，前述のとおり近代国家の成立に当って資本主義の論理が浸透する度合いは国によって異なるのである．ドイツなどの場合には，分立性の面が濃かったのだと判断される．もっとも，同じ連邦国家でもアメリカのように先行する封建社会をもたず，移民が形成した小集団から州が発生し，州が合意して連邦をつくったものは，伝統に束縛されないという点ではドイツなどとは異なるが，国家の統一性が弱く，州の自立性がつよいという点では共通である．

　こうした経緯を前提すると，概していえば，単一国家の場合には中央政府が収入金額の大きい伸長性の高い租税をにぎって強力な財政運営を行い，いきおい州なり県なり地方なりの財政は相対的に弱い地位に立たされる傾向があると予想されよう．これに対して，旧来の独立性あるいは新しい意味での独立性のつよい州や邦からなる連邦国家の場合は逆の力が働く．たとえば，まず旧い伝統があって安定している税や伸長性のある直接税は州や邦や地方がにぎり，新設の中央政府・連邦政府には，統一国家として当然の関税のほか消費税を与えるというような方式が考えられる．具体的には，ドイツ帝国やアメリカ合衆国の例にみられるように，直接税は州・邦へ，間接税は連邦へという周知の財源分割がなされたりする．そうなれば，各政府レベルの仕事も分担がはっきりし，基本的な国内行政が州や邦に属するのみならず，対外関係に代表されるような明示的に連邦に担わせるべきもの以外はすべて州・邦に属することとなるので

ある.

　以上は，主として中央と地方との間に介在する州・邦ないし府県のあり方の問題であるが，末端の市町村のあり方，そこでの財政のあり方はさまざまである．概していえば，中央政府が強力な場合は地方政府・地方財政にまで強い統制を及ぼし，地方制度も全国画一的になり，財政面についていえば，前述のように中央が有力な財源をにぎる裏側で，県や市町村は弱い財政となりがちである．また，たとえ弱くなくとも，その税種はせいぜい固定資産税，不動産税，営業税などに限定され，しだいに高度化し複雑化していく社会や住民の要求をカヴァーしきれなくなっていく．

　逆に，つよい州・邦をもつ連邦国家の場合は，連邦政府が州・邦の頭越しに市町村を統御することはないか，あってもごくわずかであって，州なり邦なりが統制力をもつ．たとえばアメリカの場合，州憲法によって州内の地方政府の存否から形態まで州権力が自由に操作できるので，当然地方制度や地方財政のあり方も州ごとに異なる．とはいえ，大まかにみれば地方政府の財源と行政が不動産課税にもとづく基礎的生活条件の整備であるという点では，単一国家の場合と共通である．

　もともと市町村のような地方団体は，州や邦や県などよりも古く，時代をこえて存在してきた集落や村落に淵源しているものも少なくなく，その意味では資本主義とか封建制とかいうような社会構成に左右されない面がつよい．封建制も資本主義体制も，その体制の存立の基本にかかわらない限り，それを自己の体制内にとり込むほうが破壊するよりも摩擦が少なく安全であろう．それは州(邦)分立のままで資本主義化が可能であり，対外的に独立を維持できれば，むりやり単一国家にしなくとも，旧来の体制ないし植民地開拓などの伝統をとり込んで連邦国家を形成するのと同じである．したがって，末端へいくほど旧社会の行政なり財政なりが濃厚に残存しうることになる．財源も旧来から市町村に割当てられていたものは市町村に，邦のものは邦にという力が働く．それをどこまで破壊するかは，多くの場合，当該国が置かれた国際的・軍事的な状況による．日本のように近代国家形成期に対外緊張が高い場合には，中央政府

が可能な財源の大部分を吸収して強力な権力体制を築き，外に対しても，したがって翻って内に対しても，つよい中央権力として立ち現われる．逆にアメリカなどは，もともと成り立ちからして中央権力が弱いうえに，日本のような対外緊張は乏しかったから，州権分立的あるいは地方権分立的な構造をおそくまで維持しつづけることとなる．一方，そうはいっても，商品経済の浸透によって次第に古来の自然村が分解され，したがって旧来の地方財政が崩壊して新しい形に組み替えられていくという傾向が常に存在していることは否定できない．

　以上のように中央と地方を位置づけることに大きな誤りがないとすれば，それはさらに以下のような重要な想定を導き出す．近代国家では，旧来の伝統や国際環境といった，それ自体は当該国の資本主義の内的要求ではない要因も作用するとはいえ，何といってもそれを動かす基本的な動因は資本主義の論理であり，要求であろう．したがって，国家の物質的基礎をなす財政もそうしたものとして形成されねばならない．しかしそれを中央政府と州政府，地方政府などと分けてみると，中央政府財政は何よりもまず変化を受けとめ，それに適応し誘導するように行動せねばなるまい．州や地方もそうした動きに次第にまき込まれ，変質することを要求されるのは当然であるが，中央政府の場合にくらべれば，より旧きもの，伝統的なものを引き継ぎ，時には資本主義体制の要求に反したり，そぐわなかったりするような政治や行政，財政が残存しうる．政治的にも，中央政府を資本主義体制促進勢力がにぎった場合でも，州や地方には反資本主義的勢力が残存しうる．そのような場合には，前者は後者を制圧したり，圧縮したりしようと試みたり，妥協するとしても，新たに起ってくる資本主義化に必要な負担をなるべく押しつけて，その成果は中央なり資本主義的勢力なりが刈りとろうとする．あるいは逆に，後者が資本主義体制の進展を妨げるような行動をとって，両者が対立することにもなる．そしてその結果，大勢としての資本主義の進展が止められない以上，後者が次第に前者のロジックにまき込まれ，中央・州・地方を通ずる整合的な政治なり財政なりに落着く傾向がつよまるのは当然であろう．その関係は，中央と州・地方の間に生ずるだけではない．地方レベルの間でも新しい時代を担う都市部と伝統社会の色濃い

農村部との間に同じような対立が生じてくる．財政に即していえば，都市財政と農村財政というかなり異なったタイプの財政が，同じ地方レベルの中で形成されることになるのである．

　現代の州・地方財政は，そうした起源をもつ近代国家形成以来の古い形が，第1次大戦・大恐慌・第2次大戦を経てさらに変化してきたものである．その中で最大の変化は，州財政や地方財政の前述のような独立性が失なわれたり弱まったりして，中央政府や上級政府への依存をつよめていることである．そのような変化が生じるのには多くの理由があるが，これまでのべたところとの対応でいえば，まず歴史的な州・地方の分立性の根拠が，時の流れの中で薄められてきたことが当然予想されよう．だがそれが画然たる形で現われるのは，戦争とりわけ敗戦によって旧勢力の支配的地位が動揺するという場合である．またそうでなくても，戦争や大恐慌は旧来の統治構造に不可逆的な変化をもたらし，多くの場合，その変化は中央集権化の方向をさしている．財政的にいえば，まず一方で中央政府への主要税種の集中とそこでの公債の大量発行に裏付けられた行政の拡大が生ずる．他方，有力税種を中央に吸い上げられたうえ，中央ほど自由な公債発行をなしえない州・地方財政は，行政を縮小させたり，中央や上級政府からの資金交付への依存をつよめていく．こうした政府間財政関係の形成と深化は，中央・州(県)・地方を通ずる近・現代財政の焦点のひとつをなしている．

第2節　政府間財政関係

　現代では州(県)・地方財政は中央財政と深く複雑な関係で結ばれており，その関係を抜きにして論ずることはできない．日本の場合，中央政府部内では総務省(2000年までは自治省)が直接この領域を所管している．これは日本だけの現象ではなく，先進諸国どこでも認められることであって，アメリカには連邦政府の組織として最近まで政府間関係諮問委員会(Advisory Commission on Intergovernmental Relations)という名の機構が置かれていたほどである．ヨ

ーロッパ諸国では，内務省のほか，財務省や経済省などの一部局が担当することが多い．次に州(県)・地方と中央政府の具体的な財政関係をみてみよう．

1. 補助金

州(県)・地方財政の独立性が完全な場合には，基本的にはその地域で徴収される租税その他の収入で，その地域の行政をまかなう形がモデルとして考えられる．その場合には，州(県)や地方の同レベル団体相互の財政力格差と，それに由来する行政水準格差は問われないわけである．近代国家の成立期の状況は比較的このモデルに近かったと想像される．しかし資本主義が確立して資本や労働力の国内の移動性が高まり，国内市場が統一されてくると，そうした地域ごとの負担や行政水準の格差は次第に望ましからざるものとして排除され，全国均一の負担と行政サービスを求める力がつよまってくる．その場合，日本のように外国の圧力がつよく作用していれば，それとの対峙が最優先されて中央政府が直接に県・地方政府を統御し，急速な国内統一をはかり，その一環として財政負担，サービス水準の全国的均一化をはかることが考えられる．一方，19世紀中葉のイギリスのような場合には，そのように強力な中央による統一政策をとる必要はない．そこではなお独立性のつよい地方を，中央が期待するレベルの行政に誘導するためのインセンティヴとして，補助金を交付するというような緩やかな統合政策が選ばれる．同じ単一国家でも，日本が後発国であるがゆえに必然となった強力な権力主義的統一国家だとすれば，イギリスは先進国として享受した緩やかな自由主義型統一国家ということになろう．第2次大戦後の今日にいたるまで，補助金のこうした誘導手段という性格はひきつづいており，現代国家の政府間財政関係の中心的な紐帯のひとつの役割を果たしている．

連邦国家の場合には，連邦政府が上述のような意味の補助金を出すことは少なく——元来連邦政府は権力の淵源たる各州・邦から委ねられた権力だけを行使できるのであって，連邦がイニシャティヴをとって下級政府の州・地方を動かすということは，原則としてはありえない——，出すとすれば州・邦が地方

に与えるという形であった．

2. 財政調整制度

　第1次大戦，大恐慌，第2次大戦を経て現代にいたると，政府間財政関係のメカニズムの中に，上記のような補助金に加えて，財政調整制度が登場する．補助金は多くの場合，受け手の州(県)・地方団体の地元負担を条件とするため，それを負担できる財政力の豊かな州(県)や地方団体ほど受け取りやすくなり，元来存在する財政力格差がこれによって拡大させられる傾向をもっている．そうだからといってこれを廃することはできない．経済規模が拡大し，重化学工業が展開するのに応じて，社会的な施設整備が全国的な視野で必要であったり，全国的な初等教育水準を維持する必要があったりする以上，補助金という手段の必要性は高まりこそすれ，低まることはないからである．

　しかし第1次大戦後になると，このようないわばひもつき補助金のほかに，州(県)・地方の財政力の不均衡を是正するための財政調整制度が登場してくる．その形はさまざまであるが，結果からいえば，経済力，財政力の豊かな地方から吸い上げた租税の一部を貧しい地方に配分することによって財政力の平衡化を図るのである．日本でいえば地方交付税交付金，ドイツの共通税配分，イギリスの収入支持補助金，アメリカの一般歳入分与金(短期間で廃止された)や州のいくつかの補助金などがそれに当る．なぜ現代財政でそれが登場するのか，その意味は何かなどについては，終章でのべることにする．ただ，ここでは現代においてこうした財政手段が登場したことは，次の意味において伝統的な州(県)・地方財政の独立性が変質しつつあることを示す点に注意をうながしておきたい．

　もし州(県)・地方財政の独立性が歴史的な由来のみにもとづくのであれば，それは時とともに薄れていき，やがて消滅するはずのものであろう．事実，長い目でみれば，そうした傾向が強力に貫いていることは否定すべくもない．しかし一方で，現代において財政力平衡操作が主要諸国の中央・地方を通ずる財政運営の焦点をなしているということは，そのことによって州(県)・地方財政

の維持・存続をはかることを意味するにほかならない．なぜそうなるのか，何のためにいわば州(県)・地方財政に輸血することによってその存続と機能向上をはかるのか，これらについては，すべて終章でのべることにする．

第3節　現代日本の地方財政の構造

1. 会計の種類

　地方公共団体は2000年3月31日現在，1都1道2府43県および3,229市町村(うち市671，町村2,558)の普通地方公共団体及び特別区(東京都の23区)，一部事務組合2,221，財産区，地方開発事業団などの特別地方公共団体からなる[1]．その予算制度は，前述のとおり地方自治法で中央の場合に準じて統一的に定められている．それによれば，地方の場合も会計は一般会計と特別会計とに区分される．ところが地方の場合，特別会計には，法令によって義務的に設置せねばならないものと任意のものとの2種類あるため，地方団体ごとに一般会計・特別会計のカヴァリッジが異なることになる．したがって，全国の計数を合計する場合には，そのままでは不整合が生じてしまう．そこで通常は普通会計と公営事業会計という区分を設けている(図9)．前述の地方財政計画は，この普通会計にかかわるものである．

　普通会計は，地方団体の一般会計に，公営事業会計以外の特別会計すなわち非事業的な特別会計を加えたものであり，ほぼ中央の一般会計および非事業特別会計の合計に対応するとみなしうる．これに対して公営事業会計は企業活動にかかわる特別会計で，公営企業，収益事業，国民健康保険事業，老人保険医療事業，公益質屋事業，農業共済事業，交通災害共済事業，公立大学附属病院事業の8種の特別会計からなる．このうちの主柱をなす公営企業特別会計は，法定事業(地方公営企業法第2条)とその他の事業とに分かれ，事業別にみれば上下水道，工業用水，交通，病院，電気・ガス，宅地造成などからなっており，企業数は11,712にのぼる．収益事業会計の中には競馬・競輪，宝くじなどが

---

1)　総務省『地方財政白書』平成13年度版，249頁．

図9 地方財政の構造

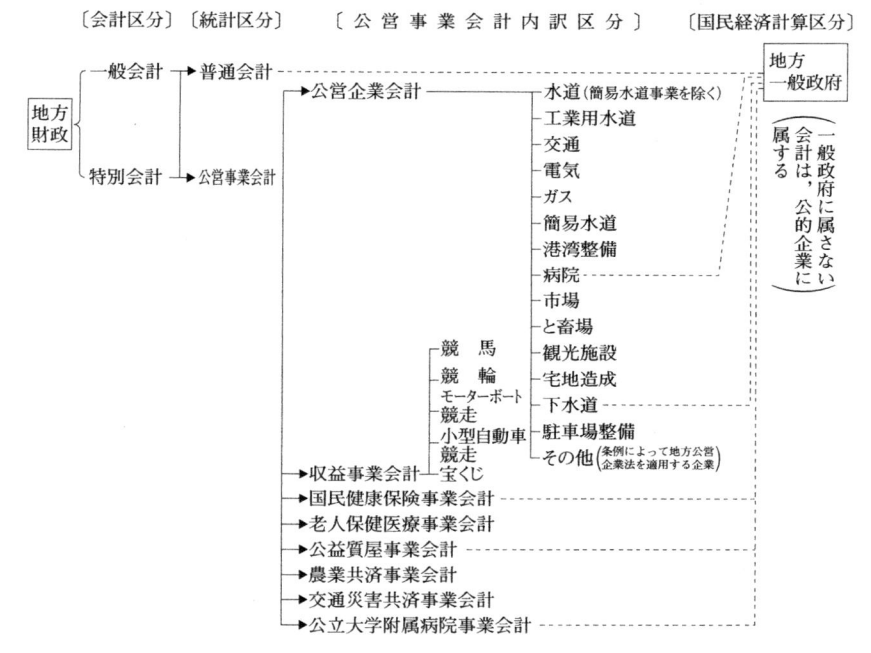

〔会計区分〕〔統計区分〕　　〔公営事業会計内訳区分〕　　　〔国民経済計算区分〕

```
                                              ┌水道（簡易水道事業を除く）┐
            ┌一般会計─普通会計                  ├工業用水道              │
            │                  ┌公営企業会計───┤交通                   │  地方
地方財政─────┤                  │              ├電気                   │ 一般政府
            │                  │              ├ガス                   │
            └特別会計─公営事業会計             ├簡易水道               │ ┌一
                               │              ├港湾整備               │ │般
                               │              └病院 ─────────────────┐ │政
                               │                市場                │ │府
                               │                と畜場              │ │に
                               │         ┌競　馬─観光施設           │ │属
                               │         │競　輪─宅地造成           │ │さ
                               │         │モーターボート─下水道      │ │な
                               │         │競走─駐車場整備           │ │い
                               │         │小型自動車                │ │会
                               │         │競走 ─その他（条例によって地方公営│ │計
                               │         └宝くじ    企業法を適用する企業）│ │は，
                               ├収益事業会計                        │ │公
                               ├国民健康保険事業会計 ───────────────┘ │的
                               ├老人保健医療事業会計 ─────────────────┤企
                               ├公益質屋事業会計 ─────────────────────┤業
                               ├農業共済事業会計                      │に
                               ├交通災害共済事業会計                   │属
                               └公立大学附属病院事業会計 ───────────────┘する
```

『図説日本の財政』平成13年度版，94頁．

含まれている．公営事業全体を通じて，事業数の多いものとしては，老人保険，国保事業，上水道，簡易水道，農業共済などがあげられる[2]．

　地方公営企業は，独立採算制を基本原則としつつ，公共の福祉を設立の目的として地方団体が経営することとなっている．しかし中央の場合と同じく，多くの場合この両者は矛盾し，実際には低料金などのために欠損に陥っているものが多い．したがって，それらは独立採算制とはいっても，ほとんどが一般会計からの繰出金や国庫からの建設費補助・利子補給などの助成措置によって維持されざるをえない．さらに，それらの発行する地方債に対しては，普通会計債と同じく，財政投融資計画およびそれと連関している地方債計画にもとづい

---

2) 総務省『地方財政白書』平成13年度版，168～200，440～467頁．

て資金運用部資金や簡保資金，地方公営企業金庫などによる引受が行われてきた．2001年度からは郵便貯金・年金積立金は自主運用されることとなったが，その一環として，それら資金が計画の枠内で直接引受けることとなった．

2. 予算編成の特徴

地方団体の予算編成では，中央の場合にくらべて首長の権限がつよいのが第1の特徴である．予算編成権・提出権が首長専属であるのは同様だとしても，議会が，法令上の義務費や応急災害復旧費のような緊急費等のいわゆる特定費目を削除または減額する議決をした場合，首長は再議に付すことができる．その結果同じ結論が出された場合，首長は義務費について原案執行の権限をもち，特定費目については首長は議会が首長に対して不信任の議決をしたものとみなして議会を解散できる（地方自治法第177・178条）．こうした規定があるのは，緊急費については，住民の生命財産にかかわる緊急避難的な意味をもち，中央財政にくらべて地方財政が住民の生活に密着し，災害対策等の直接責任を負っていることに対応している．また義務費については，地方団体が自治体だとはいっても，中央政府の地方機関としての性格を併せもっていることからくる地方政府の特殊な地位によるものである．もしこれがないとすると，おそらく中央政府としては，地方的に実施すべき行政のために中央の直接的な出先機関を多数全国に配置せねばならぬことになり，国民に多くのコストを追加負担させることになろう．

第2の特徴は，地方団体の予算が中央依存であることとの関係で，補正予算の回数が多いことである．前述のとおり，現在，地方団体歳入のおよそ2分の1は中央からのものであるにもかかわらず，会計年度の始期が同じであって，中央と地方とで予算編成が同時になされるため，地方では中央からの収入が未確定のまま予算編成作業を行わざるをえないことが多い．したがって，当初予算はそれを除いたり控え目に見積ったりして組み，確定するたびに補正予算に計上する必要が生ずることとなる．中央への依存度が小さかったりあるいはなかったりすれば，そうした必要はない．

第3の特徴は，地方財政計画の策定である．これは個々の地方団体の予算の積上げではなく，中央での予算編成と併行して，中央としての地方財政の見通しをたて，中央から地方に交付すべき交付税額を算定するのが直接の目的である．だが同時にそれは地方団体への指針を与えるためのマクロ的な歳入出見通しとして機能しており，総務省の手で作成され内閣の手で毎年2月頃国会に提出される．これはマクロ的な見積りという性格から，個々の地方団体に対して強制力が及ばないことは当然である．しかし，歳入出すべての面について中央財政と深く結びついている地方財政の当該年度のあり方を，総務省と財務省が折衝して中央財政と整合的に組み合せ，内閣の責任で作成している以上，単なる見通しよりははるかにつよい指針として，各地方団体に影響を与える．また，後述の経済政策的運用という面からみれば，こうしたマクロ的「計画」は不可欠のデータといっていい．

第4節　日本の中央・地方財政関係

　日本の地方財政は，明治の初めから中央政府のつよい規制の下におかれており，その点が欧米諸国にくらべた日本の地方財政の特徴であった．第2次大戦の敗戦にともなって新憲法体制に変り，地方自治制度が飛躍的に整備されたが，中央・地方の財政関係は以前にもましてつよまっている．その点を端的に示すのが中央・地方を通ずる租税と経費の実質上の分担関係である（図10）．同図によれば，地方は中央・地方租税総額の41.2％を徴収するにすぎないのに，中央・地方経費総額の63.0％を支出している．いわば少なく取って多く使っているわけである．その差額は中央から地方への財源移転によってまかなわれる．その移転財源には，公債資金も含まれているので租税だけとはいえないが，ともかく中央から地方への租税資金再配分によってそれが埋め合わされることとなるのは間違いない．その主要なルートは，補助金と地方交付税交付金である．すなわち，1999年度予算の場合[3]，中央は一般会計歳出の15.7％を地方

---

3) 『要覧』68頁．

図10 中央・地方を通ずる財政構造（1998年度）

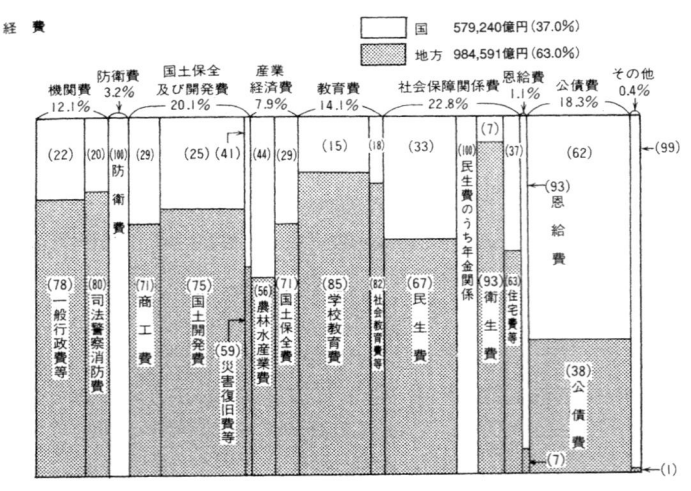

経費　　　　　　　　　　　　　　国　579,240億円（37.0%）
　　　　　　　　　　　　　　　　地方　984,591億円（63.0%）

| 機関費 | 防衛費 | 国土保全 | 産業 | 教育費 | 社会保障関係費 | 恩給費 | 公債費 | その他 |
| 12.1% | 3.2% | 及び開発費 20.1% | 経済費 7.9% | 14.1% | 22.8% | 1.1% | 18.3% | 0.4% |

（グラフ内数値：(22)(20)(100)(29)(25)(41)(44)(29)(15)(18)(33)(100)(37)(62)(99)／(78)(80)(71)(75)(56)(71)(85)(82)(67)(93)(63)(93)(38)(7)(1)(59)(7)）

項目：一般行政費等／司法警察消防費／防衛費／商工費／国土開発費／災害復旧費等／農林水産業費／国土保全費／学校教育費／社会教育費等／民生費／民生費のうち年金関係／衛生費／住宅費等／恩給費／公債費

1.『要覧』,23頁.
2. グラフの中の（　）内数値は，目的別経費総額に占める中央・地方の割合を示す.

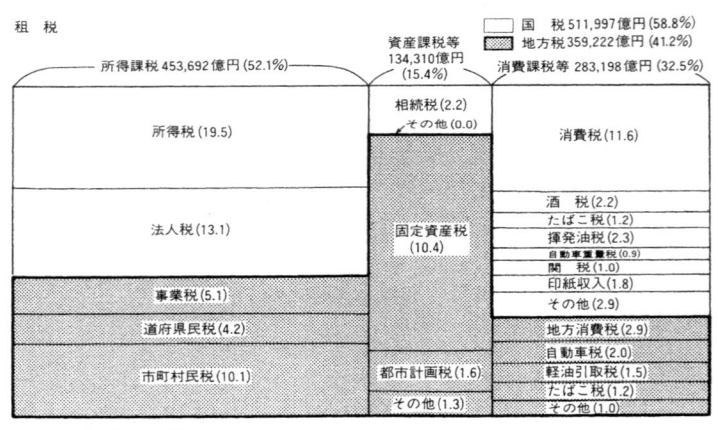

租税　　　　　　　　　　　　　　　国　税 511,997億円（58.8%）
　　　　　　　　　　　　　　　　　地方税 359,222億円（41.2%）

所得課税 453,692億円（52.1%）／資産課税等 134,310億円（15.4%）／消費課税等 283,198億円（32.5%）

所得課税	資産課税等	消費課税等
所得税 (19.5)	相続税 (2.2) その他 (0.0)	消費税 (11.6)
法人税 (13.1)	固定資産税 (10.4)	酒税 (2.2)
		たばこ税 (1.2)
		揮発油税 (2.3)
		自動車重量税 (0.9)
		関税 (1.0)
		印紙収入 (1.8)
事業税 (5.1)		その他 (2.9)
道府県民税 (4.2)		地方消費税 (2.9)
		自動車税 (2.0)
市町村民税 (10.1)	都市計画税 (1.6)	軽油引取税 (1.5)
		たばこ税 (1.2)
	その他 (1.3)	その他 (1.0)

1.『要覧』,23頁.
2. 国税には，消費譲与税の原資となる消費税の25%分など，特別会計の歳入となる租税を含む.
3. 財産課税のその他は，『地方税に関する参考計数資料』（平成5年度）15頁の地方直接税から事業税，道府県民税，市町村民税及び固定資産税を除いたもの.
4. （　）内は，租税総額 871,219億円に対する割合を示す.

交付税として支出するほか，20.0％の補助金を地方に流し，さらに財投で地方債を引受けている．地方側からいえば，歳入の23.6％が交付税，14.9％が国庫支出金，12.7％が地方債(うち6％分が政府資金)であり，およそ44.5％は何らかの形で中央の資金に依存していることになる．

このうち交付税は，国税たる所得・法人・酒・消費・たばこの5税の一定割合(2000年度は所得税・酒税の32％，法人税の35.8％，消費税の29.5％，たばこ税の25％)を一般財源として，いわばひもつきでなく地方に交付するものである．これは交付する場合，定められた方式にもとづいて財政力の強弱に応じて財源を保証し，かつ平衡化させる財政調整制度であって，その平衡効果は著しい．すなわち1998年度の場合，例えば愛知県では人口1人当り地方税135,305円，交付税970円，一般財源136,917円なのに対し，沖縄県ではそれぞれ63,360円，162,439円，226,277円となっている[4]．愛知県の場合，地方税は歳入中44.0％，交付税0.3％であるのに対し，沖縄県では12.7％と32.6％とそれぞれが対照的な収入構造をもっているのに，結果において両県の財政力格差は完全に補整され，計算上は大幅な逆格差となってさえいるのである．

現代国家は多かれ少なかれ財政調整制度をもっているが，日本の交付税ほど強力な平衡機能を実現している例はない．それは，地域的な不均衡を生じつつ進行する経済成長の果実を，財政を通じて地域的に再配分し，行政水準をならし，租税負担をならす効率のよいメカニズムである．しかし，この方式は，あるべき行政水準を想定してそれを実現できない団体に交付するという方式をとっているため，変動の少ない安定的な社会には適合的であるが，たとえば急激に都市化が進むような流動的な社会では，都市化が要求する新しい行政需要がもともとの方式にとり入れられていないため，都市問題を激化させるというような側面をもつ．

交付税とならんで大きな中央・地方財政関係のパイプは補助金である．もっとも補助金という用語は広狭多様に用いられるようであり，広義の場合はむし

---

[4] 『要覧』70頁参照．

ろ国庫支出金とよばれることが多い．国庫支出金は狭義の補助金のほか，負担金，委託金などの支出金を含む．いずれも交付税のように一般的な財政調整，財源保障として支出されるのではなく，公共事業，社会保障，教育などの特定の事業にかかわって支出される．ただし，財政力の強弱を考慮して困窮団体に対して補助率をかさ上げするというような操作を行うこともある．

　上述の3種の支出金のうち，負担金は中央が義務的に負担するもので，事務の性質上，中央が当然に一定程度の責任があると考えられるものについて，たとえば義務教育費国庫負担金といった形で支出される．これに対して補助金は，中央の見地からみて特定の事務の実施を奨励したり，あるいは地方団体の財政を援助するために支出されるもので，中央にとっては義務でなく，任意である点で負担金と異なる．もっともそれ故に中央の意志によって地方財政が左右される場合が多く，財源の乏しい地方団体は補助金が付く事業を優先させ，団体としての本来の行政のプライオリティが貫かれないことにもなりがちである．またこの種の補助金には当然中央政府が要求するさまざまな手続や条件や規制があり，それが全国画一的であるため，地方団体の実情に合わないことも少なくない．それに伴って人員や資源が濫費される傾向が生じがちである．

　しかし，中央政府側からいえば，何よりも国税の一部を補助金として支出する以上，国税の納税者に対する責任から交付先の地方に対して厳しい条件を求める必要があるし，全国的見地から一定水準の行政を実現させるために規制を必要とする．さらにアメリカなどでは，補助金交付の条件に人種，年齢，宗教などの差別を禁ずる旨を要求することもある．具体的には補助金獲得には政治家が介在するし，中央官僚の縄ばり意識や支配志向などといった要素も無視しがたい．

　こうした中央から地方への支出が，どのような領域で，どの程度の規模でなされているかは前掲表8(41頁)に示されている．それによると，1998年度の場合，中央歳出純計と地方歳出はそれぞれ92兆円，100兆円ではあるが，中央歳出のうち34兆円(37.3%)は中央から地方に対する支出である．その中で最大の地方財政費19兆円(54.2%)はほぼ地方交付税とみなしうる．ついで補

助金や負担金では教育費と国土保全及び開発費がそれぞれ 3.6 兆円 (10.6%) と 5.9 兆円 (17.1%),社会保障関係費 5.1 兆円 (14.7%) で,これら 3 つだけで全体の 42.3% に当り,地方財政費と合せれば 96.6% と,中央からの支出のほとんどすべてに当っている.とすればここに中央・地方財政関係の焦点があることがわかるであろう.なお,量的には小さいとはいえ,外交費・恩給費・公債費の 3 費目を除くすべての費目にわたって中央から地方に支出されていることを表 8 は示している.それに伴う強弱さまざまな統御を考えれば,金額が与える印象よりははるかにつよい中央・地方財政の関連が現在の日本の財政を貫いていることが察せられるであろう.

第5節　地方財政と景気政策

　伝統的な考え方からすれば,経済政策なり景気政策なりは中央政府や中央銀行の責任であって,州財政や地方財政はそうした目的に利用されることは望ましくないし,また適してもいないはずである.だが,総じて国民経済の中での財政全体の割合が高まってくると,その一分肢としての州・地方財政もそうした古典的な位置づけにとどまりきれなくなってくる.

　まず第 1 に,前述のとおり,日本では中央財政と地方財政が深く重なり合っているので,仮に意図的でなくとも,中央財政の動く方向に地方財政も動かざるをえないという傾向があることは当然予想される.

　第 2 に,中央政府の意図する景気政策なり財政政策と反する方向に地方財政が動くことになると,国民経済的にみて政策効果が薄れたり混乱や不効率が生ずる.地方財政の規模が小さくてその影響が弱ければ,それが深刻な問題になることはないが,中央と重なり合いながら,しかも国民経済につよい影響を与えるほど大規模になってくると,それではすまなくなる.

　第 3 に,人びとの意識の変化が問題となる.地方的独立性がつよい条件の下では,当然こうした中央政府に追随しなければならない地方財政の景気政策的運用には反対がつよい.とくに地方団体なり地方住民としては,格別自己の財

政を操作しなくとも，中央政府の行う景気政策にいわばタダ乗りしていればよいのである．しかし，資本や人口の地域間移動が高まり，人びとの地方団体への帰属意識がうすれ，伝統的な地方支配体制がゆらぎ，大衆が政治的発言権をつよめるようになってくると，大衆は地方財政の独立性への価値評価を低下させてゆき，むしろ中央財政と地方財政が共同して，たとえば失業解消やインフレ抑制などといった景気政策的財政運営を行うことに対する価値評価を高めていくことが考えられる．また，事は国内のみにとどまらない．国際的な経済摩擦が深刻化するなかで，景気刺激策をとり国内需要を喚起すべきことが国の内外から求められているのに，中央財政は赤字の重圧でその余裕がないというのが，1980年代後半以降，とりわけ90年代の長期不況下の日本の実情である．このような場合，大規模な地方財政が，財投ともども，中央一般会計と緊密な関係にあることは，総体としての日本の財政の経済政策的運用の可能性を高めるものだといっていい．

　なお，中央財政と地方財政が協力するといっても，つねに両者が同じ方向に動くとは限らない．たとえば，いわゆる平成不況の場合，中央は税収が減少しているのに，過去の膨大な公債累積残高のために追加の大量公債発行がかなわず，結局，中央の予算は補助金削減などで厳しく抑制する一方で，地方には，景気を刺激するために公共事業の拡大を求め，それを支えるための地方債発行の承認や引受を増大させている．これは中央財政で公債発行によるスペンディングを行うというフィスカル・ポリシーの基本形を，財投による地方債引受を媒介として，地方をまき込んで変形させたものというべきであろう．しかし，こうした動向には地方団体がつよい反対を示している．地方財政が，もともと地方独自の行政需要を満たすためのものであるという本来の機能をもっていて，それが継続している以上，こうした運営が地方自治と抵触することは否定しえないところであろう．まして，タダ乗りの利益があるのであるから，上記の動向をあまり強調しすぎることは正しくないかもしれない．いずれにせよ，地方自治と財政による景気政策の調和という，すぐれて現代的な課題に日本の地方財政は当面しているのである．

終 章　現代財政の歴史的位相
　　　——福祉国家型財政の形成と展開——

　財政学の目的は，現代の財政とりわけ日本のそれを科学的に分析し，その歴史的意義を確定することである．これまでの各章でのべてきたことは，すべてそのための材料の整備であったともいえる．そこではほとんどすべて現代の事例をとり出し，いわば財政の個々の素材を説明してきたのであって，その歴史的な位置づけにはあまりふれていない．しかし，いうまでもなく現代の財政は，絶対王制や封建国家から生れた近代国家の財政を，修正し変形して引き継いでいるのであり，歴史的な意義を問おうとすれば，そうした背景に目を向けなければならない．とはいえ，数百年に及ぶ近代財政，現代財政の歩みを，多くの国について等しなみに説く余裕はないし，仮に望んでもそれはほとんど不可能であろう．そこで，ここでは経済学の方法にしたがって，近代財政を，重商主義国家，自由主義国家，帝国主義国家という資本主義の発展段階に対応した三つの国家像に即して類型的にとらえ，ついで第1次大戦を境にして展開する現代国家の財政を，いわば福祉国家型の財政としてとらえることにする．もっとも，近代国家や現代国家に対応する財政といっても，財政となればいずれも各国の歴史的・政治的諸条件に規定されて特殊な個別性をつよくおびており，類型化は簡単ではなく，研究の蓄積もあまり豊富ではない．だが経済学で明らかにされているように，重商主義段階と自由主義段階についてはイギリスが主導国であったし，帝国主義段階にあっては，イギリス，ドイツ，アメリカなどが主役の座を占めている．したがって，財政についても，それに対応してそれら諸国の財政の展開を念頭において，それを多少とも類型化，一般化する形で考察することにする．

第1節　近代財政の展開

1. 重商主義国家の財政

　資本主義の成立に対応して近代国家が成立してくる．その国家は，経済的には重商主義政策をもって資本主義の生誕・成立を保護し育成するという歴史的な意義を与えられており，その過程でしばしば近隣との大規模な戦争をくり返し，国内では近代的行政制度，軍事制度などを創出していく．政治的にみれば，重商主義国家の前期は絶対王制期に対応し，ブルジョワ革命を経た後期にはしばしば共和制がとられ，そうでない場合でも王権が制限され，逆に国民の権利がつよめられるのが常であった．財政も基本的にこの国家の役割に応じた構造と機能をもっていたとみなしうる．もっとも，意識的にそうしたというよりは多くの場合，結果的にそうなったと捉えるのが妥当であろう．

　絶対王制下の前期重商主義国家にあっては，王室費，軍事・戦争費などの支出が大きく，それは王領地収入のほか，関税，特許料，商人・高利貸からの借入金などでまかなわれ，対外戦争ともなれば諸侯から協賛金が徴収された．この時期には市民を代表する議会は存在していないから，制度としての財政民主主義はなかった．しかし王といえども，諸侯や大商人，教会などの代表からなる等族会議，諸侯会議，三部会などには掣肘されるのであり，とりわけ協賛金を求める場合にはその間の対立は深刻化しがちである．これはデモクラシーではないとはいえ，ここで示されている権力による資金の徴収と提供者によるその制約という形は，のちの租税法律主義のひとつの起源とみなしえよう．

　議会が近代的な姿で登場するのは，ブルジョワ革命によって王制が打倒されたり王権が制限されたりして市民の代表が議会を構成し，租税が法律で定められ，議会が予算協賛をするようになってからである．ここで制度としての財政民主主義が成立し発足した．その点は革命前と大きく変った．それを受けて議会の定めた内国消費税がこののち関税とならんで主要な税となる．公債は，以前のような王の私債と国家の公債との未分離状態を脱して，議会の承認による

国家の債務としての性格を明らかにし、租税によって担保されるといった重要な変化が生じた．しかし、財政を支える基礎たる経済は、政治革命によって一挙に変るわけではないから、財政の根本的、経済的性格は以前のそれを引き継いでいたといっていい．

この時期の財政は、支出面では近代国家に必須の行政機構や軍事機構を創出し、戦費をまかない、産業や航海に補助金を与え、国家自ら産業を興すことなどを主な領域としていた．これは近代国家形成そのものであり、同時に資本主義の成立を保護助長するものであった．収入面では関税のほか、流通税・消費税の性質をもつ特権収入や特許料などが整備され、のちには本格的な内国消費税が採用されて近代国家としての基礎がかたまった．これらの税は、中世以来の農民や職人など独立小生産者層を収奪し、かれらを近代的な無産のプロレタリアートに転落せしめるこの役割を果たした．借入金や公債が主として中世以来の商人・高利貸資本に依存したのは当然であるが、これによってそれら資本の手にはますます資金が蓄積された．こうした商人資本・高利貸資本の末端には次第に生産が組織され、小経営が形成されていく．それら産業が機械制大工業にもとづく工場制へと発展し、それにともなって社会的経済的な一大変革が生じた．産業革命がこれである．

2. 自由主義国家の財政

産業革命をへて、綿工業を主体とする産業資本がイギリス社会の動きをリードするにいたって資本主義が確立し、国家の体制もそれに応じて変化する．まず、国内的には重商主義以来のさまざまな規制や特許を廃して、資本の活動にとっての障害を除く一方、確立した資本主義社会にとって必要となる新しい行財政需要を満たす必要があった．対外的には、国内で成立した資本にとっての原材料市場や製品市場を開発すべく、武力や強制をまじえた自由貿易を相手国との間に結んだり、植民地支配を拡大したりせねばならなかった．それらすべてが財政を規定し、また財政の変革が資本主義のいっそうの発展を助長するという関係が形成される．

確立した産業資本に統合された19世紀中葉のイギリス社会が，国家とりわけ中央政府財政に求めたものは，何よりもまず重商主義段階を特徴づけた関税の引下げや廃止であり，貿易特権の廃絶であった．それは食料や原材料の安価な輸入と製品の輸出を可能にして産業資本の蓄積を加速し，イギリスを世界市場の支配者に押し上げるてことして作用した．1840～60年代のピールの改革，グラッドストーンの改革がこうしたイギリス自由主義財政を象徴している．国境での関税の整理に対応して内国消費税の課税品目もごく少数に整理され，税率が引き下げられた．それにもかかわらず，関税・消費税の収入はいずれも好況を反映して伸長した．またこの時期に，消費税整理による収入減への懸念から，比例税の所得税が導入された．だがこの間，経済規模は拡大をつづけていたから，国民経済に対する相対的な租税の地位は低下し，経済への攪乱効果は減少していった．アダム・スミスらが理想とした中立的租税制度へ近づいたのである．同じ動きの中で公債発行は排撃され，重商主義以来累積していた既発債も着実に償却されていった[1]．となれば当然経費はそれを反映させた動きとなるのであって，重商主義的な各種の経費は整理され，いわゆるチープ・ガヴァメントが実現する．租税と同様，国民経済の中での経費の地位は低下した．以上が自由主義財政の中核であり，これは産業資本の要求するレッセ・フェールの財政面への反映である．

　しかし，ストーリーはこれで完結したわけではない．中央財政が上のような形で産業資本家社会の要求を受けとめ，重商主義国家型の財政を廃絶していった一方，同じ産業資本家社会は他方では近代的・効率的な行財政機構の創出と全国的なレベルの統一，資本蓄積を支える社会資本の整備などのための新しい経費支出を必要とする．その負担の多くは地方財政の負荷となった．ということは，イギリスの場合，地方財政はもっぱら不動産に課せられるレートによって支えられているのであるから，地主・家主らの直接間接の負担の強化によってまかなわれたことになる．その際は，ある程度全国的な行政水準の統一化も必要なのであって，伝統的な地主階級による割拠的な地方支配の構造をそれに

---

1)　『要覧』156頁参照．

ふさわしい形に変えなければならない．そのために新たに導入されたのが補助金である．救貧や教育や衛生などについて，地方政府に補助金を与えることを通じて全国的な行政レベルの維持へのインセンティヴを与え，中央にはそれを統括する委員会などの組織が作られていく．中央と地方の政府がこうした緩やかな形で結ばれているのが，自由主義国家の特徴といっていいであろう．

ともあれ，自由主義国家イギリスにあっては，中央財政は強い抑制基調で推移したが，地方財政は同じ時期に，同じ産業資本家社会の要求にしたがって急膨張をとげている．これも自由主義財政の一側面であって，中央と別のものではなく，地方のこの支えをふまえて中央財政の抑制が可能になり，産業資本の自由な展開が保障されたのである．

国内で社会の支配的な地位を占めるにいたった産業資本およびそれに連なる諸利益集団は，財政負担の多くを地主や家主に負わせることによって，中央財政に示される自己の負担を軽減させ，経済的繁栄を達成しえた．国内でさえそうした力学が作用しているのであるから，国外においてそれが加重され，時として露骨かつ暴力的に同じロジックを貫くことになったとしても何ら不思議ではない．植民地財政，とりわけイギリス産業にとって生命線の地位に立つインド植民地の財政に，それが集中して現われる．すなわち，イギリス産業資本のための原料・製品市場としてインドを植民地化したうえ，そのインドを統治し，国内市場を整備拡大するためのコストもすべてインド自身に負担させた．のみならず，インドを拠点として展開されたアジア，アフリカへのイギリスの進出のコストや兵力をもやはりインドに負担させ，ひいては直接本国の財政への寄与をもさせるにいたった．

この結果，たとえばイギリス本国財政と匹敵するほどの大きさの軍事費をインド財政はイギリスのために支出し，インド国内の鉄道敷設のための公債はイギリスによって引受けられるなど，さまざまなルートでインド財政はイギリス産業資本の蓄積を促進し，その不可欠の構成要素をなしていたのである．本国でのチープ・ガヴァメントが産業資本の要求だとすれば，植民地財政における強度の収奪にもとづく膨張財政もまたイギリス産業資本の要求に起因するもの

だったといわねばならない．

　自由主義国家の典型をなすイギリスの自由主義財政は，中央・地方・植民地にまたがってこうした重畳した構造をもち，それらすべてが統合されて総体としてのイギリス産業資本を，ひいてはイギリス産業資本を基軸として展開していた当時の世界的な経済の連関を支えていたのである．スミスによって確立されリカードによって彫琢を加えられた理念としての自由主義財政論は，このうちの中核部分たる本国の中央財政にならって形づくられたものであって，現実に存在したこうした構造をトータルに即自的に反映したとはいえない．現代にいたるまでくり返し登場するイデオロギーとしての自由主義財政論ないし「小さな政府」論の歴史的栄光と現実的悲惨は，かかってこの弱肉強食を本質とする国内外の重層的な構造を無視することに由来している．

3. 後発資本主義諸国の財政

　イギリスにおくれて資本主義化した国は，先発国イギリスの国際政治，国際経済上の圧力を前提として世界に登場するのであるから，政治的・経済的にははじめからイギリスの場合とは異なった道を歩まざるをえない．国内にはなお旧体制がかなりつよいのに，いわば外から開国をせまられ資本主義化を強制される．資本主義化しても自由貿易を要求してくるイギリス等の先発国との競争には簡単に太刀打ちできず，産業の種類や組織を先発国のそれとは変えて異なったルートで世界市場に乗り出し，しかも国家が強力な保護助長政策をとる必要がある．加えて後発国であるために，イギリスのように負担を押しつけて自らはチープ・ガヴァメントを実現するために必要な植民地をもっていない．先発国と後発国とでは資本主義・近代国家形成と存続の条件が著しく異なるのである．

　したがって，それに応じて財政が異なるのは当然であろう．何よりも各国資本主義化の時期が異なり，それに各国の特殊な歴史的・社会的伝統や地政学的要因も加わって，同じ自由主義段階の財政といっても基軸国イギリスとはむろんのこと，相互にも異なった財政が形づくられる．同じく資本主義をふまえて

近代国家を形成するのであるから，根本的に共通な点があることはいうまでもないが，その相違もまた小さくないのである．それは，イギリスがいち早く資本主義を確立させて自由主義段階の世界的な支配者の地位を占め，それにふさわしい財政をつくり出したが故に，後発国はそうなりえないという対応関係にあるものと位置づけられる．

　国家統治形態は，イギリスが緩い中央集権だったのに対して，旧来の分立制を十分に克服しない場合にはドイツ流の連邦国家になるし，逆につよい外圧に耐えるために強力な中央集権たらざるをえなかった日本のような体制にもなる．しかしドイツの場合でも，主としてドイツ資本主義を担ったプロイセンについては，強力な集中権力が形成された．

　財政もそれに対応して，日本はもちろんドイツでもイギリスの場合よりは中央財政の地位が高く力はつよい．そのつよい中央財政は，対外的には軍事費，対内的には急速な統治行政機構の整備費と殖産興業費にむけられる．その負担は，経済水準が未だ低いために当初相対的に重くならざるをえないのは当然であろう．だが重い理由はそれだけではない．イギリスでは自由主義的チープ・ガヴァメントに到達したような，資本主義のある程度の発展水準になっても，先発国からの圧力がつづいているうえに，世界状況が帝国主義化していくため，こんどはそれに応ずる経費支出の必要が生ずるからである．いわば重商主義・自由主義を混合させたような財政的な課題をもってはじまり，自由主義財政が十分開花するいとまもなく，次の帝国主義財政へと推転していくのである．

　なお，後発国の財政といっても各国相互にその内容は著しく異なる．たとえばアメリカは，地政学的にもヨーロッパの圏外にあるため，独立以後緊迫した対外圧力に脅かされることもなく，国家の構造も分権的であり，中央財政は相対的に小さく，また弱く，逆に州財政や地方財政の独立性がつよい．資本主義の先発国とはいえないが，しかしそれに類似した孤立的な地位と，封建社会的な伝統の制約がないので，一種の自由主義型の国家と財政がそこに形成される．明治維新以後の日本がその対極にあることは容易に理解されよう．おそらくドイツはその中間といったところであろう．

4. 帝国主義国家の財政

豊かで広い帝国領土を保有しているという意味では，むろんイギリスが第1級の帝国主義国であった．しかし自由主義段階から帝国主義段階にかけて，積極的に対外進出を試み，世界的な緊張を高めたのは後発国の側であった．自由主義段階の支配者であったイギリスに対して，19世紀後半から後発国が競争をいどみ，巨大な重化学工業を産業的基盤とした新しい世界秩序を求め，植民地の再分割を求めたのである．そうした新しい動きは財政に投影されずにはおかない．

軍事体制の強化は直接には軍事費とりわけ海軍費の拡充をもたらす．と同時に，それは基幹産業たる重化学工業に安定的な市場を提供する．国営鉄道拡充や公共事業支出も，重化学工業時代が要求する社会的資本の整備拡充を行いつつ，翻って国家が重化学工業に市場を提供し保証する意味をもつ．このような支出は当然に大規模となるので，それら経費の財源として発行される公債もまた増加し，それを引受消化する銀行と国家との関係が密接になる．

この時期には主要先進国の州・地方財政における教育費の膨張が著しい．それは重化学工業時代の要求する大量の優秀な労働力を育てて産業と軍隊に供給するための義務教育が普及したことを反映したものである．これらのほか金額は少ないとはいえ，新たに労働者階級に対する社会保険が導入されてそれへの支出が登場する．これは労働力を保全するという狙いに加えて，組織力をつよめて社会主義化傾向をもちはじめた労働者に対して社会政策をほどこし，かれらに守るべき祖国の意識を植えつける必要があったからである．公債費も増加するが，これは公債の発行と累積が進んだ以上当然であろう．以上がいわば積極的帝国主義国としてのドイツの経費にみられる特徴である．

ドイツの軍事費膨張，軍事力強化は直ちにイギリス財政における反応を惹き起こす．いわゆる建艦競争が進み，それに由来する軍事費膨張がこの時代の財政の第1のかつ主要帝国主義国共通の特徴をなすにいたった．しかし，イギリスは必ずしもドイツと同じ傾向は示さない．上にのべたそれ以外の多くの経費を地方財政が担ったため，中央財政はあまり大きな変化を示さないし，財政全

体の国民経済との相対比もあまり変らないといっていい．とくに公債残高及び公債費は，第1次大戦まで絶対額，対国民所得比とも低下しつづけている．何といってもイギリスは，自由主義的世界において主導権をにぎりつつ資本を蓄積して富んできた国である．後発資本主義国との競合関係がつよまったとはいえ，依然として自由主義的体制をふまえた世界の工場，世界の銀行，世界の商人の地位を保持しており，政治・経済・社会はそれに適合的に構築されていて根本的な変化は簡単には生じなかった．その点は，租税収入面にも表われている．

　自由主義段階以来，イギリスの国家経費は少数の関税や消費税でまかなわれており，それは帝国主義期にも継続する．20世紀に入れば財産税，所得税，相続税なども増加しはじめるが，全体の税収構造を変えるほどではない．もっとも，関税と消費税への依存体制が継続する点では，ドイツ帝国も同じであり，やはり収入構成の根本的な変化はここでも生じてはいない[2]．ただし，帝国主義国家の関税は単なる収入源としてのみでなく，経済政策あるいは社会政策としての重要性をおびるようになる．すなわち，重商主義期の幼稚産業育成関税としての機能や，自由主義段階の収入目的だけの財政関税に対して，国内で形成された重化学工業独占体の独占利潤確保のための独占関税，あるいは農業・農民を保護し，体制内化させるための農業保護関税という性格がそれである．帝国主義諸国間の関税引上げは，国際緊張を高めて関税戦争などと呼ばれ，第1次大戦の前哨戦の意味をもった．

　アメリカは前述のとおり帝国主義の焦点たる西欧から遠くに位置しており，財政がこの時期とくに変らなければならない理由はなかったと考えられる．関税と消費税に依存して民事費も軍事費もほぼ等しなみに緩やかに増加し，公債費は減少していき，州・地方はほとんど財産税収入によって教育，道路，その他内政費をまかなう自由主義的財政がつづき，対GNP比もあまり変らない[3]．

　日本は，世界史的には帝国主義化しつつあった時期に開国し，江戸時代から

2）　加藤榮一・林健久編『ドイツ財政統計　1872-1913』東京大学出版会，1983年．
3）　『要覧』150頁．

進行していた資本主義化は明治維新後急速に展開した．政府の殖産興業政策がこれを促進し，富国強兵も緊急の課題であった．産業的にも軍事的にも，アメリカと異なって日本はヨーロッパの帝国主義的対立に，極東という場所においてではあるが，ひき込まれていたからである．それをまかなうのは，先進国のように関税と消費税というわけにはいかず，江戸時代以来の貢租を地租改正によって近代的租税としての地租につくり変え，これに全面的に依存するほかなかった[4]．もともと関税や消費税を十分徴収できるほど豊かに商品流通が展開していなかったうえに，弱小後発資本主義国として先進国から自由貿易を強制されて関税自主権をもちえなかったし，もしもちえたとしても，工業化のための基礎的な機械設備や原材料や軍需品など，総じて後発国の近代化にとって不可欠の資材を輸入せざるをえない日本としては，それを妨げる高率関税や消費税を課すことは，自ら首を締めるの愚に他ならなかったであろう[5]．

　欧米諸国では，州や地方のために留保された不動産課税を，日本では中央政府が地租改正によってまず確保してしまったのであるから，いきおい地方財政は貧弱たるを免れなかった．それでもその地方財政は，明治の初めから義務教育費に傾斜した支出を行い，貧弱な資源賦存国として，最も効率的でかつ必須であった良質労働力と兵士の陶冶につとめ，世界に例のないスピードでの近代化を根底から支える機能を果した．

　国家有機体説，租税義務説，経費生産性説，公債容認論など，19世紀に急速に世界に広まって，正統派財政学の名をほしいままにしたドイツの財政学に特徴的な思想や主張は，ひとつには後発資本主義国のもつ財政的要求，すなわち先進国イギリスからの経済的・軍事的圧力に抗しつつそれに追いつくためのつよい政府と大きな財政を表現しているのであるが，それだけではない．同時に，後発国なるが故に鋭く体現していた帝国主義的対外進出に要する強い政府と大きな財政をも，重ね合わせて表現しているのであった．とすれば，日本の財政の指針となったのがこのドイツ流財政論であったことは，自然のなりゆき

---

4),5) 『要覧』84～85頁参照．なお，林健久『日本における租税国家の成立』東京大学出版会，1965年をも参照．

であったというべきであろう．日本の場合には，明治の初めに輸入された財政思想としては，むしろイギリスやフランスの自由主義的なそれが支配的だったのに，時の推移とともに急速にドイツ流財政論に転じていき，自由主義的財政論は在野の少数派の教説としてとどまることとなった．

5. 第1次大戦の財政史的意義

大戦財政はかつてない財政史上の画期であった．その内容にここでは詳しく立ち入らないが，いうまでもなく交戦諸国では総力戦に対応すべく戦争費を中心にして支出水準は不連続的に高まった．一方，それをまかなうために所得税，法人所得税という新しい税が各国の税収の主柱となる．それでも戦費をまかないきれず，公債発行は各国とも史上空前の額に達した．直接戦争にかかわらない州・地方財政が圧縮されて財政力能は中央に集中された．そして何よりも国民大衆が，戦争という政治に身心を賭して参加したのである．なお，国際的にはアメリカによる連合国への戦費支援が巨額にのぼった．これらは直接には戦争がもたらしたものであって，終戦とともに遅かれ早かれ元にもどって然るべきものだったといえなくはない．しかし事実は必ずしもそうはならなかった．

ここで形成された財政構造は，戦後，基本的に各国に定着し，財政史上あるいは近代国家史上の新しい時代をそれが支えることとなった．もっとも，この戦時財政の戦後への継承のしかたは国によって多様である．概していえば，戦勝国，戦敗国を問わず，大戦の戦場となったヨーロッパにおいてはつよく継承されるのに対して，アメリカや日本のような国ではそうとはいえず，とくにアメリカでは戦後は戦前の「平常状態への復帰」が推進され，かなりそれが実現された．この差は現代という時代の開幕に当って重要な意味をもつ．大戦財政は，資本主義の成立と展開に対応した近代国家の財政の終着点であると同時に，福祉国家という現代国家の財政の出発点となったのである．

第2節　福祉国家の財政

大戦は福祉国家の産みの親であるといえよう．その惨禍の中から新しい時代がはじまった．旧支配体制は動揺したり解体されたりし，代って大衆が政治の場に組織的に登場して発言するようになり，それを無視しては政治的決定は不可能となるか，少なくとも不安定たるを免れなくなったのである．そうした資本主義国における大衆の政治化の背景には，大戦の中から新たに成立したソヴェト社会主義の圧力が直接間接に作用していたことは疑いない．と同時に，各国ごとの特殊な事情が作用していたことも当然である．しかし，ここではそうした個別的・歴史的な条件に立ち入ることはできない．そこで以下 **1.** では，全体を見渡して財政史上重要だと思われるいくつかの計数の変化をとり出し，**2.** ではそれが現代財政にとってどのような意味をもつかの考察に限定して論ずることにしたい．

1. 第1次・第2次大戦後の財政の新動向

二つの大戦後の時代になると，先進資本主義各国にはさまざまな程度において，以下で列挙するように戦前とは異なった財政が出現する．

(1) 財政規模の不連続的な拡大

図11が物語ることは明白であって，大戦前と後とで財政支出の対 GNP 比が不連続的に高まっている．掲出はしないが絶対額についても同じことがいえる．イギリス，ドイツ，アメリカそれぞれの額の差は小さくなく，図に示されたカーヴの差は無視しえない意味をもつが，総じて上記のようにいっていいであろう．おそらく近代初頭まで財政史を遡ったとしても，ここに示されている二つの大戦が示すような明確な断絶を示す時期はないのではなかろうか．そして財政学が財政数量を手がかりにして国家を解析する学問であるとすれば，この事実から，第1次大戦を境にして主要資本主義諸国の国家の体質が大きく変ったと推論するのは自然なことであろう．ちなみに第2次大戦の場合も，基本

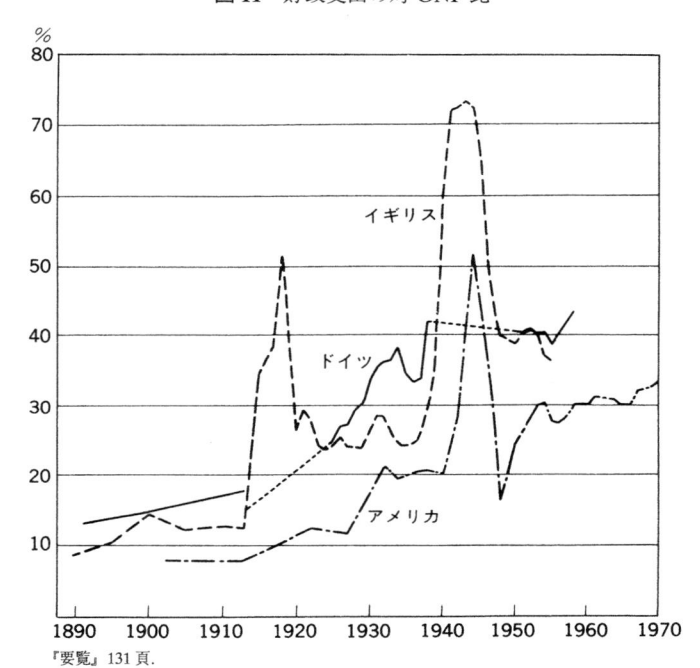

図11 財政支出の対GNP比

『要覧』131頁.

的には第1次大戦の場合のようなパターンが示されているといってよい。したがって，ここにも財政史の画期があると一応は予想しうるが，その点は支出の内容の検討にまつことにしよう．

(2) 社会費の上昇

　二つの大戦を境にして不連続的な財政支出の上昇があることが明らかになったが，その変化をリードしたのは社会費であった．この点はイギリスとドイツについての表28，表30に示されたとおりである．ドイツの場合は，第1次大戦前の31％から戦後の60％へ，イギリスは20～30％から40％へと歳出中の構成比を高めている．なお国債費を除くと(表28の各費目の右側の数値)，イギリスでは，第1次大戦後社会費は50％に達している．そして両国とも第2次大戦後もそれぞれ戦前とほぼ同じ水準を維持している．戦時財政やナチス財政

終章　現代財政の歴史的位相　179

表28 イギリス財政の変遷

A イギリス全政府支出構成比 (%)

	行政費		国債費	法律費		海外費		軍事費		社会費		経済費		環境費	
1890	12.1	14.8	18.2	—	6.9	8.4	0.3	0.4	26.7	32.4	20.9	25.6	11.0	13.5	3.8	4.7
1900	5.9	6.3	7.0	—	3.5	3.8	0.4	0.4	48.0	51.6	18.0	19.4	13.0	13.9	4.3	4.6
13	6.9	7.4	6.1	—	5.7	6.1	0.4	0.4	29.9	31.8	33.0	35.2	12.9	13.8	5.0	5.4
20	4.5	5.6	20.4	—	2.1	2.6	0.2	0.2	32.6	41.0	25.9	32.5	12.8	16.0	1.6	2.0
25	4.6	6.4	28.4	—	2.8	3.9	0.1	0.2	12.5	17.4	36.3	50.7	12.3	17.2	3.0	4.2
30	4.1	5.4	25.4	—	2.8	3.7	0.1	0.2	10.4	14.0	42.3	56.8	11.6	15.5	3.3	4.4
35	4.3	5.3	18.5	—	3.0	3.7	0.1	0.1	12.6	15.8	46.5	57.0	11.2	13.8	3.7	4.6
38	3.8	4.4	13.4	—	2.4	2.8	0.2	0.2	29.8	34.4	37.6	43.4	9.5	11.0	3.2	3.7
50	3.9	4.3	11.2	—	1.7	1.9	3.9	4.4	18.5	20.7	46.1	51.9	12.6	14.2	2.1	2.4
55	3.0	3.3	11.5	—	1.9	2.1	1.3	1.5	26.1	29.5	44.6	50.4	8.6	9.8	3.0	3.4

A. T. Peacock and J. Wiseman, *The Growth of Public Expenditure in the United Kingdom*, p. 184~187 より算出.
各費目の右側の数値は国債費を除いた場合の構成比.

B イギリス社会関係費(経常支出)の内訳 (百万ポンド, %)

	教育		公衆衛生 国民保健		住宅		扶助手当		非拠出制年金		社会保障		栄養学校給食		新サービス		合計	
1890	11.5	51.8	1.4	6.3	0.2	0.9	9.1	41.0	—		—		—		—		22.2	100.0
1900	19.3	55.3	2.8	8.0	0.5	1.4	12.3	35.2	—		—		—		—		34.9	100.0
10	33.5	53.0	4.7	7.4	1.5	2.4	16.1	25.5	7.4	11.7	—		—		—		63.2	100.0
23	87.4	27.6	44.4	14.0	16.5	5.2	34.3	10.9	92.3	29.2	41.2	13.0	—		—		316.1	100.0
33	101.7	24.0	58.6	13.9	44.8	10.6	85.1	20.1	64.9	15.3	67.9	16.0	—		—		423.1	100.0
36	115.1	21.4	65.3	12.1	43.8	8.1	94.0	17.5	87.0	16.2	129.0	24.0	—		3.9	0.7	538.1	100.0
49	267.5	18.4	403.7	27.8	67.2	4.6	68.0	4.7	108.8	7.5	398.2	27.4	63.0	4.3	77.8	5.4	1,454.2	100.0
51	344.5	21.0	448.8	27.3	74.1	4.5	92.8	5.7	101.3	6.2	428.0	26.1	65.0	4.0	87.3	5.3	1,641.8	100.0

U. K. Hicks, *British Public Finances, Their Structure and Development 1880–1952*. 遠藤湘吉・長谷田彰彦訳『イギリス財政史』30~31頁より算出.

をへたにもかかわらず,第2次大戦後の場合には,第1次大戦の際にみられるような質的な変化はなかったとみなすことができよう.比率を下げている代表的なものは両国とも軍事費・防衛費である.

アメリカの場合は(表29),第1次大戦後というよりは29年恐慌後のニュー・ディール期にややこれに近い変化が生じ,第2次大戦後はそれが多少後退しているようにみえる.ただし,ここに表示されていない60年代すなわちケネディ=ジョンソン政権期の「貧困との闘い」「偉大なる社会」以降,社会

表29 アメリカ財政の変遷
A アメリカ全政府機能別一般支出割合 (%)

	1902	1913	1922	1927	1934	1938	1944	1948	1952	1957	1960	1962
総　　　額	100.0	100.0	100.0	100.0	100.0	100.0	100.0	100.0	100.0	100.0	100.0	100.0
国防・国際	10.5	8.3	9.9	5.8	4.6	6.4	79.3	32.1	52.8	41.7	36.9	35.7
郵　　　便	8.0	8.9	6.2	6.7	5.4	4.8	1.0	3.4	2.9	2.8	2.9	2.7
教　　　育	16.3	19.3	19.3	21.2	16.6	16.3	2.6	15.4	10.5	13.8	15.1	15.3
ハイウェイ	11.1	13.9	14.6	17.2	15.1	13.2	1.1	6.1	5.2	7.2	7.4	7.0
社 会 福 祉	2.6	1.9	1.4	1.5	8.1	7.6	1.1	4.3	3.1	3.2	3.5	3.5
保 健 病 院	4.0	3.7	4.0	4.1	4.4	4.2	0.8	3.9	3.5	3.8	4.1	4.1
自 然 資 源	1.1	1.5	1.6	1.9	10.3	12.8	2.5	4.4	3.6	6.9	6.5	8.2
一 般 行 政	11.1	8.5	5.0	5.0	4.4	4.5	1.0	2.6	2.0	2.2	2.2	2.1
利　　　子	6.1	5.6	15.5	12.7	12.2	9.3	2.5	9.4	5.3	6.0	7.2	6.1
そ の 他	29.2	28.5	22.5	23.9	18.9	21.0	8.1	18.3	11.3	12.4	14.1	15.2

U. S. Department of Commerce, Bureau of the Census, *Census of Governments 1962*, p. 47.

B アメリカ各級政府支出割合 (%)

	連邦	州	地方
1890	36	10	55
1903	32	13	56
13	27	14	60
19	88	3	10
23	37	14	49
29	27	18	55
33	36	19	45
36	53	15	33
40	49	20	31
44	91	4	4
48	68	16	17
50	62	19	19
55	65	16	19
58	63	17	20

W. J. Shultz and C. L. Hariss, *American Public Finance*, 7th ed. p. 17 より作成。

表30 ドイツ財政の変遷

A ドイツ中央政府経費機能別割合 (%)

	総計	行政および分類不能	法律	防衛	社会保険	公企業	公債費
1881	100.0	9.1	0.4	83.3	—	4.9	2.1
91	100.0	8.6	0.2	69.5	15.1	1.3	5.2
1907	100.0	6.9	0.1	59.9	25.4	2.2	5.1
10	100.0	8.4	0.1	52.5	29.7	2.8	6.8
13	100.0	7.0	0.1	55.9	29.1	2.7	5.3

	総計	行政・その他	法秩序	防衛	戦争災害補償	社会費小計	うち					経済費	公債費
							社会保険	社会扶助	保健	住宅建設	教育		
1913	100.0	2.3	0.1	59.6	—	31.0	28.5	2.2	0.0	0.1	0.1	1.6	5.5
25	100.0	7.7	0.2	8.9	23.4	57.2	34.3	22.0	0.2	0.3	0.4	2.6	0.1
30	100.0	5.2	0.1	5.7	16.5	68.0	46.7	20.2		0.6	0.3	2.7	2.0
37	100.0	—	—	39.3		22.5							4.0
50	100.0	1.7	0.0	21.7	2.5	67.1	43.5	22.7	0.0	0.6	0.2	6.2	0.7
55	100.0	2.4	0.0	16.9	0.9	72.0	50.0	20.0	0.0	1.8	0.3	6.2	1.5
58	100.0	2.1	0.1	15.7	1.0	72.6	55.2	16.5	0.1	0.2	0.6	7.4	1.2

Andic and Veverka, The Growth of Government Expenditure in Germany since the Unification, *Finanzarchiv*, N. F. Bd. 23, pp. 262-3 より算出. 1913年については新旧二つの計数がある.

B ドイツ邦(州)政府経費機能別割合 (%)

	総計	行政および分類不能	法秩序	防衛	戦争災害補償	社会費小計	うち				経済費	公企業	環境費	公債費
							社会扶助	保健	住宅建設	教育				
1881	100.0	43.6	17.7	—	—		—	—	—	13.3	17.9	7.8	—	7.7
91	100.0	39.1	12.6	—	—		—	—	—	14.3	28.9	19.4	—	5.1
1901	100.0	—	—	—	—		—	—	—	—	—	9.9	—	9.8
10	100.0	35.2	11.2	—	—		—	—	—	19.1	28.3	15.8	—	6.2
13	100.0	—	—	—	—		—	—	—	—	—	18.6	—	5.5
13	100.0	18.1	24.5	—	—	28.9	1.7	2.9	0.4	23.8	16.7		0.9	10.9
25	100.0	8.3	29.9	—	—	49.4	7.6	1.9	9.0	30.9	11.2		0.5	0.9
30	100.0	7.8	30.7	—	—	44.7	6.0	5.2		33.4	11.1		0.8	4.9
37	100.0	11.1	5.5	—	—	58.1	6.7	0.9		50.2	12.6		0.9	11.7
50	100.0	19.5	11.4	0.4	2.6	45.7	6.9	2.7	16.3	19.9	13.1		0.9	6.5
55	100.0	11.2	14.0	0.1	3.1	48.1	5.0	1.9	14.9	26.3	15.2		0.8	7.4
58	100.0	10.6	12.9	0.1	6.3	47.1	5.0	1.8	14.4	25.9	16.3		0.8	6.0

Andic and Veverka, *op. cit.*, p. 265 より算出. 1913年については新旧二つの計数がある.

C　ドイツ地方政府経費機能別割合　　　　　　　　　　　　　　　　　　　　　　(％)

| | 総計 | 行政・その他 | 法秩序 | 防衛 | 戦争災害補償 | 社会費小計 | うち |||| 経済費 | 環境費 | 公債費 |
							社会扶助	保健	住宅建設	教育			
1913	100.0	11.1	3.6	—	—	49.7	8.3	8.5	0.8	32.0	21.4	12.3	2.0
25	100.0	11.8	3.2	—	—	62.5	20.3	7.6	14.5	20.0	15.3	6.2	1.0
30	100.0	9.5	2.7	—	—	64.5	24.3	4.8	13.3	22.1	16.1	5.7	1.5
37	100.0	13.9	3.4	—	—	50.7	27.1	4.9		18.7	20.3	7.7	4.0
50	100.0	17.6	3.9	—	1.8	49.0	19.5	6.7	5.8	17.7	18.5	9.0	0.2
55	100.0	15.1	3.4	—	0.8	47.8	16.7	6.6	4.5	20.0	21.9	10.6	0.1
58	100.0	14.7	3.2	0.1	0.3	46.4	15.4	6.9	3.5	20.6	24.4	11.0	0.1

Andic and Veverka, *op. cit.*, p. 267 より算出.

費は大幅に上昇している[6]．なお日本がそうなったのが第2次大戦後であることは既述のとおりである．

(3) 所得税・法人税・社会保障負担の増大

上記の経費構造の変化に対応して，それを支える収入も変った．かつては関税や消費税中心だった中央政府の租税収入は，第1次大戦期に多くの国で所得税・法人税が導入され，しかもそれらの税が基幹税の地位を占めるようになる．さらに第2次大戦後になると，それらに加えて社会保険料や社会保障税などの負担が急速に高まってくる．後二者のような掛金や目的税の場合はいうまでもなく，前二者も高い所得弾力性を背景にして，膨張するこの時期の社会費を支える主柱として機能している[7]．

(4) 補助金の拡大

中央政府支出の中に占める州・地方補助金比率と，逆に州・地方収入中に占める上級政府からの補助金の比率のいずれも，第1次大戦後高まってくる[8]．それが州・地方政府の中央政府への依存度の高まりを示す指標であることはいうまでもないが，それも単純ではない．というのは広義の補助金の中には，中央政府から厳しい条件を付されつよい統制を受けるものがあると同時に，日本

---

6) 『要覧』140頁参照.
7) 『要覧』143, 146～147頁.
8) 『要覧』83, 150, 154～155, 156頁.

D　ドイツ全政府経費機能別・級別割合

	行政・その他			法秩序			防衛			戦争災害補償			社会費			社会扶助		
	中央	邦	地方	中央	邦	地方	中央	邦	地方	中央	邦	地方	中央	邦	地方	中央	邦	地方
1913	10.0	49.6	40.4	0.6	83.2	16.2	100.0			100.0			34.4	20.0	45.5	21.6	10.4	68.0
25	38.3	21.4	40.2	1.0	86.6	12.4	100.0			100.0			45.5	20.3	34.2	55.1	9.8	35.0
28	40.9	20.6	38.4	0.7	86.9	12.3	100.0			100.0			52.8	15.7	31.5	59.8	6.1	34.1
32	41.6	19.9	38.5	0.6	87.6	11.8	100.0			100.0			53.7	13.7	32.6	38.7	5.8	55.5
37	—	—	—	—	—	—	100.0			100.0			—	—	—	—	—	—
50	13.0	52.9	34.0	0.7	80.0	19.3	99.4	0.6		64.6	23.8	11.5	70.0	17.1	12.9	75.4	8.2	16.4
55	22.6	37.6	39.8	1.1	82.9	15.9	99.7	0.3		41.7	49.0	9.3	70.4	16.6	13.0	75.7	6.7	17.6
58	22.9	38.1	38.9	1.4	83.2	15.3	99.5	0.3	0.2	27.8	69.8	2.4	72.9	15.7	11.4	75.3	7.6	17.1

Andic and Veverka, *op. cit.*, pp. 270-1 による.

の交付税交付金のように原則としてはひもつきでなく，地方ごとの財政力格差是正を主目的とするという性格のものもあるからである．補助金の比重の増大が当然に含意していることであるが，全財政量とくに収入量のうち中央対州・地方の比率が中央に傾き，量・質ともに中央集権型の財政になったのも，第1次・第2次大戦後の重要な変化である．

以上の点は，国ごとの相違が小さくないとはいえ，ほぼ統計によって確認できる主要先進諸国の二つの大戦後の変化である．そこで次の 2. では，こうした計数で示された事実が何を意味するかについて，必ずしも統計上には現われてこない背景をも考慮しつつとりまとめることとしたい．

2. 福祉国家の財政構造

福祉国家という用語は，第2次大戦中にイギリスで，ナチス・ドイツなど枢軸国を戦争国家（Warfare State），自らを福祉国家（Welfare State）とよんで戦争の大義を国民に訴えたところから広まったといわれている．またプロイセンやドイツ帝国では自らを Wohlfahrtsstaat（福祉国家）と称していたという．現在ではこの言葉は日常用語としても頻用されているが必ずしも意味が確定しているわけではない．しかし，ここではそうした日用語が漠然と意味しているら

(%)

| 社会保健 | うち ||||||||| 経済費 ||| 環境費 || 公債費 |||
| | 保険 ||| 住宅建設 ||| 教育 ||| ||| ||| |||
中央	中央	邦	地方	中央	邦	地方	中央	邦	地方	中央	邦	地方	邦	地方	中央	邦	地方
100.0	0.4	20.6	79.0	10.9	26.0	63.1	0.3	35.8	63.9	5.4	35.1	59.5	5.5	94.5	39.4	48.7	11.9
100.0	3.4	15.2	81.4	2.0	31.1	66.9	1.1	53.2	45.6	13.7	30.6	55.6	5.3	94.7	9.4	36.1	54.5
100.0	2.0	14.2	83.8	2.9	27.0	70.0	1.3	48.0	50.6	15.7	23.8	60.5	6.1	93.9	25.7	52.3	21.9
100.0	—	—	—	14.1	22.9	63.0	1.1	57.2	41.6	26.6	24.1	49.3	7.9	92.1	44.0	37.6	18.4
100.0	—	—	—	—	—	—	—	—	—	—	—	—	6.0	94.0	59.3	24.8	15.9
100.0	2.6	37.9	59.5	7.7	73.7	18.6	1.8	60.2	38.0	39.8	30.0	30.2	12.4	87.6	22.8	75.5	1.7
100.0	2.6	26.1	71.3	22.0	63.0	15.0	2.1	61.2	36.7	39.2	30.0	30.8	8.3	91.7	35.4	63.6	1.0
100.0	4.0	25.2	70.8	2.9	82.3	14.8	4.2	60.5	35.3	39.3	28.9	31.7	8.7	91.3	36.5	62.9	0.6

しい内容を財政的現象と関連づけつつ，現代国家を表わす用語として用いることにしよう．そのための基本的な財政的メルクマールは，すでにこれまでのべてきたつもりであるが，ここではそれをより広い歴史の流れの中に置いて意義づけをすることとしたい．

(1) 社会主義・パックスアメリカーナ・大衆民主主義

第 1 次大戦後という時代を解くキイワードは，社会主義とパックスアメリカーナと大衆民主主義である．大戦によってソヴェト社会主義が出現し，西欧が国際政治・経済の支配的な地位を失って凋落したのに代って，アメリカが資本主義世界をリードし，社会主義と対峙する．こうして世界的な配置の変った資本主義諸国の内部では大衆の政治参加が拡大し，それが福祉国家形成の動因をなす．もっとも，このような構造が定着するのは第 2 次大戦後であって，第 1 次大戦から第 2 次大戦にかけては一応その原型は形成されたものの，第 2 次大戦に導く国際的対立で極めて不安定であった．ともあれ，上記の三つの構成要素が結びついて福祉国家の歩みがはじまり，それに応じて財政構造には既述のような変化が生じた．ソヴェトで社会主義にまで高まった大衆の政治的圧力は，西欧資本主義諸国の政治体制を変容させて大衆の参加を進め，基本的にその力が財政を福祉国家型へと転轍させたのである．もっとも第 2 次大戦に向け

てそれは抑制され，変形させられ，時には廃絶されさえしたが，第2次大戦を経てほぼ不可逆的に定着したとみなされよう．

　福祉国家化しながら，それに対応する財政構造をもつのは個々の国家である．しかし第1次大戦後の財政は，単に個々の国の孤立した財政としてはとらえられない．国家の窮極の機能は軍事力であり，軍事費であると思われるが，その性格がここで変り，それが資本主義国家の財政の性格を変えるのである．という意味はこうである．社会主義国の登場は，第1次大戦前に相互に対立し，戦争にまでいたった資本主義諸国すなわち帝国主義諸国にとって，それら相互の対立をこえた共通の敵の出現を意味する．したがって，資本主義諸国は共同してそれに立ち向うために，軍事的な協力体制をうみ出す．それは当然に軍事費の協力すなわち融通，貸与，肩代りなどとして現われる．もっともナチス・ドイツや日本のように，根本的にはそうであっても，前期からもちこんだ帝国主義相互の対立をよりつよくもち，第2次大戦を惹起した例もある．しかしそれが終った戦後で考えれば，両国とも上記の協力体制に組み込まれていることは明白になる．こうして資本主義諸国に共通の軍事費という性格がつよまると同時に，その負担のしかたも一種の応能原則にしたがって，アメリカ中心となる傾向が生ずる．パックスアメリカーナの財政学といったところである．

　パックスアメリカーナを支えるのは軍事費だけではない．国際通貨体制・貿易体制・発展途上国援助などの世界的な連繋機構が，非社会主義諸国を結合し，その地域の政治・経済・社会の安定をはかってきた．これらの経費ないし負担も，軍事費の場合同様，アメリカを頂点とする先進資本主義諸国の「応能負担」によって支えられていた．こうした世界的な安定装置とその負担を前提にして，各国は国内では福祉国家化を進めてきたのである．もしアメリカの肩代りがなければ，各国の軍事費負担はそれだけ大きくなり，国内での福祉国家的支出はそれだけ困難になったであろう．またIMFのような国際通貨の協力体制を前提として，各国は国内でスペンディング・ポリシーを展開し，経済成長なり安定なりを図る．ここでもアメリカによる下支えによって国内経済の安定や成長が保たれ，さもなくば必要となったかもしれない失業対策費や公的扶助

費などが節約され，福祉国家型財政の負担が軽減される．福祉国家型財政をどのように構成するかは各国の問題であるが，それらはおしなべてアメリカを中心とする国際的連繋の中で形成されてきた現象であり，軍事費の連繋と相呼応して資本主義体制の世界的な安定をもたらしてきたといえるのである．

それでは，こうした世界的な枠組に支えられて成立している福祉国家型財政の内実はどのような性格をもっているのであろうか．個々の現象については**1.**で確認したので，ここではそれを前提にその意味するところを考えてみよう．

(2) 社会費——国民的統合の焦点——

二つの大戦を画期にして，社会費——その内容は国により時期により一概にはいえないし呼称もさまざまであるが，社会保障関係費を中心に住宅，教育などの経費を含めてそう呼ぶ国が多い——にリードされて財政規模が飛躍的に高まるのは，これらの経費を求める大衆の政治参加がもたらしたものである．そうした要求を満たさなければ，社会主義に直面して体制は安定しなかっただろうし，国民を統合しえなかったであろう．とはいえ二つの大戦直後に高まった社会主義の声望と圧力とは，その後の社会主義国の生産の停滞，低生活水準，一党独裁などの実態が明らかになるとともに低下し，ソ連解体にいたった体制崩壊はそれを決定的にした．しかし潜在的には，人間の平等を求め社会によるすべての人びとの生存権の確保を求める圧力が常に存続していることは否定しえない．また社会主義の圧力が潜在化していなくても，一旦大衆が入手した失業保険や医療や年金等のサービスをはじめ，生活安定に資する住宅サービスや教育，ひいては雇用や所得維持のためのフィスカル・ポリシーなどを好んで放棄することはありえないから，大衆デモクラシーが存続して政治意志決定に有効に作用する限り，福祉国家型財政が基本的に逆転することは考えられない．

(3) 社会費に対応する負担

社会費を中心とした支出を支えるためには，支出の伸びに追いつきうる弾力性ある税が不可欠である．各種保険料ないし目的税としての社会保障税，および一般会計でも所得税や法人税などがその責に任ずることとなる．時によって

は大量の公債発行がこれに加わる．ところで一般に社会費なかんずく医療や年金の経費は，福祉国家の成熟とともに一方的に上昇する傾向を示す．そのコストの負担者である国民は同時に受益者でもあるから，目的税としての社会保障税あるいは保険料という形で使途が特定されたり，自ら積立てるという形をとっていれば負担に対する抵抗は少なくてすむ．したがって，どの国でもこうした負担の形が増加する傾向にある．だが，保険料の場合はいうまでもなく，目的税の場合もあまり強度の応能負担・累進負担はむりであろう．保険料という形に示されているように，原則的には自己の受益を自己が負担するという建前であるから，いかに高額所得者といえども国家が保障する社会保障水準は原則としては国民共通という形をとらざるをえず，そうなれば負担もそれに対応すべきことと一応は考えられるからである．実際には，メンバー共通の定額の負担と給付に，所得比例の負担と給付を上乗せするというような方式が採用されることが多い．また保険料や目的税は用途が特定されるから，同じく膨張傾向を示すその周辺の費目をまかなうために流用することはできない．これに対して一般会計の主柱に所得税がある場合には，それは高度な累進制をもたせることによって大衆の公平感を満たし，かつは所得弾力性が高いために，膨張する社会費を追いかけて伸びることができる．もっともヨーロッパ大陸諸国では，フランスやイタリアのように所得税よりも間接消費税への依存の大きい国もある．しかし，そこでもある程度の累進的負担の方式を導入しているし，目的税あるいは保険料の負担を大きくしてまかなっている．その結果，現代では日本を含む多くの福祉国家で，社会保障負担は国税や地方税の負担よりも大きくなっている[9]．

(4) 生存権と地方財政調整

大衆デモクラシーを前提にすれば，国民は国家が最低生活を保障すべきことを要求しているから，直接に社会保障や社会福祉行政を担当している州や地方の財政力でそれを十分に満たせない場合には，中央政府が何らかの形でこれを支援することを求める．そのうち最も単純なのは，かねがね公共事業などで利

---

9) OECD, *"Revenue Statistics"* 各年版参照．

用されてきた特定補助金である．これは上級政府の指示と統制によって特定目的のために——ここでは社会保障などのために——支出させ，同時に地元にも一定率での負担を要求する．現在ではこれはほとんどすべての福祉国家で，中央＝地方財政関係の主柱として機能しているいっていい．

しかしこの方法は，地元に一定率の負担を求めるため，富裕団体ほど多額の補助金を受け取りやすく，逆は逆となる傾向がつよい．のみならず，この方法は下級政府が伝統的に保持してきた自主性・独立性を侵害するから，両者間の摩擦が絶えないこととなる．さらに，福祉国家の主内容をなす所得再分配や医療，老齢者保護などのうち，金銭的給付部分は比較的中央政府レベルの処理になじむとしても，サービス的なものは住民に密接した地方政府なり州政府なりの手によって執行されるのが有効かつ効率的であることはいうまでもない．

こうした特定補助金の問題点を克服するものとして，財政力格差の是正を目的として給付し，その支出については州・地方政府の自主性にまかせるという財政調整制度が導入されることになる．社会保障を実際に担当する州・地方レベルの財政力を平衡化させることによって，居所の如何を問わず国民の生存権を保障することを可能にし，具体的な給付サービスは現場にもっとも適当な形を選ばせうる．これは福祉国家が要求する新しい地方政府の独立的機能であるが，同時にそれは伝統的な地方自治要求をもそれなりに満足させうるのである．

(5) 中央集権型財政構造

こうしてみると，福祉国家型財政はすなわち中央集権型財政たらざるをえないことに気づくであろう．それは，経済力・財政力に格差がある州・地方政府の独立性を前提にして，全国民に等しく一定レベルの行政サービスを，生存権として保障することが本来むりであることに由来する．補助金や財政調整制度がそれを補うものであることは上記のとおりである．この場合，財源が一旦中央に集中されて，全国的な視野から再分配されるのであるから，新しい地方分権的行政が執行されるとしても，それはいちど集権されたうえでのことであって，伝来の地方自治とは異なる．その源泉となる財源にしても，たとえば所得税のような税は，州・地方政府よりは中央政府が管掌するにふさわしい．累進

的な所得税課徴にしてもその再分配にしても，全国統一的な組織による個人ごとの所得把握や資産調査を必要とするからである．州や地方政府単位では，たとえそれを試みても人々は移動によって容易に負担を逃れたり，高水準給付だけを選択することができるであろう．

だが，福祉国家の財政が中央集権的な性格をもつのは，そういったいわば技術的な平衡操作のためばかりではない．むしろ，福祉国家を形成している政治的な勢力配置がそれを求めているからである．前述のとおり，資本主義国家の福祉国家化は，根本的には国内外の社会主義の側圧に対応するためにとられている姿なのであるが，それを受けとめ福祉国家型の財政をつくり出す動力は，組織された労働運動や国内社会主義政党の要求や市民団体の活動である．それらの要求は，州や地方レベルでもむろん提出されるであろうが，多くの場合，中央議会・中央政府・労働組合のナショナル・センターなどがまずもって福祉国家の理念をかかげ，その体制をとり国民を統合する．国家・社会による生存権の保障が福祉国家のイデーであるとすれば，まずもって国家レベル，中央レベルでそれが制度化されねばならないことはみやすい道理であろう．これに対して，理論的にはともかく現実的には州や地方レベルではしばしば旧体制・旧勢力が根強く残存し，消極的ないし反動的な行動をとることが少なくない．そういう場合には，福祉国家型財政を要求する勢力は，なるべく財源を中央に集中し，再分配し，州・地方財政を中央の方針にしたがって統制し監督し管理しようとするであろう．また新しい意味での地方分権的行財政が中央集権型財政のヴァリエーションであることは前述した．

(6) 成長政策とフィスカル・ポリシー

福祉国家型財政の基本的な構造部分は，ほぼこれまで述べてきたとおりであるが，それを補う意味で成長政策とフィスカル・ポリシーをあげておく必要がある．国家は国民の生存権を保障するために，稼得能力を欠いている人々に生活保護や年金を与え，失業者には失業保険を給付し，傷病者には医療サービスを与える．しかし，それはいわばラスト・リゾートであって，政策体系としてはその前に経済成長をはかり，景気を高位に安定させて失業を減らし，家計の

所得水準を高めることが求められる．それに成功すれば，ラスト・リゾートの出動と，したがってそのための財政負担は小さくてすむ．むろんだからといって老齢や疾病がそれによって代替されえないことはいうまでもないが，できうるかぎり代替することが，生存権を福祉的支出によって保障するよりは，資本主義的合理性に適うであろう．したがって，単なる福祉国家的な諸制度の整備と，それに応ずる財政支出如何によって当該国家を検討するだけでなく，動態的な成長政策やフィスカル・ポリシーのありかたをも組み合わせて総合的にみることが，財政面から現代国家・福祉国家をとらえる際には必要となる．

　それだけではない．上記の点は福祉国家型財政における狭い意味の福祉的制度と経済政策，フィスカル・ポリシーとの補完関係であるが，関係は単に補完に限られないのである．もともと福祉国家化は，資本主義の成熟した国から起ってくることが多い．そこでの大衆の要求は，福祉国家化がはじまる大戦直後などには生存水準ぎりぎりの保障にとどまっているのが普通であろう．しかし，その緊急事態が過ぎれば，たえず保障水準を引上げ，内容の豊富化へと進んでいく．それをうけて立つためには国家の側ではそれに対応した税収を必要とするのに，大衆デモクラシーを前提すれば，徴税強化や増税は困難な場合が多い．となると経済成長や景気の高位安定をはかり，それがもたらす自然増収をあてにして矛盾する二つを調和させようとする姿勢がとられるのが自然であろう．

　とすれば，国民の生活水準が上がって中間階層化が進み，そのうえで要求される高水準の福祉国家的サービスを提供しようとすれば，その前提として成長政策やフィスカル・ポリシーが求められるはずであることが理解されよう．ケインズ＝ハンセン型のフィスカル・ポリシー論や成長政策が福祉国家の財政政策論，財政イデオロギーを主導しているのは，以上のべてきたようなこれらの政策の福祉国家財政に占める中心的な地位にその根拠があるといっていい．

　(7) 福祉国家型財政の不安定性

　これまでのべてきたことは未だストーリーの半分にすぎない．福祉国家型財政は，上記のような構造と方向性をもっているが，しかしそれはつねに安定的にそうだというわけではない．むしろ上記のような傾向を推進しようとする力

と，それをおし止めたり反転させようとする力とのバランスの上に福祉国家型財政が形成され存続するのであって，二つの力が固定的でないかぎりつねにどちらかに偏りながらゆれつづけるのが常態なのである．というのは，この体制は窮極的には財政を通ずる所得再分配にその存立の根拠をおいているのであるが，そのこと自体が体制不安定の根因をなしているからである．再分配は，いうまでもなく，累進税で高額所得層や高額資産保有層から徴収して他階層へ社会保障給付という形でなされるのが原則である．もっとも，保険料にもとづく社会保険はそう簡単にはいえない点もあるが，それでもそうした社会保障システムの一環をなしていることは疑いない．

　しかもそうした再分配は，福祉国家のイデオロギーにもとづけば，受け手にとっては生存権という権利であって，別に累進税負担者たちからの慈善というわけではない．慈善ならばまだしも拠出者の満足を買いえよう．しかし，納税はこの国家体制を支える租税イデオロギーたる租税義務説にしたがって単なる義務であるとされる一方，受給者は権利として納税者とは何のかかわりもなく給付を受けるというこのシステムに対して，高率租税負担階層があまり共感を示さないだろうことは容易に想像されよう．しかし一般的には，大衆民主主義が機能することによってそれが抑えこまれるのである．とりわけ福祉国家がはじめて形成されたり，急速に展開する大戦後の混乱期には，旧支配体制は動揺し，加えて戦争に参加させられ，生活苦にあえぐ大衆の発言力が高まっているうえに，社会主義の側圧が強力に作用しているため，かなりラディカルな福祉国家型財政がとられる傾向がある．財政政策をリードするイデオロギーも，それにふさわしく，経済過程，分配過程に政府が介入し，したがって大きな政府として機能することを推進し，それをまかなうのに急角度の累進税制をもってすべしとするものが主流を占める．そうでなくてはこの時期の国民を統合できないであろう．

　しかしそのことは翻って，そうした戦後的な緊急事態を脱して経済が復興し，さらにはかなりな成長を達成し，人々の生活水準が向上し，福祉国家の体制が整備され，その意味で長期安定期に入ると，それとは異なった力がよりつよく

作用するであろうことを含意している．すなわち，まず福祉国家体制成立の契機となった混乱がなくなれば，ラディカルな改革を支えたエネルギーは弱まり，むしろ制度としていきすぎだったというような批判が生じうる．もともとこの体制に不満だった階層からその声が上がるのは当然予想されるが，福祉国家型財政の負担が資本主義としての経済のパフォーマンスを悪くする傾向があるだけに，当該国の経済的困難が続いたり，国際競争力が衰えたり，財政状況が悪化したりするような場合には，かれらの批判の声に和するものが多くなる．国際競争上不利になって失業の危険にさらされれば，労働者階級の中にさえそうした要因は醸成されうる．したがって，上記のような経済パフォーマンスの悪化が進んだり，当初の社会主義の側圧が弱まったりすれば，かつては高税率負担に甘んじた階層を中心にして，負担過重論が訴えられ，合わせておそらく中間階層の上層などをまき込んで給付過大論も唱えられよう．このような状況のもとでは福祉国家的な負担も給付も軽くし，資本主義的な経済の効率を高めるべしとする要求が出やすいことは容易に想像されよう．1980年代に資本主義諸国に吹き荒れた新保守主義・新自由主義などと呼ばれた政策潮流はこうした土壌から生じたのであった．それらは，完全雇用を目指す裁量的財政政策の効果は乏しいと主張し，経済活動を活性化させるために所得税の累進制を弱めてフラット化させ，その分の負担は消費税などで相対的に低所得階層に負わせ，福祉給付を制限すべきことを求める．長びく平成不況からの脱出を図って進められているいわゆる構造改革も，基本的にはそうしたものだと理解されよう．

第3節　福祉国家型財政批判の潮流

　本節では，上記のような形で1980年代から現在にかけて先進諸国すなわち福祉国家の間に拡がった福祉国家型財政批判が，どのような内容と意義をもっているかを検討しよう．
　(1)　中間階層の意識の変化
　まず第1にとり上げるべきことは，中間階層の意識の変化である．福祉国家

型財政批判が，根本のところはもともと高額所得階層に根強く存在する反福祉国家感情に由来するところもむろん無視しえない．しかし，それがその階層に限られていて大衆を動かさないならば，それははじめから福祉国家の負っている逃れ難い困難ではあるが，新しい事態ではない．しかし，80年代にアメリカやイギリスをはじめ，先進資本主義諸国の多くでそうした志向をもつ政権が成立したのは，単にそれだけに由来するのではない．少なくとも中間階層化した大衆がそうした財政政策や福祉国家批判を支持しなければ，そうはならなかったであろう．かれらは福祉国家の受益者であるとともに負担者でもある．むろん高額所得階層もそうでないとはいえないが，こちらは直接的には受益面より負担面の方が大きいであろうし，少なくともそう意識しているにちがいない．中間階層はその点は浮動的であろう．おそらく前述の福祉国家化当初のラディカルな制度化と，80年代以降みられる反対方向への動きのいずれについても，この中間階層のそれぞれの方向への偏りが効いているにちがいない．大戦直後は大部分の大衆は中間階層などではなく，最低生存水準のあたりに集中してラディカルな福祉国家化を推進する主力をなしていたのであろう．しかし，その後の成長と相対的な安定化の中で各国とも大衆の中間階層化が進展し，いきおい意識の重心は反対方向へ振れる可能性も高まっていく．とすれば，石油ショック後の経済停滞，失業率上昇，財政赤字膨張と税負担増大ないし増大予想などを背景に，かれらがいわゆる福祉見直し支持に回ったことは不自然ではない．20世紀末以降の日本もそうであろう．

(2) 福祉国家型財政の難点と批判

　中間階層化した大衆が福祉国家型財政批判の声に和するといっても，根拠のないアジテーションに付和雷同するという単純な話ではない．むしろ，福祉国家型財政が避けがたくもっている難点が，もともとの批判者たちによって強調され，中間階層化した大衆の説得にある程度成功したからだとみなすべきであろう．その内容は多岐にわたるが，まず第1にとり上げるべきものは，福祉国家型財政の核ともいうべき社会保障給付についてである．

　社会保障給付の難点　　この給付の本質は所得再分配である．しかし，多くの

場合計画的というよりはアド・ホックに制度が導入され，相互に不整合もあり，格差もある．故意であるにせよないにせよ，不正受給・不適正受給が避けがたく，非効率や無駄も多い．たえず受給者の所得調査や資産調査を徹底して行えば，それらはある程度是正できるかもしれないが，それは福祉国家理念における人権尊重や生存権保障に抵触する．のみならず，行政コストを著しく高めるであろうから実行困難である．当初からこうした問題点がある以上，社会保障給付は，行政における無駄の排除・効率化といったそれ自体は誰からも反対を受けそうもない批判にさらされる運命にある．したがって，もともとの反福祉国家論者らが，批判に有利な条件のもとでこの趣旨を正面にたてて議論を展開すれば，時として政治的な成功をうることはありえないことではない．

所得税における把握もれ　第2は，社会費をまかなうにふさわしいとして既述した所得税の性格にかかわる．まず，この税をなり立たせるためには，課税徴税当局による個人の所得の正確な把握が前提となることはいうまでもない．ところが，それはいうべくして完璧には行いがたい．あえて行おうとすれば，権力による個人生活への極端な介入と多額の徴税コストを要する．日本でクロヨンとよばれているものがその代表であるが，どの国でも所得把握は不完全な状態にあるのが実情である．しかも，それは単に徴税面だけにとどまらず，社会費の給付面にも影響を及ぼす．というのは，受給資格の認定も課税当局による資産・所得調査が基礎になっていることが多いからである．

特別措置の減免税　さらに，これに追い打ちをかけるのが，第2次大戦後に各国で採用されてきた貯蓄・資本蓄積・輸出などの促進を目的とした減免措置である．日本では，これは租税特別措置法を中心として，所得税・法人税に広く利用されてきた．これは成長政策，資本蓄積政策という福祉国家の一側面をなす政策目的に租税が利用されたのであり，クロヨンのような把握もれとは問題の性質が異なる．とはいえ，所得税のもつ総合性を傷つけ，したがって累進性をも傷つけてきたことに変りはなく，同税への批判や不信をつよめる一因をなした．

累　進　性　所得税について何よりも根本的な問題は，累進性が人々の公

平感に適っているとしても，どのような累進度が適正かについて，一義的な解があるわけではないということであろう．福祉国家形成時，すなわち大戦後の混乱期には前述のように急角度の累進性が選択されやすい．これに対して，経済がある程度成長し，人々の生活水準が上がり，とりわけ所得の階層間格差が縮むというような条件があれば，当初設定された強度累進性は不必要，不適切だとみなされるようになることは，ありうるであろう．

また戦後の経済回復・成長は各国同じペースではなく，周知のようにパックスアメリカーナの主柱たるアメリカに，ドイツや日本が追いつく形での成長であった．そのためアメリカは，世界のリーダーとしての役割を演じつつ，その地位を次第に低下させてきたのである．それを反映して，そこでは上記の累進性批判とは異なった国際競争という文脈で批判が生じてくる．高度累進性がアメリカ経済への重荷になり，アメリカ経済の世界的地位低下の一因となっているので，これを改正せよ，という要求である．日本とアメリカの80年代の改正の動きは，この二つのタイプを示しているといっていい．ただし日本の場合はそれにとどまらず，アメリカ的改革理念をも併せ導入し，来たるべき経済停滞に事前に手を打とうとしての改革という面をも示していた．

いずれにせよ，パックスアメリカーナという枠組の中で形成されてきた各福祉国家ごとに，それぞれの役割の差異に応じて異なった理由づけではあるが，所得税の累進性への批判という点では共通の要求が芽生える可能性はもともと存在していた．したがって，前述の社会保障給付同様，福祉国家自体への批判勢力は，条件さえあれば，こうしたもともとの問題点をとり上げ，ある程度その是正に成功することはありえないことではない．2000年現在，先進福祉国家のほとんどは，大戦直後にもっていた鋭いカーヴの累進制を改め，最高税率を引下げ，2〜5段階程度の緩やかな累進制にしている．

消費税増徴　　改革案としてより徹底しているのは，所得税の地位を引下げて，消費課税の地位を引上げようというものであろう．日本での1989年度の消費税の導入もそのひとつとみなしうる．

消費税ならば所得のうち消費支出に当てる部分だけにかかるのに対して，所

得税は消費に当てる部分のほかに，貯蓄にむける部分にもかかる．したがって，両者をくらべれば，所得税の方が貯蓄阻害的であることは疑いない．とすれば，消費を抑制して資本蓄積や成長を政策の中心に据えようとする場合には，蓄積の源泉となる貯蓄を抑制する効果をもつ所得税を軽減し，消費を抑制する消費税を増徴しようとするのは当を得ているといっていい．しかしこの種の税は何よりも逆進的であるという点で大衆的な反対を受けやすいうえに，徴収義務者に零細企業が多い場合には納税協力を得にくいという難点がある．

　　世代間負担配分と増税　　上記の日本での増税にも含まれている問題点として，負担の世代間配分があげられる．日本が1989年度に消費税を導入したのは，貯蓄増進・資本蓄積促進ではなく，所得税の累進性緩和からくる減税をまかなうための財源としてであり，当面は改正による増減税は相殺されることとなっていた．しかしここでは，改正案そのものについて直接言及するのではなく，消費税導入問題を来たるべき増税へのステップとみなし，その意味を福祉国家のあり方との関連でとり上げることにしたい．

　日本のみならず，福祉国家的な財政運営は，いくつかの理由で長期的には増税を要請する傾向がつよい．その例として，これまでの日本財政の福祉国家的政策をとり上げてみると，二つの大きな理由があげられる．一つは，石油ショック以降の大量公債発行に加えて，1990年代の不況対策としての大量発行の後始末および毎年の公債依存度引下げ策としての増税の必要である．これは日本はもちろん，アメリカなどにもあてはまる．もう一つは，今後予想される老齢化と医療拡大とへの対処の必要性である．前者は後むきとはいえ，オイルショックと平成不況とを契機にして，福祉国家的財政運営としてのフィスカル・ポリシーを，大規模に行ったツケ払いである．第9章の公債論でのべたように，その効果が後の世代に及ばないことはないとはいえ，直接にその効果を享受した現世代が，ある程度の増税によって自ら公債負担を負い，後世代の負担の軽減を図ることは不自然なことではない．一般的にいえば，不況期に公債発行をてこにしたフィスカル・ポリシーを行い，その結果，一方では景気が下支えされ，上昇するとともに他方に公債が累積する．それを後世代の負担にするので

はなく，なるべく当該世代の負担にしようとすれば，自然増収の如何にもよるが，たえず緩やかな増税によって償却していくほかない．短期的かつ大量に公債が発行されて累積し，一方，償却はたえざる小幅増税にまつ，というのである．

つぎに，他の条件が変らなければ，老齢化や医療負担が増税を必要とすることについてはほとんど論ずる必要はあるまい．福祉国家は例外なく老齢年金や医療保障を制度化している．その場合，老齢年金はもちろん，医療費増大も年々進行する人口の老齢化によっていることは否定しえない．とすれば，それらの負担を現役稼得者と老齢者とが，どのように負担するかが福祉国家にとって重要な問題となる．老齢年金も医療費も一般的な財政負担でまかなっている部分を含みつつも，保険の形をとっている国が多い．したがって，保険の側面に着目すれば，本人が現役時代に納入した掛金をとり戻しているにすぎないようにもみえる．しかし，実際には多くの国で老齢化の進展とインフレーションによって，この種の保険は，保険的側面よりも後世代の現役稼得者の納税によって維持されるところの一般財政支出の面がつよまっている．とすれば，なるべく速やかに現世代が増税なり保険掛金引上げなりを実施して，後世代の負担を軽減する措置を講ずることに合理性があることになる．人口構造が逆ピラミッド型に向っているというような場合は尚更であろう．

そこで増税が必要だとしたら，どのような税によるかが次の問題となる．それには各国でさまざまな試行錯誤がくり返されることとなろうし，予測は困難である．おそらく，所得税の累進性の緩和，同税にかかわる各種の減免措置の廃止，課税ベースの広い消費税(付加価値税や売上税)および保険料の引上げなどの組合せが，現時点で比較的広く支持されている選択肢であろうが，消費税の逆進性を理由として所得税制度の完備と強化を要求する意見もつよい．

国際的条件の変化と増税　増税の必要性はこうした国内条件だけからくるのではない．福祉国家型財政の国際的環境も次第に変化し，それが各国の増税を必要ならしめるという面も無視できない．というのは，基本的にパックスアメリカーナ体制が変らないとしても，アメリカの経済的地位が低下しつづけてい

る以上，福祉国家形成期のように，アメリカに軍事費の肩代りを期待することはできなくなるからである．社会主義崩壊後，対社会主義の共同的軍事費という性格が弱まったのは当然であるが，その代り世界各地の民族紛争に対する共同経費という性格がつよまっている．とはいえ，上記の事情は変らず，アメリカの能力の低下に伴って各国の負担が増えることは当然である．それが各国の増税圧力となることはいうまでもない．

第4節　む　す　び

以上，福祉国家型財政の生成・構造・批判を検討してきたが，それらを総合して現時点の状況をとりまとめておこう．

福祉国家は，まず第1次大戦を契機に西欧から始まった．それが大恐慌後のアメリカ，第2次大戦後の日本へと広がると同時に，第2次大戦後は先発国でもさらに制度が整い，水準が向上した．そうした動向を根本から規定したのは，二つの大戦を境にして大衆が政治的意志決定に参加し，その発言力を高めたことにある．その背後にはソ連をはじめとする社会主義陣営の圧力が作用しており，資本主義国家としては，それに対処する意味で大衆の意志を反映させた政治体制や政策運営をとるにいたったのである．

この福祉国家に対応する財政は要約すればこうなる．社会費を中心として，その周辺に社会保険制度を配し，経済成長政策やフィスカル・ポリシーによって経済水準を高位に保ち，雇用・所得の拡大，引上げをはかり，結果として国民を統合し，体制を安定せしめる．地方財政も同時に体制を安定させる役割を期待され，それに必要な財政力均衡化のために財政調整制度が導入される．財投もこれをさらにまわりから支える．

この福祉国家型財政支出を支える租税体系は，累進的所得税を中心とすることによって，高い所得弾力性を備え，社会費の伸びに追いつくと同時に，納税者大衆の公平感をも満たす．

しかしながら，こうした財政構造にははじめから構造上の難点が含まれてい

る．そのうえ，負担は重く給付の少ないところの高額所得階層や高額資産保有階層からの反感，批判を内包しており，本来不安定なものである．それ故，大衆の生活水準が上昇して中間階層化が進んだり，国際競争場裡での不利がつのったりすれば，それら中間階層をまき込んで，福祉国家がもともともっている難点を手がかりにした批判勢力によって，福祉国家型財政の見直しが迫られることも考えられる．給付はより厳しく，負担の累進性はより緩く，タックス・ベースはより広くせよ，というわけである．

とはいえ，それは福祉国家型財政の破棄に結果するようなものではあるまい．低所得階層はもちろん上記の中間階層も，大戦後制度化された福祉国家の制度と機能に，したがってそれを支えている財政に根本的に反対し，解体を望むとは考えられないからである．また部分的には福祉国家そのものに反対する勢力をも背景にしているかにみえたアメリカのレーガン＝ブッシュ政権やイギリスのサッチャー政権にしても，実績からみて根本的に福祉国家型財政構造を変革することはできなかったしまたそう主張してもいなかった．もしそこまで主張しようとすれば，今度は根本的には福祉国家の受益者たる地位を享受している中間階層から見放されるおそれがある．またそれらの政権自体も，たとえば福祉国家型財政の不可欠の環をなす失業保険制度があればこそ，比較的強硬な引締政策をとりえたのであって，それなしに厳しい引締政策を行えば，現実にそうだったよりははるかに激しい反失業闘争に直面し，社会的不安定をひき起したにちがいない．一見過激にみえた「レーガノミックス」や「サッチャーイズム」の福祉国家批判政策自体，先行する福祉国家型財政の枠組や果実を前提としてなり立っていたのである．したがって，一見逆方向を指しているようにみえる福祉国家推進と批判の二つの財政イデオロギーは，実は福祉国家型財政を支える二つのイデオロギーなのであって，負担，給付とも拠るべき規準のない福祉国家型財政は，この二つのポールの間をゆれ動く政策イデオロギーに導かれて，左右にゆれ動くことこそその本質なのである．考えてみれば，福祉国家が二つのイデオロギーで装われるのは必然であった．というのは，その経済的内実は資本主義であるのに，政治的上部構造には人間平等，生存権保障という

社会主義の魂を忍び込ませてあるからである．効率と利潤が価値基準である前者にとって，後者は基本的に重荷であり，しかもその負荷は年とともに加重される傾向がある．国際的・国内的に経済が順調であれば，両者は幸福な併存を享受できるが，一旦その条件が失われると，下部構造の優位回復が求められ，負荷を削減しようとする力が働くのは，ごく自然ななり行きであって，それにふさわしいイデオロギーが，さまざまな「理論」や「思想」の衣装をまとって，ひとしきり世に流行するのである．

　しかも注意すべきは，ゆれ動くことが必ずしもこの体制の脆弱さを意味しないということである．既述のとおり，福祉国家型財政には賛否の対立が不可避である．しかし上記のように左右にゆれ動くことによって，当初からこの体制につきまとっていた多くの難点，とりわけ技術的・制度的に解決可能な部分は批判にさらされて次第に改良されていくであろうし，それによって負荷が軽くなれば国際競争力も高まり，国内的な経済活動も回復しよう．その意味では，反福祉国家的立場からの批判も，それが中間階層をまき込んで実行に移されてみれば，むしろこの体制を補修し，強化しているとみなすこともできる．そうだとすれば，この動揺は福祉国家体制が柔構造をもっている証だといっていいのかもしれない．

参考文献

財政学全体に関するもの
武田隆夫『財政と財政学』東京大学出版会，1985年．
貝塚啓明『財政学』第3版，東京大学出版会，2003年．
R. A. マスグレイヴ・P. B. マスグレイヴ『財政学』Ⅰ・Ⅱ・Ⅲ，大阪大学財政研究会訳，有斐閣，1983-84年．
大川政三・小林威編著『財政学を築いた人々―資本主義の歩みと財政・租税思想―』ぎょうせい，1983年．
林健久・今井勝人・金澤史男編『日本財政要覧』第5版，東京大学出版会，2001年．
大蔵財務協会編『図表解説財政データブック・財政の現状と展望』大蔵財務協会，各年度版．

予算・法律に関するもの
小林武『予算と財政法』（改訂版）新日本法規出版，1992年．
『図説日本の財政』東洋経済新報社，各年度刊．
A. ウィルダフスキー『予算編成の政治学』小島昭訳，勁草書房，1972年．
浅見敏彦編『世界の財政制度』金融財政事情研究会，1986年．

経費に関するもの
「財政学全体に関するもの」に掲出したものの他に
貝塚啓明『財政支出の経済分析』創文社，1971年．
R. A. マスグレイヴ『財政組織論』大阪大学財政研究会訳，有斐閣，1972年．

租税に関するもの
井藤半弥『租税原則学説の構造と生成』千倉書房，1969年．
佐藤進・伊藤弘文『入門租税論』三嶺書房，1994年．
宮島洋『租税論の展開と日本の税制』日本評論社，1986年．
佐藤進・宮島洋『戦後税制史』第2増補版，税務経理協会，1990年．
石弘光『租税政策の効果』東洋経済新報社，1979年．

小松芳明『各国の租税制度』財経詳報社，1976年．

公債に関するもの
河上信彦『国債』大蔵財務協会，1995年．
鈴木武雄『日本公債論』金融財政事情研究会，1976年．
砂川良和『公債経済論』八千代出版，1980年．
井堀利宏『日本の財政赤字構造』東洋経済新報社，1986年．
J. M. ブキャナン・R. E. ワグナー『赤字財政の政治経済学』深沢実・菊地威訳，文真堂，1979年．
中島将隆『日本の国債管理政策』東洋経済新報社，1977年．
財務省理財局総務課長編『図説日本の公共債』財経詳報社，隔年刊．

財政投融資に関するもの
財務省理財局『財政投融資リポート2001』
中川雅治・乾文男・原田有造『財政投融資』大蔵財務協会，1994年．
財務省理財局編『財政投融資ハンドブック』大蔵省印刷局，1993年．
河野惟隆『財政投融資と一般会計』御茶の水書房，1986年．
龍昇吉『現代日本の財政投融資』東洋経済新報社，1988年．
富田俊基『財投解体論批判』東洋経済新報社，1997年．

地方財政に関するもの
林健久編『地方財政読本』東洋経済新報社，2003年．
米原淳七郎『地方財政学』有斐閣，1977年．
総務省『地方財政白書』各年度版．
自治省財政局『地方財政のしくみとその運営の実態』地方財務協会，1996年．
地方財務協会『地方税制の現状とその運営の実態』地方財務協会，2003年．
持田信樹『地方分権の財政学』東京大学出版会，2004年．

現代財政の歴史的地位に関して
A. H. ハンセン『財政政策と景気循環』都留重人訳，日本評論社，1950年．
東京大学社会科学研究所編『福祉国家』1～6巻，東京大学出版会，1984～85年．
社会保障研究所編『福祉国家の政府間財政関係』東京大学出版会，1992年．

今井勝人『現代日本の政府間財政関係』東京大学出版会，1993年．

武田隆夫・林健久編『現代日本の財政金融』Ⅰ・Ⅱ・Ⅲ巻，東京大学出版会，1978～86年．

藤田晴『財政政策の理論』勁草書房，1966年．

U．K．ヒックス『イギリス財政史』遠藤湘吉・長谷田彰彦訳，東洋経済新報社，1961年．

渋谷博史『現代アメリカ財政論』御茶の水書房，1986年．

渋谷博史『レーガン財政の研究』東京大学出版会，1992年．

佐藤進『現代西ドイツ財政論』有斐閣，1983年．

林健久『福祉国家の財政学』有斐閣，1992年．

林健久・加藤榮一編『福祉国家財政の国際比較』東京大学出版会，1992年．

林健久・加藤榮一・金澤史男・持田信樹編『グローバル化と福祉国家財政の再編』東京大学出版会，2004年．

斎藤忠雄『現代財政の構造と運動―日本財政の国際的特質―』批評社，1994年．

索　引

ア行

赤字公債　106, 107, 108, 109, 122
アメリカの一般歳入分与金　157
イギリスの収入支持補助金　157
一般会計　20, 21, 34
一般消費税　82, 96
移転税　74
EU の税制　82
医療保障　198
印紙収入　47
永久公債　105
応益原則　98
応益説　58
応能原則　98
応能負担　186
大蔵省　14, 15

カ行

会計検査院　15, 25
会計年度　20
外国債　108
借換債　110
官業益金　47
関税　76, 175
関税戦争　175
間接税　72, 73, 74, 90, 96
間接税負担関係指標　90
簡保資金　134, 137
擬制資本　102, 103
逆進税　76
キャピタル・ゲイン課税　94
クラウディング・アウト　104, 125
クラウディング・アウト論　117
グラッドストーンの改革　170
軍事国家型財政　33
経費　27
経費構成　31, 32, 33, 37

経費の分類　27, 28, 29
　経済性質別　29
　裁量可能性基準　30
　使途別　28
　主要経費別　28
　所管別・組織別　29
　地方経費　30
　目的別　28
ケインズ，J. M.　114
建艦競争　174
減債基金制度　105, 126
建設公債　106, 108, 122, 126
公営事業会計　158
公債　101, 102, 103, 104
　委託発行　105
　請負発行　105
　中央銀行引受　105, 111
　発行　118, 119
公債の種類　106
公債負担
　――の転嫁論　113
　――の非転嫁論　113
公債負担論　112, 117
　ケインズ派　114, 115, 116, 117, 125
　ケインズ批判派　115, 125
　古典学派　113, 117, 125
　ドイツ正統派　114
公債不発行主義　121
公的収入　45
後発資本主義諸国の財政　172
交付公債　111
合理的期待形成　118
国債　106, 107
国債整理基金特別会計　106, 126, 127
国債費　32, 33
国債引受　140, 141
国税　68, 69, 72, 73, 75
　――の構成　79

207

国民負担率　85
国庫支出金　49

サ行

財産税　74
財政関係主要法令　14
財政調整制度　157, 163, 189
財政投融資(財投)　129, 136, 139, 140, 144
　運用　135, 136, 141, 143
　規模　138
　計画　21, 129, 130, 134, 159
　原資　131, 132
財政法　12, 13, 19, 24, 105, 107, 120
財政民主主義　9, 10, 11, 12, 19, 51, 57
財政力平衡操作　157
サッチャー政権　200
産業投資特別会計　134
事業税　83, 98
資金運用事業　139, 140, 141, 143
資金運用部資金　130, 132
支出課税　74
シャウプ勧告　71
社会保障関係費　40, 187
社会保障給付　194, 196
社会保障負担率　87
収益税　74, 83
従価税　96
自由主義国家の財政　169, 172, 173
自由償還制度　105
重商主義国家の財政　168, 170
住民税　97
従量税　96
出資公債　111
消費税　74, 82, 96, 97, 196, 198
殖産興業政策　176
植民地財政　171
所得税　74, 75, 91, 92, 94, 195, 197
　──の構造　91
　──見直し　93
所得税負担関係指標　88
所有税　74

シンジケート団　105
人税　75
スペンディング・ポリシー　122, 125, 186
スミス, A.　113, 116
税源　65, 66
成長政策　190, 191, 199
政府関係機関予算　20
政府間財政関係　12, 155, 156, 157
政府資産整理収入　48
政府支出総括表　38
政府短期証券　110
政府保証借入金　134
政府保証債　112, 121, 134
世代間負担配分　197
戦時財政　177, 179
戦時公債　102
専売納付金　47
増税　197, 198, 199,
租税　46, 47, 51, 52, 58, 65, 79, 85, 103, 104
　アダム・スミスの租税4原則　57, 58
　アドルフ・ワグナーの租税9原則　59, 60
　──の帰着　67
　──の転嫁　67
租税犠牲説　61
租税義務説　54, 55, 59
租税原則　53, 57, 61
租税国家　45
租税根拠論　52, 55, 56
租税負担率　85, 88
租税法定主義　66
租税利益説　54

タ行

為券　110
単一国家　152, 156
単一租税論　65
短期債(TB)市場　110, 111
単純累進制　92
単年度主義　20, 26
地租改正　176
チープ・ガヴァメント　170, 171, 172, 173

地方経費　38, 39
地方公共団体の予算　21
地方交付税　49
地方交付税交付金　157, 161
地方交付税法　14
地方債　50, 106, 107, 121, 159
地方財政　21
　——計画　21, 158, 161
　——の構造　158
　——の独立性　151
　——の予算編成　160
地方財政法　107
地方債引受　142
地方自治法　21
地方税　49, 68, 69, 70, 71, 72, 73, 74, 75, 83, 97
　——原則　83
　——の構成　82
　アメリカの——　83
　イギリスの——　84
中央銀行引受公債　111
中央政府一般会計経費　40
中央・地方財政関係　151, 161, 165
中立的租税制度　170
中立命題　117
超過累進制　92
長期債　110
直接税　72, 73, 74
定額税　76
ディーツェル, K.　114
帝国主義国家の財政　174
TB市場　111
ドイツの共通税配分　157
ドイツの財政学　176
ドイツの連邦・州・地方税制　84
独占関税　175
特定補助金　189
特別会計　20, 21, 34, 35
特例公債→赤字公債

　ナ行

内国債　108
内国税　76
ナチス財政　179
二重課税調整　95
日本国憲法の財政規定　10, 11
納税義務者　67, 72
能力説(能力主義, 能力原則, 応能原則)　60, 61

　ハ行

パックスアメリカーナの財政学　185, 186, 196
バロー, R.　116
ビールの改革　170
比例税　76
フィスカル・ポリシー　187, 190, 191, 197, 199
付加価値税　82, 96, 97
　EU型——　97
ブキャナン, J.　115, 116, 117
福祉国家　184, 185
福祉国家型財政　33, 167, 187, 189, 190, 191, 192, 193, 194, 199, 200, 201
福祉国家的経費　40
富国強兵　176
普通会計　158, 159
普通税　77
物税　75
平常状態への復帰　177
法人擬制説　95
法人実在説　95
法人税　89, 94, 95
　——の構造　94
法人税負担関係指標　89
法人担税主体説　95
募集(公募)公債　111
補助金　156, 157, 161, 163, 164, 189
補正予算　25

　マ行

マスグレイブ, R.　61, 115
ミード, J.　115
ミル, J. S.　113

モジリアーニ, F. 115, 116, 117
目的税 77

　　ヤ行

郵便貯金 133
予算形式 19
　決算 22, 25
　執行 22, 25
　審議 22, 23
　編成 22
予算書 20, 28, 29, 47
予算の説明 28, 30

　　ラ行

ラーナー, A. 114

利益説 58, 61
リカード, D. 113, 116, 118
流通税 75
糧券 110
累進性 195, 196, 197
累進税 76
累進的所得税 199
レーガン=ブッシュ政権 200
連邦国家 152, 156
老齢年金 198

　　ワ行

ワグナー, A. 114

著者略歴

1932 年生
1955 年　東京大学経済学部卒業
1960 年　東京大学大学院社会科学研究科修了
現　在　東京大学名誉教授（経済学博士）
主要著書　『日本における租税国家の成立』（東京大学出版会），『ニューディールと州・地方財政』（御茶の水書房），『ドイツ財政統計 1872-1913』（共著，東京大学出版会），『現代日本の財政金融』全 3 巻（編，東京大学出版会），『日本財政要覧』（編，東京大学出版会），『福祉国家の財政学』（有斐閣），『福祉国家財政の国際比較』（編，東京大学出版会），『グローバル化と福祉国家財政の再編』（編，東京大学出版会），『昭和財政史・終戦～講和・16』（東洋経済新報社），『昭和財政史・昭 27～昭 48・2』（東洋経済新報社），『昭和財政史・昭 49～63・1』（東洋経済新報社）

財政学講義　[第 3 版]

　　　　1987 年 3 月 30 日　初　版第 1 刷
　　　　1995 年 3 月 10 日　第 2 版第 1 刷
　　　　2002 年 12 月 10 日　第 3 版第 1 刷
　　　　2006 年 2 月 20 日　第 3 版第 3 刷
　　　　　　[検印廃止]

著　者　林　健久

発行所　財団法人　東京大学出版会
　　　　代表者　岡本和夫
　　　　113-8654　東京都文京区本郷 7-3-1
　　　　電話 03-3811-8814・振替 00160-6-59964

印刷所　株式会社平文社
製本所　有限会社永澤製本所

©2002 Takehisa Hayashi
ISBN 4-13-042114-X　Printed in Japan

Ⓡ〈日本複写権センター委託出版物〉
本書の全部または一部を無断で複写複製（コピー）することは，著作権法上での例外を除き，禁じられています．本書からの複写を希望される場合は，日本複写権センター（03-3401-2382）にご連絡ください．

本書はデジタル印刷機を採用しており、品質の経年変化についての充分なデータはありません。そのため高湿下で強い圧力を加えた場合など、色材の癒着・剥落・磨耗等の品質変化の可能性もあります。

財政学講義　第3版

2019年9月11日　　発行　　⑥

著　者　　林　健久
発行所　　一般財団法人　東京大学出版会
　　　　　代　表　者　吉見俊哉
　　　　　〒153-0041
　　　　　東京都目黒区駒場4-5-29
　　　　　TEL03-6407-1069　FAX03-6407-1991
　　　　　URL　http://www.utp.or.jp/
印刷・製本　大日本印刷株式会社
　　　　　URL　http://www.dnp.co.jp/

ISBN978-4-13-009086-5
Printed in Japan
本書の無断複製複写（コピー）は、特定の場合を除き、
著作者・出版社の権利侵害になります。